George H. Morris

Springreiten in vollendetem Stil

Von den Anfängen bis zur Turnierreife

Mit 20 Zeichnungen von Jan Conant
und 128 Fotos
Vorwort von Paul Schockemöhle

Müller Rüschlikon Verlags AG, Cham
Stuttgart · Wien

Aus dem Amerikanischen übersetzt von Isabel Loudig. Titel des amerikanischen Originals: «Hunter Seat Equitation», erschienen bei Doubleday & Company, Inc. New York 1979. – Copyright © by George H. Morris, 1971, 1979. – Deutsche Ausgabe: © Albert Müller Verlag, AG, Rüschlikon-Zürich, 1984. – Nachdruck, auch einzelner Teile, verboten. Alle Nebenrechte vom Verlag vorbehalten, insbesondere die Filmrechte, das Abdrucksrecht für Zeitungen und Zeitschriften, das Recht zur Gestaltung und Verbreitung von gekürzten Ausgaben und Lizenzausgaben, Hörspielen, Funk- und Fernsehsendungen sowie das Recht zur foto- und klangmechanischen Wiedergabe durch jedes bekannte, aber auch durch heute noch unbekannte Verfahren. – ISBN 3-275-00839-0. – 7/11-91 – Printed in Switzerland.

Inhalt

Fotoverzeichnis

Vorwort

Als in den fünfziger Jahren die ersten Amerikaner wieder auf deutschen Turnieren starteten, da eröffneten sie uns Europäern eine neue Dimension des Springreitens. Die von Bertalan de Nemethy, einem Exilungarn, trainierten Reiterinnen und Reiter zeigten uns Ritte auf ihren Vollblütern, die uns das Wasser in die Augen trieben.

Das große Galoppieren ihrer Pferde, das flüssige Springen, die unauffällige Einwirkung der Reiter, der geschmeidige Sitz, die weiche Hand – all dies war umgeben von Faszination.

William Steinkraus, Frank Chapot, Mary Mairs, Kathy Kusner und George Morris waren die Namen dieser Helden, und ihre Pferde hießen Riviera Wonder, Ksar d'Esprit, White Lightning, Snowbound, Nautical und Untouchable. Einer von ihnen, der zu den besten Reitern dieser Zeit zählte, der alles von der Pike auf gelernt hat, hat vor einigen Jahren ein seitdem in den USA immer wieder neu aufgelegtes Buch geschrieben: über die Grundlagen des Jagdreitens und des richtigen Reitens über Sprünge. Wir haben in den letzten Jahren geradezu eine Flut von Reitlehren über uns ergehen lassen. Nur wenige Bücher haben einen Verfasser mit dem Sachverstand und der praktischen Erfahrung meines Freundes George H. Morris.

Das Buch wendet sich an jene Reiter, die das Reiten erlernen, oder auch an jene, die hinzulernen wollen. Es ist sehr klar aufgebaut und angefüllt mit praktischen Ratschlägen. Jeder, der sich reiterlich weiterbilden will, in der Praxis und in der Theorie, sollte dieses Buch zur Hand nehmen. Wenn auch nicht alles für jeden paßt, so wird doch jeder Bedenkenswertes und für ihn Erhebliches finden.

Erfreulich ist es auch, daß der Verfasser in seiner Einleitung offen eingesteht, wie er manches in seinen Theorien von anderen Reitlehrern übernommen hat und daß er vieles gelernt hat durch die Beobachtung erfolgreicher Reiter und durch die Würdigung ihrer Arbeitsmethoden.

Erstaunlich und lobenswert ist sodann das offene Bekenntnis, daß reiterlicher Fortschritt oftmals auch ausgelöst werden kann durch das Studium des richtigen Buches.

Ich kann den Reitern nur raten, das vorliegende Buch zu lesen: zur Verbesserung ihrer Reitkunst und zur Vertiefung ihres reiterlichen Verständnisses.

Paul Schockemöhle

Einleitung

Mein Buch soll – zum Nutzen aller, die daran interessiert sind – eine systematische, praktische Methode veranschaulichen, das Reiten in einem jeder Situation und jeder Aufgabe – bis zum Parcoursspringen – angepaßten Sitz zu erlernen. Sie wurde von mir und meinen Schülern mit großem Erfolg in der Praxis angewandt. Ich bin überzeugt, daß sie auch dem Leser förderlich sein kann, wenn er sie richtig befolgt. Ich glaube sogar, daß mein System Lösungen zu den meisten Problemen enthält, die sich bei der überwältigenden Mehrheit der Reiter und Pferde in der Ausbildung ergeben.

Meine Methoden entstammen einer Vielzahl von Quellen, und es bedurfte einiger Jahre, um sie zu dem einheitlichen Ganzen zu machen. Es sind die wirksamsten Methoden, die ich entdecken konnte. Ehrlicherweise muß ich zugeben, daß ich die meisten nicht selbst erfunden, sondern entlehnt und anderswo abgeschaut habe. Aber trotz solcher Auswahl aus den verschiedensten Techniken, die ich beobachtet und daraufhin erprobt habe, was in der Praxis die besten Resultate brachte: die Grundlage meiner Methode hat sich als durchaus klassisch erwiesen.

Eine «klassische» Reitmethode beginnt mit einem klassischen Sitz. Meiner Ansicht nach muß ein solcher Sitz geschmeidig und anpassungsfähig sein. Er muß dem Reiter einen bequemen Ausritt ermöglichen und ihn befähigen, Jagden zu reiten, auf Turnieren Jagdpferde vorzustellen, in Stilspringen oder (mit längeren Bügeln) Dressurprüfungen zu starten sowie (mit kürzeren Bügeln) einen Parcours zu springen. Ein solcher Sitz muß dem Reiter Sicherheit, guten Stil und vor allem Vielseitigkeit gewährleisten. Der Reiter sollte in der Lage sein, jedes Pferd zu reiten, seinem Pferd, wenn nötig, zu helfen und es so vorteilhaft wie möglich vorzustellen. Nur ein Reiter, der sich um einen solchen vielseitigen Stil bemüht, kann das Reiten voll genießen und in den vielen verschiedenen Disziplinen dieser Sportart gewandt sein.

Viele der besprochenen Themen werden Ihnen zweifellos aus anderen Büchern, Ihrem Reitunterricht oder aufgrund Ihrer eigenen Beobachtungen bekannt vorkommen. Ich wiederhole daher, daß ich keine der beschriebenen Haltungen, Hilfen oder Übungen usw. selbst erfunden habe. Es ist lediglich der Extrakt aus Erfahrungen: aus den Erfahrungen der vielen Jahre, in denen ich guten Stil und seine Grundlagen durch das Beobachten erfolgreicher Reiter und ihrer Arbeitsmethoden zu erkennen lernte.

Oft werden Bemühungen, aus Büchern reiten zu lernen, ins Lächerliche gezogen. Ich konnte diese Einstellung nie verstehen. In jedem Bereich können Bücher dem Leser die Erfahrungen anderer vermitteln. Macht man sich diese Erfahrungen aus Büchern so gut wie eine persönliche Unterrichtung zunutze, wird man zum Lernen angespornt und kann seine Fertigkeiten schneller vervollkommnen.

Ich rate deshalb allen, Reitliteratur zu lesen. Ganz gleich, ob es sich um einen blutigen Anfänger handelt, einen Turnierreiter, der des letzten Schliffs bedarf, oder um einen etablierten Reitlehrer, der aus Mangel an neuen Ideen und neuen Lösungen altbekannter Probleme eingerostet ist: Es kann keinem schaden, mit anderen Methoden zu experimentieren. Mögen sie sich nun für die eigenen Zwecke als richtig oder als falsch erweisen – man kann vom Ausprobieren nur lernen. Und hoffentlich macht das Probieren und Studieren auch noch Spaß!

Mit diesem Buch möchte ich meinen Dank abstatten.
Margaret Cabell Self, die mich aufs Pferd gesetzt hat ...
V. Felicia Townsend, die mir Selbstvertrauen gegeben hat ...
Otto Heuckeroth, der mir alles über «das Pferd» beibrachte ...
Richard Wätjen, der mich sitzen lehrte ...
Bertalan de Nemethy, der dafür sorgte, daß ich allen Anfechtungen und Ablenkungen der internationalen Springreiterei zum Trotz auf dem richtigen Weg blieb ...
Gunnar Anderson, der mir zeigte, was man aus einem gut gerittenen Pferd herausholen kann ...
und vor allem Gordon Wright, der mich lehrte, über das Reiten als eine Wissenschaft nachzudenken und es als eine Kunst zu lieben ... und der mir noch immer beibringt, weiter zu lernen.

George H. Morris

Teil I: Der Reiter

1. Kapitel: Sitz des Reiters

Auf- und Absitzen

Man kann auf verschiedene Weise ein Pferd besteigen. Vor einiger Zeit wurden die unterschiedlichen Methoden des Aufsitzens ausführlich und hitzig diskutiert. Viele Leute haben sich aufgrund fortgeschrittenen Alters, mangelnder Größe oder Kraft oder wegen körperlicher Behinderungen unorthodoxe Methoden ausgedacht. Diese können zwar bei dem eigenen Pferd oder besonders ruhigen Pferden gutgehen, aber bei jungen, unberechenbaren oder nervösen Tieren können sie oft sehr gefährlich sein. Dagegen läßt sich mit der Methode, die ich empfehle, jedes Pferd ohne Schwierigkeit und ohne Risiko besteigen.

Beim *Aufsitzen* nimmt man als erstes die Zügel in die linke Hand, stützt diese auf den Mähnenkamm und stellt sich mit Blickrichtung zur Kruppe neben das Pferd. Die Zügel müssen gleich lang und kurz genug sein, um das Pferd gerade zu halten. Wendet das Pferd sich nach dem Reiter hin (was häufig vorkommt), muß der äußere (rechte) Zügel noch mehr verkürzt werden. So hat man schon vom Boden aus das Pferd gut unter Kontrolle, kann etwaige Bewegungen des Pferdes rechtzeitg sehen und den günstigsten Augenblick zum Aufsitzen abpassen. In dieser Stellung kann man sich auch gegen das

Pferd stemmen und es nötigenfalls am Vortreten hindern. Manchmal wird empfohlen, sich beim Aufsitzen dem Kopf oder der Flanke des Pferdes zuzuwenden. Ich habe jedoch die Erfahrung gemacht, daß der Reiter dabei weniger Einwirkung und Beweglichkeit besitzt. Es gelingt ihm deshalb nicht immer, beim ersten Versuch aufzusitzen, und schlimmstenfalls kann das Pferd sogar loskommen.

Der zweite Schritt besteht darin, den linken Fuß, mit den Zehenspitzen gegen den Gurt gerichtet, in den Steigbügel zu setzen. Ein empfindsames Pferd tritt vor, wenn die Fußspitze seine Rippen berührt, denn die Wirkung gleicht der Schenkelhilfe. Viele Reiter haben Schwierigkeiten, die Fußspitze genau gegen den Gurt gerichtet zu halten. Aber das ist lediglich eine Übungssache. Gegebenenfalls können die Bügel länger heruntergelassen werden. Als nächstes wird die rechte Hand auf den Hinterzwiesel gestützt. Selbst bei einem lose angegurteten Sattel besteht wenig Gefahr, daß er verrutscht, wenn man die linke Hand auf den Hals und die rechte auf den Hinterzwiesel stützt. Der Hauptdruck wirkt nämlich nach unten, anstatt den Sattel seitwärts zu ziehen. Unter keinen Umständen darf man den Sattel mit beiden Händen ergreifen, da er dann sogar bei einem strammen Gurt sehr leicht verrutscht.

In der letzten Phase des Aufsitzens stemmt man sich hoch, schwingt das rechte Bein über die Kruppe und läßt sich langsam und weich in den Sattel gleiten. Dann nimmt man den rechten Bügel und beide Zügel auf und setzt sich im Sattel zurecht. Ich kann das Wort «gleiten» gar nicht genug betonen. Es ist ein großer Unterschied, ob der Reiter in den Sattel gleitet oder sich hinsetzt. Ein Pferd mit empfindlichem Rücken oder ein nervöses, temperamentvolles Tier verträgt keine groben Berührungen in der Rückenpartie. Das Reitergewicht ist eine Hilfe, und als solche muß es sorgsam und vorsichtig eingesetzt werden.

Kommen wir nun zum *Absitzen*. Man kann absteigen oder hinuntergleiten. Bei beiden Verfahren werden die Zügel zuerst in die linke Hand genommen. Beim Absteigen läßt man nur den rechten Bügel los und benutzt den linken als Trittbrett. Beim Hinuntergleiten läßt man beide Bügel gleichzeitig los und läßt sich seitlich am Pferderumpf hinabgleiten. Ich persönlich bevorzuge diese Methode, weil dabei weniger Gefahr besteht, mitgeschleift zu werden, wenn das Pferd plötzlich scheut. Beide Füße sind aus den Bügeln, bevor der Reiter das rechte Bein über die Kruppe schwingt. Sobald der Reiter abgesessen ist, zieht er die Bügel hoch und streift die Zügel über den Kopf des Pferdes. Auch das geschieht aus Sicherheitsgründen und zeigt gesunden Menschenverstand. Ein baumelnder Bügel kann das Pferd erschrecken oder im Türrahmen und an Vorsprüngen hängen bleiben und einen gefährlichen und unnötigen Unfall verursachen. Auch läßt sich das Pferd sicherer führen und bei ungestümem Verhalten besser unter Kontrolle bringen, wenn man die Zügel über den Kopf streift und wie ein Halfter hält, anstatt sie um den Pferdehals hängen zu lassen.

Man wird in jedwedem Umgang mit Pferden selten fehlgehen, wenn man den gesunden Menschenverstand sprechen läßt. Das gilt auch für die Grundhaltung des Reiters zu Pferd. Einfachheit und Sparsamkeit der Bewegung sind das Ziel der klassischen Methode, und der Sitz des Reiters ist das erste Grundprinzip. Vom allerersten Anfang an müssen wir das Wesentliche und Notwendige gebrauchen und alles Überflüssige weglassen!

Bügellänge

Bevor wir auf den Sitz des Reiters näher eingehen, ist es unbedingt notwendig, die *Funktion der Bügel* und ihrer Länge zu kennen. Prinzipiell dient der Bügel als Stütze und zur Entlastung von Reiter und Pferd. Der Fuß ruht auf ihm, wodurch der Sitz des Reiters und damit auch der Pferderücken entlastet werden, indem ein Teil des Reitergewichts in die Bügel verlegt wird.

Wichtig ist auch, die Beziehung zwischen Sicherheit des Reiters, Bewegungsfreiheit des Pferdes und Länge des Bügels zu verstehen. Je länger die Bügel um so länger die Reiterschenkel, um so tiefer der Sitz und um so größer die Belastung für das Pferd in schnellen Gangarten und beim Springen. Umgekehrt verkürzen kurze Bügel die Reiterschenkel. Sie machen das Reitergewicht für das Pferd leichter und geben dem Reiter weniger Sicherheit im Sattel, dem Pferd aber mehr Bewegungsfreiheit beim schnellen Galoppieren und Springen. Zwei völlig verschiedene Reitsparten – Hohe Schule (wie sie in der Spanischen Hofreitschule in Wien geritten wird) und Rennreiten – demonstrieren den Unterschied zwischen kurzen und langen Bügeln.

Bei der Dressur wird Wert auf die Sicherheit des Reiters und vollkommene Beherrschung des Pferdes gelegt. Beim Rennen versucht der Reiter so wenig wie möglich zu stören und verläßt sich einzig auf seine Balance anstatt auf Schenkelschluß. Das Jagd- und Geländereiten stellt die goldene Mitte zwischen den beiden Extremen dar. Der Reiter muß genügend Einwirkung haben, um prompten Gehorsam zu erreichen. Gleichzeitig braucht das Pferd genug Bewegungsfreiheit, um seine Aufgabe mühelos erfüllen zu können.

Ein korrekter Sitz ist dabei unmöglich ohne die richtige Bügellänge. Das heißt, die Bügel müssen lang genug sein, um dem Reiter die erforderliche Sicherheit im Sattel, und kurz genug, um dem Pferd die nötige Bewegungsfreiheit zu gewähren. Vergleicht man Abbildungen mehrerer Reiter, die mit unterschiedlicher Bügellänge reiten, wird ersichtlich, wie eng alle Disziplinen des Reitsports miteinander verwandt sind und daß der einzige Unterschied darin besteht, daß sie einen jeweils leicht verlagerten Schwerpunkt erfordern. Ich bin der Auffassung, daß ein guter Reiter nur die Bügel der Situation entsprechend zu verpassen braucht, um in jeder reiterlichen Disziplin starten zu können.

Bedauerlicherweise reiten viele Leute mit zu kurzen oder zu langen Bügeln. Es bedarf des geschulten Auges eines Reitlehrers oder eines ausgeprägten reiterlichen Gefühls, um die Ursache schlechter Schenkellage zu erkennen: wenn ein Reiter z.B. verzweifelt nach seinen zu langen Bügeln angelt oder auf den zu kurz verschnallten hoch oben im Sattel thront.

Zur Beurteilung der korrekten Bügellänge gelten zwei Grundregeln. *Vor dem Aufsitzen* verpaßt man die Bügel, indem man die Bügelriemenschnalle mit den Fingerspitzen berührt und die Steigbügel unter den Arm zieht. Bei gestrafftem Bügelriemen und gerade ausgestrecktem Arm sollte der Steigbügel in der Achselhöhle anliegen. *Vom Sattel aus* verpaßt ist die Länge richtig, wenn die Trittfläche gegen den unteren Rand des Fußgelenks schlägt. Beide Methoden ergeben nur eine annähernd richtige Bügellänge. Diese hängt weitgehend von dem individuellen Körperbau ab. Einigermaßen genau und individuell verpaßte Bügel sind jedenfalls die Voraussetzung, bevor man sich der Grundhaltung zu Pferde zuwenden kann.

Beschreibung der Grundhaltung zu Pferde

Der Einfachheit halber unterteilen wir den Körper des Reiters in *vier Hauptpartien:* die Unterschenkel, vom Knie abwärts; die Stützfläche, zu der Gesäß und Oberschenkel gehören; den Oberkörper, und als letztes die Arme und Hände. Ein Reiter ist ausbalanciert, wenn seine Schenkel, Sitzfläche, Oberkörper, Arme und Hände richtig plaziert und koordiniert sind. Durch diese Unterteilung des Körpers lassen sich bestimmte Fehler leichter isolieren und korrigieren. Auch kann man besser erklären, wie die einzelnen Teile zusammenwirken. Natürlich lassen sich diese vier Partien noch weiter gliedern. Der Fußballen ist wichtig für die Schenkellage, die Gesäßknochen spielen eine bedeutende Rolle beim Sitz, und der Kopf sowie die Schultern beeinflussen die Haltung und Einwirkung des Oberkörpers. Alle diese Teile müssen korrekt plaziert werden, damit sich ein gutes Gesamtbild ergibt. Die Grundhaltung des Reiters müssen wir daher in aller Ausführlichkeit beschreiben.

Man entwickelt den *Grundsitz* wie man ein Haus baut. Wir beginnen mit dem Fundament, d. h. dem Schenkel. Ich fordere meine Schüler auf, den Fußballen auf die Mitte der Bügeltrittfläche aufzusetzen und den Absatz leicht hinter dem Gurt hinunterzudrücken. (Hält man die Bügel mit der Fußspitze, findet der Fuß keine sichere Stütze.) Das bessere Hebelverhältnis bei der Bügelhaltung unter dem Ballen ermöglicht es, den Absatz weiter hinunterzudrücken, was ihn beweglicher macht und eine gefühlvollere Hilfengebung erlaubt, als wenn man den Fuß bis zum Absatz durch den Bügel steckt. Steigbügel mit ungleich langen Schenkeln finde ich nicht empfehlenswert; sie machen den Fuß leicht steif. Gummieinlagen zum besseren Halt mag ich dagegen sehr. Die Steigbügelriemen müssen übrigens senkrecht herunterhängen und die Steigbügel nahezu rechtwinklig zum Gurt stehen, wobei die Außenseite um ein Weniges weiter nach vorn zeigt als die Innenseite.

Nun nimmt man mit Unterschenkel und Innenfläche des Knies Fühlung mit dem Pferd auf, indem man die Fußspitze leicht nach außen dreht. Sie darf auf keinen Fall mehr als fünfzehn Grad abgespreizt, aber auch nicht nach innen gedreht werden. Der Druck von Wade und Knie soll gleichmäßig stark sein. Übertriebener Unterschenkelschluß wirkt als Hilfe, während ein zu starker Knieschluß die Wirkung eines Drehpunktes hat, um den der Unterschenkel verrutschen kann. In der korrekten Lage dienen die Schenkel als Stütze des Reiterkörpers und befinden sich direkt hinter dem Gurt, wo sie die beste Einwirkung haben. Liegt der Absatz zu weit zurück, kippt der Oberkörper nach vorn; verrutscht umgekehrt der Absatz nach vorn, gerät der Oberkörper hinter die Schenkel.

Wir kommen nun zur *Stützfläche,* den Oberschenkeln und dem Gesäß. Die Oberschenkel sollen flach anliegen und dürfen nicht mehr Druck als die Knie oder Waden ausüben. Mit anderen Worten, Waden, Innenflächen der Knie und Oberschenkel müssen gleichmäßige Fühlung mit dem Pferd nehmen. Das Gesäß wird nach vorn geschoben, dicht hinter den Vorderzwiesel. Der Reiter muß sich vor allem bemühen, so tief und schwer zu sitzen, daß er das Gefühl hat, die Gesäßknochen seien am Sattel angeklebt. Stark und sicher ist die Stützfläche nur, wenn die Oberschenkelmuskulatur trainiert und straff ist und der Reiter sein Gewicht so geschmeidig und gefühlvoll in den Sattel bringt, daß der Gleichklang mit den Bewegungen des Pferdes nie gestört wird. Ein Reiter, der geworfen wird, hat gewöhnlich nicht gelernt, den Bewegungen locker zu folgen; er ist steif und findet nicht in den Rhythmus des Ganges. Reiten ohne Bügel ist die einzige wirksame Methode, einen unabhängigen Sitz zu fördern. Darauf werden wir später noch näher eingehen.

Der Oberkörper des Reiters ist vollkommen von der Stützfläche und den Schenkeln abhängig. Er soll gerade gehalten werden, die Schultern sind entspannt, die Brust ist etwas herausgedrückt. Im Ansatz zum Oberkörper ist die Wirbelsäule leicht gebogen; ist sie jedoch auch im unteren Teil gebogen, hebt sich das Gesäß aus dem Sattel. Der Reiter blickt parallel zum Boden geradeaus, Kopf und Augen nehmen die Bewegungsrichtung vorweg. Ein häufiger Fehler besteht darin, den Kopf zu weit vorzustrecken. Diese Tendenz soll man, wie alle anderen Symptome einer steifen und gekünstelten Positur, im Keim ersticken und eine vollkommen natürliche und dennoch elegant aufgerichtete Oberkörperhaltung anstreben. Zwei weitere häufige Sitzfehler sind das steife Hohlkreuz und der «runde Rücken». Beide verhindern den richtigen Einsatz der Gewichtshilfen. Der Oberkörper muß gefestigt genug sein, damit er auf den Rücken und die Hinterhand des Pferdes einwirken kann, und gleichzeitig locker genug, um den Bewegungen und der Springakrobatik des Pferdes folgen zu können. Dazu bedarf es einiger Zeit und Übung. Nur wenige erfolgreiche Reiter sind gleichzeitig auch gute Stilreiter – dieses doppelte Ziel sollte uns anreizen!

Als nächstes wollen wir auf die *Arme und Hände* eingehen. «Elastisch» lautet das Stichwort für die Hände. Man hört es zu Recht so häufig, denn eine starre Hand erzeugt stets Steifheiten in anderen Partien bei Reiter und Pferd. Am elastischsten kann die Hand mitgehen, wenn Ellbogen und Pferdemaul auf einer geraden Linie liegen. Auf diese Weise kann man nicht nur das Tempo regulieren, sondern auch die Kopfstellung des Pferdes beeinflussen. Die Hände stehen zu tief, wenn die Linie Ellbogen–Pferdemaul nach unten gebrochen ist; sie stehen zu hoch, wenn die Linie nach oben knickt. Außer für ganz spezielle Korrekturen der Kopfstellung sind extrem hoch bzw. tief stehende Hände nutzlos und beeinträchtigen nur die weiche und geschmeidige Zügelverbindung. Ein Pferd, das den Kopf zu hoch hält, sollte eigentlich mit einer etwas höheren Hand geritten werden. (Leider sieht man in der Praxis meistens das Gegenteil; der Reiter versucht, den Pferdekopf durch Tiefstellen der Hände herunterzuziehen.)

Bleiben wir bei dem Prinzip der gradlinigen Verbindung: Die Hände sollen über und etwas vor dem Widerrist fünf bis zehn Zentimeter auseinander stehen, Daumen etwas schräg nach innen. Flach nach unten zeigende (verdeckte) Fäuste sind schwach und passiv, während genau senkrecht stehende Fäuste eine harte Hand bedingen. Eine Handstellung zwischen den beiden Extremen stellt eine Kombination von starker Einwirkung und Weichheit und den goldenen Mittelweg dar. Die Handgelenke werden möglichst gerade gehalten, weder verdreht noch abgeknickt, was zu einer unnatürlichen Arm- und Ellbogenhaltung und damit zwangsläufig zu Steifheiten führen würde. Am besten ist die Hand, die stark genug ist, um Einwirkung zu haben, aber auch locker genug, um dem Pferd Bewegungsfreiheit zu gewähren. Dies ist wie gesagt am einfachsten dadurch zu erreichen, daß Unterarm, Handgelenk und Hand gerade gehalten werden.

Es ist Geschmacksache, durch welche Finger man die Zügel laufen läßt. Ich persönlich halte sie zwischen Daumen und Zeigefinger sowie Ring- und kleinem Finger. Wenn ich auf Kandare reite, trenne ich Trensen- und Kandarenzügel mit dem kleinen Finger. Oft wird auch der Trensenzügel außen um den kleinen Finger geführt, aber damit gibt man den Vorteil preis, daß der Zügel an zwei Stellen gehalten wird. Wichtig ist, die Daumen flach auf die Zügel zu setzen und die Finger zu schließen, damit die Zügel nicht durchrutschen. Man wirkt auf das Pferdemaul ein, indem man die Hände und Arme an- bzw. entspannt, und nicht indem man am Zügel zieht, das Handgelenk verdreht oder die Finger öffnet. Bei geöffneten Fingern gleiten nicht nur die Zügel durch, sondern es besteht sogar die Gefahr, sich die Finger zu brechen!

Sehen wir nun, wie man diese *Grundhaltung* des Reiters am besten den verschiedenen Bewegungsphasen des Pferdes anpaßt. Dafür gibt es eine einfache Methode. Zur Gewohnheit geworden, wirkt sie schnell und verspricht dem Reiter in allen Situationen Gewandtheit. Und die Fähigkeit, auch in Notsituationen schnell wieder den richtigen Sitz einzunehmen, wird man zumindst als nützlich bezeichnen können.

Sitzkorrektur

Es gibt mehrere Methoden, einen guten Sitz zu bekommen oder schnell wieder einzunehmen. Ich beschreibe hier eine der besten Übungen, um das Reitergewicht in die Absätze zu verlagern und dabei gleichmäßige Fühlung mit den Beinen, d.h. den Waden, den Innenflächen der Knie und den Oberschenkeln, zu halten. In dem folgenden Beispiel wird diese «Sitzkorrektur» als eine minuten- oder sekundenlange spezielle Übung erläutert. Mit der

Zeit jedoch dient sie dazu, verlorengegangenen Sitz, verlorengegangenes Gleichgewicht blitzschnell wiederzugewinnen. Die Rede ist vom «Zwei-Punkt-Kontakt».

Sofort nach dem Aufsitzen stellt sich der Reiter in die Bügel. Er drückt die Absätze direkt hinter dem Gurt hinunter; seine Waden halten mit dem Pferd Berührung. Er soll dann zu fühlen versuchen, wie weit nach unten seine Waden mit dem Pferderumpf in Berührung bleiben. Das richtet sich nach seinem Körperbau und dem Gebäude des Pferdes. Wesentlich ist, daß der Reiter die Wechselbeziehung zwischen seinem und dem Körperbau des Pferdes versteht, die sich mit jedem Pferd ändert. Stimmen die Kontaktpunkte nicht, kann aus einer guten Schenkellage auf dem nächsten Pferd eine schlechte werden. Die Schenkel eines großen Reiters auf einem schmalen Pferd haben eine weniger große Berührungsfläche mit dem Rumpf als die Schenkel eines kurzbeinigen Reiters auf einem dickbauchigen Pferd. Die Rippen des Pferdes sollen sich an die entspannten, korrekt plazierten Reiterschenkel anschmiegen. Der Reiter darf andererseits nicht versuchen, durch unnatürlich erzwungenen Waden- oder Knieschluß vermehrte Berührung aufzunehmen.

Sobald die *korrekte Schenkellage* erreicht ist, läßt sich der Reiter mit aufgerichtetem und geradem Kreuz vorn in den Sattel gleiten. Es ist ein großer Unterschied, ob man sich direkt hinter dem Vorderzwiesel in den Sattel gleiten läßt oder sich weiter hinten in den Sattel setzt. Gleiten ist weicher und allmählicher in der Wirkung auf das psychische und physische Wohlbefinden des Pferdes. Der Reiter muß dabei streng darauf achten, daß seine Schenkel nicht vor- oder zurückschwingen. Bei einem Anfänger kommt es oft vor, daß die Schenkel vor den Oberkörper verrutschen, wenn er in den Sattel zurückkommt. Damit wird der ganze Sinn der Übung, nämlich in den Bügeln stehend die Schenkellage zu korrigieren, hinfällig.

Bei jeder Sitzkorrektur sollte der Reiter immer geradeaus blicken. Man kann das Gleichgewicht leicht halten, wenn man die Augen geradeaus richtet, und genauso schnell verlieren, wenn man hinuntersieht. Ein Reiter, der auf seine Körperhaltung schaut, gleicht einem Autofahrer, der aufs Steuerrad, Gaspedal oder die Bremse sieht. Auch in der Flugphase beim Sprung darf man nicht nach unten sehen.

Zwei- und Drei-Punkt-Kontakt

Die Beeinflussung des Gleichgewichts des Pferdes durch den Reiter, vor allem die *Gewichtsverlagerung* von vorn nach hinten und umgekehrt, spielt bei der Einwirkung auf das Pferd eine wichtige Rolle. Die Körperhaltung des Reiters, zusammen mit den Hand- und Schenkelhilfen, hat eine starke Einwirkung auf den Schwerpunkt des Pferdes in der Bewegung. Da es im wesentlichen zwei «Rahmen» gibt, in denen sich das Pferd bewegt – einen erweiterten und einen versammelten – muß sich logischerweise das Reitergewicht entsprechend verlagern. Allgemein gilt, daß ein Reiter, der mit der Bewegung geht, das Pferd zu einer Verstärkung der Gangart und zur

Verlagerung des Schwerpunkts auf die Vorhand veranlaßt. Zielt der Sitz des Reiters hingegen darauf ab, das Gleichgewicht des Pferdes nach hinten zu verlagern, befindet sich der Reiter hinter der Bewegung und hemmt den natürlichen Vorwärtsdrang des Pferdes. Unter keinen Umständen darf man einen ausbalancierten leichten Sitz mit einem Sitz vor der Bewegung verwechseln.

Im Zusammenhang mit der unterschiedlichen Gewichtsverlagerung sprechen wir von «Zwei- bzw. Drei-Punkt-Kontakt». Beim Zwei-Punkt-Kontakt wird das Reitergewicht von dem Rücken des Pferdes in die Absätze und Bügel verlegt. Durch leichtes Vorneigen des Oberkörpers wird der Pferderücken entlastet und der Schwerpunkt in Richtung Vorhand verlagert. Die einzigen beiden Berührungsflächen zwischen Pferd und Reiter sind die Schenkel. Fühlungnahme, und somit Gewichts- oder Sitzeinwirkung sind dabei von minimaler Bedeutung. Der Zwei-Punkt-Kontakt ist erforderlich, damit Reiter und Pferd beim schnellen Reiten und Springen geschmeidig und beweglich bleiben. Dieser Sitz wird beim Renn-, Jagd- und Geländereiten, beim Vorstellen von Jagdpferden auf Turnieren und bei Stilspringen angewandt; jedoch nur beim Geradeausreiten, nicht in Wendungen oder beim Anreiten eines Hindernisses.

Wie schon erwähnt, ist der Zwei-Punkt-Kontakt besonders wertvoll als Übungshaltung, weil er den Reiter veranlaßt, die Absätze hinunterzudrücken und zu belasten. Ein Reiter, der diese Haltung im Schritt, Trab und Galopp beibehalten kann, ist bereits gut im Sattel ausbalanciert. Er ist auch in seinen Bemühungen um einen unabhängigen Sitz und koordinierte Zügel-, Schenkel- und Gewichtshilfen schon weit fortgeschritten. Anfangs und zu Übungszwekken greift der Schüler am besten mit einer Hand in die Mähne, während er beide Zügel in der anderen Hand hält. So hat er eine zusätzliche Stütze und gerät nicht in Gefahr, sich an den Zügeln festzuhalten und das Pferd im Maul zu stören.

Drei-Punkt-Kontakt – der Sitz, der in den meisten reiterlichen Situationen in normalem Tempo üblich ist – bedeutet, daß der Reiter mit seinem Gesäß und mit beiden Schenkeln – also an drei Punkten – mit dem Pferd Berührung aufnimmt. Die Berührungsflächen lassen sich noch weiter untergliedern, je nachdem, ob der Reiter vermehrt auf dem Spalt, den Gesäßknochen oder dem Gesäß sitzt. Der Drei-Punkt-Kontakt ist eigentlich dann am wirksamsten, wenn der Reiter auf den Gesäßbacken sitzt. Er sitzt damit hinter dem Pferd, was im Notfall sehr vorteilhaft sein kann.

Da wir uns hier aber mit grundsätzlichen Erwägungen befassen, sei darauf hingewiesen, daß der Oberkörper meistens auf den Gesäßknochen, nicht auf den Gesäßbacken, ruht. Um die Gesäßknochen gegen den Sattel zu pressen, muß der Reiter senkrecht oder ganz leicht vor der Senkrechten, nicht dahinter, sitzen. Der Drei-Punkt-Kontakt entspricht dem Sitz, der im Arbeitsgalopp oder bei versammelter Arbeit, mit Hindernissen oder ohne, üblich ist. Dieser Sitz ist erforderlich, wenn man das Pferd nicht mit den Händen allein zurückhalten bzw. mit den Schenkeln allein genügend vortreiben kann.

Die meisten Springreiter der höheren Klassen reiten gewöhnlich in diesem Sitz, denn in einem schweren Parcours muß man ein Pferd versammeln, um es besser zu beherrschen, seine Vorhand zu entlasten und es wendiger zu machen. Auch auf jungen, scheuenden, buckelnden, steigenden oder durchgehenden Pferden sitzt man besser so, daß man das Pferd vor sich hat. Eigentlich sollte jedes Pferd, das schlimme Untugenden besitzt, vor dem Sitz und vor den Schenkeln gehalten werden. Auch beim Anreiten eines besonders schwierigen und angsteinflößenden Hindernisses, vor dem das Pferd womöglich zögern oder stehen bleiben wird, muß der Reiter mit dem Oberkörper stärker einwirken.

Mit Ausnahme dieser Beispiele bin ich jedoch absolut überzeugt, daß man sich dem Tempo und der Gangart des Pferdes entsprechend nach vorn über seinen Schwerpunkt neigen und mit seinen Bewegungen mitgehen soll. Das gibt dem Pferd die größtmögliche Bewegungsfreiheit und Entlastung und gestaltet auch für den Reiter den Ritt so angenehm und flüssig wie möglich. Leichttraben und schnelles Galoppieren sind jedoch die einzigen beiden Gangarten, in welchen der Reiter sich weit nach vorne lehnen soll. In allen anderen Gangarten und Tempi wird der Oberkörper nur ganz leicht vor die Senkrechte geneigt.

Selbst ein mittelmäßiger Reiter muß blitzschnell von einem zum anderen der beiden beschriebenen Balancesitze überwechseln können, wenn er unterschiedlichen Situationen gewachsen sein will. Der Spielraum eines Reiters ist gefährlich eingeschränkt, wenn er nicht nach Belieben den Zwei- oder Drei-Punkt-Sitz einnehmen kann. Die eine Haltung ist in unterschiedlichen reiterlichen Situationen so wichtig wie die andere. Deshalb kann das Reiten ohne Bügel, das einen tiefen Sitz mit dem Gesäß im Sattel fördert, so viel dazu beitragen, die Haltung des Reiters zu festigen und unabhängige Zügel- und Schenkelhilfen zu entwickeln. Springt man einen Parcours – sei es nun in einer Jagdpferde-, Spring- oder Stilprüfung –, muß man der jeweiligen Lage entsprechend immer alle drei Haltungen beherrschen: Zwei-Punkt-Kontakt (im schnellen Galopp), Sitz auf dem Spalt (Drei-Punkt-Kontakt) oder Sitz auf dem Gesäß (Drei-Punkt-Kontakt).

Winkelung des Oberkörpers

Bevor ich näher auf die *Winkelung des Oberkörpers* in den verschiedenen Gangarten eingehe, möchte ich den Rücken, das Kreuz, des Reiters als spezielles Problem erörtern. Dessen korrekter Einsatz ist viel schwieriger zu lernen und zu lehren als beispielsweise die Schenkelhilfen. Das Gewicht des Oberkörpers koordiniert nämlich alle anderen Hilfen und macht sie dem Pferd verständlich. Die *Oberkörperhaltung* ist deshalb von ausschlaggebender Bedeutung.

Beginnen wir mit dem Gesäß. Der Reiter muß auf den beiden Gesäßknochen sitzen und darf sein Gesäß weder nach hinten hinausdrücken, noch so weit nach vorn schieben, daß er auf dem unteren Ende der Wirbelsäule sitzt. Sobald der Reiter diese richtige Sitzpositur erfühlt hat, ist alles weitere einfach zu verstehen. Der Rücken sollte gerade aufgerichtet, aber nicht steif sein. Bei Wendungen darf man weder in der Hüfte einknicken noch eine Schulter hängen lassen. Vor allem das Kreuz muß entspannt und geschmeidig sein, denn diese Partie schwingt in allen Gangarten mit der Bewegung des Pferdes. Der obere Teil der Wirbelsäule ist leicht gewölbt, aber nie so sehr, daß das Gesäß zu weit nach hinten hinausgeschoben wird.

Ein anderer üblicher Fehler ist, Kopf und Kinn zu weit vorzudrücken. Diese häßliche Angewohnheit stammt immer daher, daß der Schüler mit der falschen Körperhälfte, dem Oberkörper, anstatt mit den Waden und anderen treibenden Hilfen einwirkt. Als Korrekturübung läßt man den Reiter mit dem Hals hinten den Kragen berühren.

Wie soll der Reiter seine Oberkörperhaltung in den verschiedenen Gangarten je nach Tempo variieren? Damit er im Gleichgewicht sitzt, muß er seinen Schwerpunkt mit dem des Pferdes in Einklang bringen. Im allgemeinen genügt es, wenn der Schwerpunkt des Reiters direkt über dem des Pferdes, aber nicht davor liegt. Wie gesagt kann sich der Oberkörper hinter den Schwerpunkt neigen, um das Pferd entweder zu treiben oder zurückzuhalten. Um flüssige, geschmeidige Bewegungen und «unsichtbare Einwirkungen» zu erzielen, muß der Reiter jedoch harmonisch mit der Bewegung des Pferdes mitgehen, so daß eine Beziehung zwischen dem Körper des Reiters und dem des Pferdes besteht.

Grundsätzlich gilt: Je schneller sich das Pferd bewegt, um so weiter verlagert sich sein Schwerpunkt nach vorn. Der Reiter muß seinen Oberkörper deshalb um so mehr vorneigen, je schneller das Pferd wird. Das Vorneigen des Oberkörpers, das manchmal als «Schließen des Hüftwinkels» oder «Winkelung des Oberkörpers» bezeichnet wird, gestattet dem Reiter, stets den Bewegungen des Pferdes zu folgen. Ist der Reiter hinter der Bewegung, bleibt sein Oberkörper senkrecht, wodurch sein Schwerpunkt hinter den des Pferdes gerät. Wird der Hüftwinkel zu spitz im Verhältnis zur Steigerung des Tempos, gerät der Schwerpunkt des Reiters vor den des Pferdes. Der Reiter verliert weitgehend seine Einwirkungsmöglichkeit. Nur wenige besonders talentierte Reiter können vor der Bewegung reiten und das Pferd dennoch im Gleichgewicht halten.

Gewandtheit, Balance und bestmögliche Einwirkung beim Reiten sind nur zu erreichen, wenn man die Bedeutung der Winkelstellung des Oberkörpers genau versteht. Aus dem bereits Gesagten ergibt sich, daß jede Gangart eine unterschiedliche Neigung des Oberkörpers verlangt. Wenn das Pferd stillsteht, sitzt der Reiter senkrecht. Beim Rückwärtsrichten verlagert sich der Schwerpunkt des Pferdes etwas nach hinten, und der Reiter muß auch senkrecht sitzen bleiben – er darf nicht nach vorne fallen. Im Schritt verlagert sich der Schwerpunkt leicht nach vorn. Wegen des langsamen Tempos beim Rückwärtsrichten und im Schritt sind die Schwerpunktsverlagerungen und die Veränderungen in der Oberkörperwinkelung sehr gering.

Auch beim Aussitzen im Trab neigt man sich eine Idee nach vorn, höchstens ein paar Grad vor die Senkrechte, während man seinen Oberkörper beim

Leichttraben etwa 20 Grad vor die Senkrechte winkelt. Beim Leichttraben läßt sich der Unterschied zwischen Mitgehen mit der Bewegung und Reiten hinter der Bewegung am besten demonstrieren. Jeder Reiter sollte ganz deutlich die unterschiedliche Gewichtsverteilung beim Leichttraben mit senkrecht gehaltenem Oberkörper, beim Sitzen auf den Gesäßbacken (hinter der Bewegung) sowie beim Leichttraben auf Oberschenkeln und Spalt mit nach vorne geneigtem Oberkörper (der Bewegung folgend) fühlen können.

Verlagert der Reiter sein Gewicht so weit nach vorn, daß es keine oder nur eine sehr geringe Einwirkung auf das Pferd ausübt, befindet er sich vor der Bewegung. Das ist nur unter gewissen Umständen richtig, etwa bei einem Pferd mit empfindlichem oder wundem Rücken oder vielleicht als Übung für einen Schüler, der ständig hinter der Bewegung trabt.

Wir wollen dem Reitschüler beibringen, beim Aussitzen in allen ausgesessenen Gangarten elegant, aber auch geschmeidig und tief im Pferd zu sitzen. Es ist nicht einfach, einen solchen Sitz immer beizubehalten. Vielen Reitschülern fällt es schwer, den Bewegungen des Pferdes mit dem Gesäß und Kreuz zu folgen. Sind die Gesäßknochen fest an den Sattel gepreßt, wird die Bewegungserschütterung durch fast unsichtbare Schwingungen des Kreuzes abgefangen. Häufig versucht der Reiter, dieses Mitschwingen im Kreuz bewußt zu produzieren, wodurch es automatisch falsch und übertrieben wird. In der Regel gilt, den Oberkörper soweit wie möglich von dem Pferd mitnehmen zu lassen, während die Schenkel aktiv treiben.

Die Winkelstellung des Oberkörpers beim Leichttraben ist dieselbe wie beim schnellen Galopp. In beiden Gangarten muß sich der Schwerpunkt des Reiters etwas weiter nach vorne verlagern, wenn er aus dem Sattel kommt. Im Arbeitsgalopp ist der Schwerpunkt des Pferdes weiter nach hinten verlagert. Die korrekte Oberkörperhaltung ist gleich wie im ausgesessenen Trab, d. h. nur ein paar Grad vor der Senkrechten.

Im Grund ist der Sitz beim Leichttraben, schnellen Galoppieren und Springen normal hoher Hindernisse der gleiche. Dadurch ist es dem Schüler möglich, einen korrekten Springsitz zu lernen, während er Leichttraben übt. Ein Reiter, der das Prinzip der Oberkörperwinkelung versteht und beherrscht, kann mit minimaler Rückentätigkeit und Gewichtseinwirkung reiten. Das ist ein großer Vorzug, wenn man sein Pferd flüssig und gewandt reiten oder springen will. Beim Gelände-, Jagdreiten und bei Stilspringen reitet man also mit der Bewegung, da Reiter und Pferd eine Einheit sein sollen. Der vorgeneigte Oberkörper entlastet den Rücken des Pferdes über lange Distanzen und unebenes Gelände. Dieser Sitz ist auch zwingend, wenn man ein Pferd mit empfindlichem Rücken reitet.

Legen wir jedoch vermehrten Wert auf maximale Beherrschung des Pferdes und auf größtmögliche Sicherheit im Sattel, gehen wir dazu über, hinter der Bewegung tief und fest im Sattel zu sitzen. Dadurch geht zweifellos eine gewisse Anmut der Bewegung verloren, weil der Reiter sozusagen immer hinter dem Pferd herhinkt. Reiten wir aber junge, unerzogene Pferde, Springprüfungen der schweren Klasse und Dressur oder müssen wir unser

Pferd in anderen Situationen versammeln, braucht es vermehrte Einwirkung und daher einen tieferen Drei-Punkt-Sitz.

Daraus ergibt sich, daß die Vielzahl der Probleme, die beim Gelände-, Jagdreiten oder auf Turnieren auftreten, nicht mit einer einzigen feststehenden Oberkörperhaltung zu lösen ist. Viele Leute scheuen Stilreiten aus gerade diesem Grund, und zu Recht. Legt man nicht von Anfang an bei der Reitausbildung Wert auf einen geschmeidigen Sitz und übt ihn nicht gewissenhaft, gewöhnt sich der Reiter eine einzige steife Haltung zu Pferde an, was ihn unfähig macht, sich neuen Situationen anzupassen.

Reiten ohne Bügel

Wir haben bereits die Grundhaltung besprochen und betont, wie wichtig es ist, daß die Sicherheit eines Reiters im Sattel unabhängig von seiner Hilfengebung wird. Das *Reiten ohne Bügel* ist die natürliche und wirksamste Methode, um einen unabhängigen Sitz zu erlangen. Indem er lernt, mit dem Kreuz in der Bewegung mitzuschwingen, ohne sich gegen die Erschütterung zu versteifen, werden seine Zügel- und Schenkelhilfen allmählich unabhängig vom Sitz, und er sitzt tief und fest im Sattel.

Beim Reiten ohne Bügel empfiehlt es sich, die Bügelriemenschnalle etwa 50 Zentimeter herunterzuziehen, bevor die Bügel vor dem Widerrist überkreuz gelegt werden. Die Riemen müssen flach unter den Schutzblättern liegen, damit der Reiter seine Schenkel korrekt plazieren kann. Der Schüler soll genauso sitzen, als ob er mit Bügeln reiten würde. Die Fußspitzen werden angehoben, denn die Anspannung der Waden, die von den hinuntergedrückten Absätzen herrührt, gibt den Schenkeln festen Halt. Weder Beine noch Arme dürfen lose baumeln.

Sobald der richtige Sitz beim Reiten ohne Bügel verloren geht, sollte er sofort korrigiert werden. Besonders am Anfang sowie nach jeder Lockerungsübung müssen solche Korrekturen oft wiederholt werden. Dazu greift der Reiter mit der inneren Hand in den Vorderzwiesel, drückt seine Oberschenkel nach unten und zieht sich fest und tief nach vorne in den Sattel. Dabei muß er darauf achten, daß auch die Unterschenkel richtig liegen. Der Vorderzwiesel gibt einem Anfänger, der lernt, ohne Bügel zu reiten, sicheren Halt. Allgemein besteht die Tendenz, Oberschenkel und Knie hochzuziehen, so daß Gesäßknochen und Gesäß im Sattel nach hinten geschoben werden, was wir unbedingt vermeiden wollen.

Durch Festhalten am Vorderzwiesel kann der Reiter seinen Spalt, seine Oberschenkel und das Gesäß nach vorne in den Sattel ziehen. Danach strecken sich Knie und Schenkel automatisch nach unten. Natürlich werden die Absätze, nicht die Fußspitzen hinuntergedrückt. Ist das Gesäß erst einmal nach vorne gebracht und tief im Sattel verankert und sind die Schenkel in die richtige Lage gestreckt, bekommt der Reiter das Gefühl dafür, wie er sitzen soll. Es schadet gar nichts, daß er das mittels einer künstlichen Hilfe – In-den-Vorderzwiesel-Fassen – lernt. Sobald das Gefühl für den korrekten Sitz beim Schüler verloren geht, muß er sich wieder wie beschrieben zurechtsetzen. In einem späteren Ausbildungsstadium, wenn seine Oberschenkel- und Rückenmuskeln gekräftigt sind, kann er seinen Sitz korrigieren, ohne in den Vorderzwiesel zu fassen.

Während der Schüler in der Bahn im Schritt oder langsamem Trab ohne Bügel reitet, läßt man ihn eine Reihe Lockerungs- und Freiübungen ausführen. Diese empfehle ich besonders: Eine Hand in die Hüfte stemmen; eine Hand auf den Kopf legen; eine Hand hinter dem Rücken halten; den ausgestreckten Arm von vorn nach hinten kreisen lassen; mit ausgestrecktem Arm den Oberkörper verdrehen, zuerst die Pferdeohren berühren, dann sich hinunterbeugen und die Fußspitzen berühren und als letztes sich nach hinten drehen, um den Schweif zu berühren. Eine gute Vorübung zum Springen besteht darin, den Oberkörper so weit vorzuneigen, daß er fast die Knie und Oberschenkel berührt. Die Übung dient auch der Verbesserung der Balance. Umgekehrt kann man sich so weit mit dem Oberkörper zurücklehnen, daß man mit dem Kopf fast die Kruppe berührt. Weitere Freiübungen sind: Den Kopf kreisen lassen, die Fußspitzen nach innen und außen, nach oben und unten drehen, die Unterschenkel von dem Pferderumpf abspreizen und wieder anlegen.

Mit etwas Phantasie kann man sich noch viele andere ähnliche Übungen ausdenken. Leichttraben ohne Bügel kräftigt schlaffe und rundliche Oberschenkel. Eigentlich trägt jede gymnastische Übung ohne Zügel und Bügel dazu bei, den Sitz zu festigen und das Gleichgewicht im Sattel zu fördern.

Der Vorteil der beschriebenen Freiübungen ohne Bügel besteht darin, daß sie mit den Zügeln in einer Hand ausgeführt werden können. Sie eignen sich deshalb auch fürs Abteilungsreiten. Im Idealfall reitet der Schüler bei den Freiübungen jedoch ohne Zügel und Bügel. Das ist nur im Einzelunterricht an der Longe möglich.

Longieren von Reiter und Pferd

Longieren ist die ideale Methode für Reitlehrer, Reiter und Pferd, um in Zusammenarbeit einen erstklassigen Sitz zu entwickeln. Ohne Bügel und Zügel ist der Reiter gezwungen, sich allein auf seine Balance und sein Gefühl für Rhythmus zu verlassen. Es ist unmöglich, sich am Pferdemaul festzuhalten oder die Bügel als Stütze für die Schenkel zu benutzen. Zweifellos ist das die beste Methode, um sitzen zu lernen, aber leider ist sie zeitraubend und nur im Einzelunterricht möglich.

Sollen beim Longieren Fortschritt und Sicherheit gewährleistet sein, muß man mit der *Longierausrüstung* und ihrem Gebrauch vertraut sein. Sie besteht aus der Longe, der Longierpeitsche und den Ausbindezügeln. Letztere sorgen für die Beibehaltung der korrekten Kopfstellung des Pferdes. Die Peitsche reguliert das Tempo und hält das Pferd auf der Kreislinie. Die Longe selbst hindert das Pferd am Ausbrechen und Stürmen.

Longieren ist einfach, wenn es richtig gemacht wird. Zuerst verschnallt man die Ausbindezügel unterhalb der regulären Zügel in die Gebißringe und den Sattelgurt. Man longiert das Pferd immer nur auf normale Trense, damit es auch vertrauensvoll ans Gebiß herantritt. Zunächst wird das Pferd eine Weile mit lose verschnallten Ausbindezügeln longiert, bevor man sie entsprechend der gewünschten Kopfhaltung verkürzt. Es ist ratsam, sich zu vergewissern, daß das Pferd auf beiden Händen ruhig an der Longe geht, bevor man den Schüler aufsitzen läßt. Pferde, die an Ausbindezügel nicht gewöhnt sind, wehren sich manchmal durch Steigen dagegen und können sich überschlagen.

Der Longenführer hält die Longe in der inneren Hand (der linken, wenn das Pferd linksherum geht) und die Peitsche in der äußeren Hand. Das Pferd soll lernen, in dem gewünschten Tempo auf dem Zirkel zu bleiben, ohne in die Mitte zu drängen, auszubrechen oder selbständig das Tempo zu verlangsamen bzw. zu beschleunigen. Sind diese Voraussetzungen gegeben, darf der Reiter aufsitzen. Vorher wurden natürlich die Bügel abgenommen, die Zügel vor dem Widerrist verknotet, damit sie nicht zu weit durchhängen, und die Ausbindezügel richtig eingeschnallt.

Ist der Reiter aufgesessen, faßt er mit der äußeren Hand in den Vorderzwiesel und stützt die innere auf den Hinterzwiesel. So werden seine Schultern leicht in die Bewegungsrichtung gedreht, obwohl er sich nicht bewußt anstrengen soll, die Schultern nach innen zu wenden. Mit den Händen wie beschrieben am Sattel zieht sich der Schüler nach vorn und tief in den Sattel und achtet darauf, daß seine Fußspitzen nach oben zeigen. Sobald er Selbstvertrauen und eine gewisse Sicherheit im Sattel erlangt hat, kann er den Sattel loslassen und die vorher erwähnten Freiübungen ausführen. Beide Hände und Beine sind jetzt frei. Der Reiter sollte die gymnastischen Übungen im Schritt, Trab und Galopp sowohl im Zwei- als auch im Drei-Punkt-Sitz meistern.

Nachdem wir das Thema des korrekten Sitzes nun ausführlich behandelt haben, wollen wir sehen, wie man ihn sich in der Praxis nutzbar macht. Allzu oft sieht man Reiter, die sich lediglich auf dem Pferd in Positur setzen, ohne es wirklich zu reiten. Das ist natürlich sinnlos. Wir wollen ja auf das Pferd einwirken und es veranlassen, bestimmte Aufgaben zu erfüllen. Im nächsten Kapitel behandeln wir deshalb die Hilfen, auch Einwirkungen genannt.

2. Kapitel: Die Hilfen

Natürliche und künstliche Hilfen

Hilfen sind Verständigungsmittel des Reiters. Menschen verständigen sich untereinander hauptsächlich durch die Sprache. Mit ihrem Pferd verständigen sie sich durch natürliche oder künstliche Hilfen.

Natürliche Hilfen sind Hände, Schenkel, Gewicht und Stimme. Mit anderen Worten: Der Reiter wirkt mit seinem eigenen Körper ein. Das Streben nach wirklicher Meisterschaft im Sattel besteht zu einem Großteil darin, diese natürlichen Hilfen – oft in Verbindung mit künstlichen – gebrauchen und immer weiter verfeinern zu lernen. Nur bei intelligentem Einsatz dieser Hilfen kann man vom Pferd erwarten, daß es seine Aufgabe richtig erfüllt. Die unabhängige und wirksame Anwendung der Hilfen hängt jedoch in hohem Maß von einem korrekten Sitz ab. Da gibt es keine abgekürzten Verfahren.

Künstliche Hilfen dienen im wesentlichen der Verstärkung der natürlichen Hilfen. Unter den Begriff der künstlichen Hilfen fallen *Gerte, Sporen, Martingal, Gebiß und Hilfszügel.* Die Gerte – auch Peitsche oder Reitstock genannt – stellt die stärkste künstliche Hilfe dar, weil sie am schmerzhaftesten und geräuschvollsten ist. Denn Schmerzen und laute Geräusche erzeugen beim Pferd Angst. Die Angst wiederum veranlaßt das Pferd zu laufen. Die Gerte wird daher angewandt, um das Pferd zum Vorwärtsgehen anzutreiben, wenn mildere treibende Hilfen versagt haben. Der Sporn erzeugt einen scharfen, stechenden Schmerz in der Rippengegend. Die Sporenhilfe ist stärker als normaler Schenkeldruck. Auch sie wird nur dann angewandt, wenn das Pferd auf letzteren nicht empfindsam genug reagiert.

Die verschiedenartigen Martingale üben eine mechanische Wirkung auf die Kopfstellung des Pferdes aus. Sie hindern es, den Kopf zu hoch oder zu tief zu tragen. Außerdem gibt es eine Reihe Spezialgebisse und Hilfszügel, um Maulschwierigkeiten zu korrigieren. Dabei bedarf jedes Problem einer anderen Korrektur. Der richtige Gebrauch der künstlichen Hilfsmittel verlangt Erfahrung und vor allem Mäßigung und gesunden Menschenverstand. Künstliche Hilfen können zum «Messer in des Affen Hand» werden. Ich bevorzuge deshalb den Stoßzügel, der auf das Nasenbein des Pferdes wirkt, und erlaube nur weit fortgeschrittenen Reitern, andere Hilfsmittel zu benutzen. Ringmartingale, Schlaufzügel und andere Hilfszügel üben Druck auf die empfindlichen Laden des Pferdemauls aus. Sie gehören nicht in die Hände von Anfängern oder Reitern der mittleren Ausbildungsstufe.

Kollision der Hilfen

Hilfen kollidieren, wenn der Reiter gleichzeitig widersprüchliche Forderungen stellt, wie zum Beispiel durch Treiben und Am-Zügel-ziehen. Verlangt der Reiter eine Beschleunigung des Tempos und hält dabei zur gleichen Zeit das Pferd zurück, *wirken seine Hilfen gegeneinander* und verwirren das Pferd. Nur wenn man im fortgeschrittenen Ausbildungsstadium ein Pferd versammelt, spielen treibende und verhaltende Hilfen zusammen. Aber da handelt es sich nicht um ein Aufeinanderprallen, sondern um differenzierte Koordinierung der treibenden und verhaltenden Hilfen. Kollidieren die Hilfen, so liegt das gewöhnlich daran, daß der Reiter keinen unabhängigen Sitz gelernt hat, verwirrt oder einfach unerfahren ist.

Diesen weit verbreiteten Fehler kann man oft beobachten, wenn ein ungeübter Reiter aus dem Halten antrabt und dann aus dem Trab wieder zum Halten durchpariert. Seine Hände bleiben gespannt und starr, während die Schenkel das Pferd zu der schnelleren Gangart antreiben. Umgekehrt fassen beim Durchparieren die Schenkel noch fest zu, während die Hände das Pferd veranlassen, das Tempo zu verlangsamen und zu halten. Auch auf Jagden sieht man oft Beispiele für kollidierende Hilfen. Das Pferd wird über die Hindernisse getrieben, während die Hände stehenbleiben, anstatt vorzugehen und ihm Hals- und Kopffreiheit zu gewähren. Beim Ausbilden junger Pferde muß man sorgfältig darauf achten, die Hilfen zu isolieren und sie eindeutig und unabhängig voneinander der Reihe nach zu geben.

Bei den natürlichen wie den künstlichen Einwirkungen unterscheidet man zwei Kategorien – *treibende und verhaltende Hilfen.* Treibende Hilfen sind Schenkel, Gewicht, Stimme, Gerte und Sporen. Zu den verhaltenden Hilfen zählen die Hände, das Gewicht, die Stimme und künstliche Mittel wie Hilfszügel und Martingal. Wie gesagt, muß die Wirkung der Hilfe der einen Kategorie beendet sein, bevor die Hilfe der anderen Kategorie angewandt werden darf, sonst widersprechen sie sich.

Das Pferd reagiert auf gegeneinanderwirkende Hilfen auf zweierlei Art. Es ignoriert die eine Hilfe und wehrt sich gegen die andere. Nehmen wir nochmals das Beispiel des Antrabens und Haltens. Je nachdem, ob es sich um ein temperamentvolles oder ruhiges Pferd handelt, wird es eine der beiden folgenden Reaktionen zeigen. Ein faules Pferd wird sauer oder abgestumpft und geht nur zögernd unter der starren Reiterhand vorwärts. Es wird sich immer schwerer antreiben lassen, weil es die treibenden Hilfen, die es an die unnachgiebige Hand zwingen, ignoriert. Wird ein solches Pferd nicht korrigiert, kann es passieren, daß es schließlich stehenbleibt und steigt. Ein heftiges Pferd dagegen ignoriert die feststehende Hand, legt sich aufs Gebiß und beginnt zu pullen. Die meisten der sogenannten hartmäuligen Pferde legen sich durch Verschulden des Reiters und nicht wegen Gebäudefehlern auf die Zügel. Da sie ständig versuchen, dem Schenkeldruck zu entgehen, werden sie immer heftiger und verspannter, gewöhnen sich das nervöse Zackeln an oder gehen gar durch. Das sind Verteidigungsmechanismen. Um solche Probleme von Anfang an zu vermeiden, muß der Reiter schon als blutiger Anfänger die Koordinierung der Hilfen verstehen. Je eingehender und sorgfältiger ein Schüler die richtige Reihenfolge der Hilfen lernt, die es ihm gestattet, die Gangart oder das Tempo gleitend zu steigern bzw. zu verkürzen, um so weniger läuft er Gefahr, das Pferd zu verderben.

Koordinierung der Hilfen

Koordinierte Hilfen schulen ein Pferd genauso schnell wie kollidierende Hilfen es verderben. Jede Bewegung oder Lektion, die man von einem Pferd verlangt, wird gewöhnlich durch das Zusammenwirken verschiedener Hilfen und verschiedener Körperteile des Reiters erzielt. Um ein Pferd aus dem Halten im Schritt anzureiten, verstärkt man den Schenkeldruck, während die Hände gleichzeitig etwas nachgeben. Dabei dürfen die Schenkel nur soviel mehr treiben, wie die Hände nachgeben; umgekehrt ist es beim Durchparieren. Beim Autofahren ist die Reihenfolge ähnlich: Man muß Kupplung, Gaspedal und Bremse koordinieren, damit das Auto zügig fährt bzw. auf die gewünschte Entfernung zum Halten kommt.

Ein Reiter, der von seinem Pferd die Ausführung einer bestimmten Übung verlangt, muß zuerst seine Forderung genau verstehen. Zweitens muß er seine Hilfen so koordinieren können, daß er dem Pferd die richtige Anleitung und die Möglichkeit gibt, die gestellte Aufgabe zu erfüllen. Ein Reiter, der sein Pferd beispielsweise rückwärtsrichten will, muß die richtige Reihenfolge der rückwärtsrichtenden Hilfen kennen, die das Pferd veranlassen, eine bestimmte Anzahl von Tritten zurückzutreten. Das heißt, der Reiter muß sich zumindest in Gedanken klar sein, wie die Übung ausgeführt werden soll. Er kombiniert dann seine Hilfen der Reihe nach. Im Anfangsstadium seiner reiterlichen Ausbildung geschieht dies langsam und bewußt, später werden die Hilfen automatisch gegeben.

Hier die korrekte Reihenfolge koordinierter Hilfen beim Rückwärtsrichten: Zuerst schließt der Reiter die Fäuste und läßt die Hände ruhig stehen, ohne nachzugeben. So hindert er das Pferd am Vortreten. Dann legt er beide Schenkel fester etwas hinter dem Gurt an und treibt das Pferd gegen die gegenhaltende Hand. Vom aktiven Schenkel aufgefordert anzutreten, von der Hand aber am Vortreten gehindert, tritt das Pferd zurück. Im selben Augenblick kommen Oberkörper und Gewicht des Reiters ins Spiel, und er spannt seine Rückenmuskeln leicht in Richtung der Bewegung an. Mit der Zeit wird die Abfolge der Hilfen fast unsichtbar. Denn der Reiter verfeinert seine Einwirkungen, sobald er genau fühlen gelernt hat, welche Abstufung von Hand-, Schenkel- und Gewichtshilfen das Pferd zum gleichmäßigen, flüssigen Zurücktreten veranlaßt.

Ein anderes gutes Beispiel für Koordinierung der Hilfen ist das Ausreiten eines Zirkels. Statt in der Längsrichtung – nach vorn oder nach hinten – wirkende Hilfen werden hier seitliche Hilfen koordiniert. Während die innere Hand durch indirekte Zügeleinwirkung vermehrten Druck ausübt, geht die äußere Hand vor und gibt genauso viel nach wie die innere gegenhält. Die Wirkung der einen Hand ergänzt also die der anderen, um das Pferd auf die Zirkellinie einzustellen. Ähnlich werden auch die Schenkel beim Zirkelreiten koordiniert. Der innere Schenkel wirkt am Gurt treibend und biegt das Pferd. Der äußere liegt etwa eine Handbreit (10 Zentimeter) hinter dem Gurt und dient als unterstützende Hilfe, indem er die Hinterhand am Ausfallen von der Kreislinie hindert.

Diese Beispiele für Koordinierung der Hilfen, die das Pferd zur Ausführung bestimmter Bewegungen veranlassen sollen, sind Muster für alle Einwirkungen. Es ist wichtig, die Hilfen für sich allein zu verstehen. Sie sind aber sehr viel wirksamer, wenn sie koordiniert zusammen angewandt werden.

Innen und Außen

Wenn man einen Anfänger mit der Reitbahn vertraut macht, sollte man ihm auch schon beibringen, was mit «innen» und «außen» gemeint ist. Er muß diese Begriffe im Zusammenhang mit der Hilfengebung verstehen. «Innen» bezieht sich auf die Mitte der Reitbahn und «außen» auf die Bande oder die äußere Abgrenzung der Bahn.

Pferde, genau wie Hunde und Menschen, halten und bewegen sich nicht ganz gerade. Eine Seite ist etwas stärker ausgeprägt. Als Endziel bei der Ausbildung eines Reitpferdes wird angestrebt, das Pferd auf beiden Händen (Seiten) gleichmäßig auszubalancieren und vollkommen gerade zu richten. Die natürliche Schiefe nach einer Seite muß durch spezielle Übungen überwunden werden.

Auch wenn man nicht in der Reitbahn arbeitet, ist es leicht, sich den *Unterschied zwischen innen und außen* zu merken. Außer der Bahnmitte als Beziehungspunkt gibt es nämlich Faktoren, die ausschlaggebender sind. Ein wichtiges Kriterium: Die Innenseite ist immer die Seite, nach der das Pferd gebogen ist. Bewegt sich also das Pferd zum Beispiel auf der rechten Hand im Schulterherein links, ist die linke Seite die innere, und die linken Hilfen sind die inneren. Das gilt für alle Seitengänge, unabhängig von der Bewegungsrichtung. Ein anderes gutes Beispiel ist der Außengalopp. Geht das Pferd auf der linken Hand im Rechtsgalopp, ist die rechte Seite die innere. Denn das Pferd ist fast unsichtbar nach rechts gebogen, und die Biegung spielt eine entscheidendere Rolle als die Bewegungsrichtung. Beim Leichttraben ist der Hinterfuß, auf dem getrabt wird, ausschlaggebend.

Fassen wir zusammen: Bei Wendungen liegt die Innenseite zur Mitte des Zirkels oder Halbkreises, auf dem sich das Pferd bewegt. Auf geraden Linien entspricht die Innenseite immer dem Fuß, auf dem das Pferd galoppiert bzw. dem inneren Hinterfuß, auf dem der Reiter trabt. Bei Biegungen und Seitengängen ist die innere Seite stets die Seite, nach der das Pferd gebogen ist. Das ist alles, was ein Anfänger zu wissen braucht.

Gleichseitige und diagonale Hilfen

Es ist nützlich, den Unterschied zwischen *gleichseitigen und diagonalen Hilfen* zu begreifen. Dieses Verständnis kann uns die Koordinierung der Hilfen bei verschiedenen Lektionen klarmachen. Gleichseitige oder einseitige Hilfen wirken vorwiegend auf einer Seite, beispielsweise rechte Hand und rechter Schenkel. Bei den diagonalen Hilfen dominiert die diagonale Einwirkung, also zum Beispiel linke Hand und rechter Schenkel. In beiden Fällen wird die dominierende Hilfe jedoch gewöhnlich von einer Einwirkung auf der entgegengesetzten Seite unterstützt. Beide Zügel und beide Schenkel wirken zusammen, auch wenn die eine oder andere Hilfe überwiegt.

Ein gutes Beispiel für gleichseitige Hilfen ist das *Schulterherein,* eine Übung, die die seitliche Biegsamkeit des Pferdes fördert. Beim Schulterherein geht das Pferd, obwohl seine Wirbelsäule verhältnismäßig stark gebogen ist, auf gerader Linie geradeaus. Nehmen wir Schulterherein rechts als Beispiel, um die einseitigen Hilfen zu demonstrieren. Das Pferd wird durch den rechten indirekten Zügel[*] und den rechten Schenkel am hinteren Gurtrand gebogen. Diese beiden Hilfen sind im Vergleich zu dem linken Zügel und Schenkel die aktiveren, obwohl letzterer fast die ganze Zeit unterstützend, verwahrend und korrigierend wirkt. Das Schulterherein gilt also als Übung, die mit gleichseitigen Hilfen ausgeführt wird.

Dagegen verlangt der *Travers* – eine andere Übung, die das Pferd durch seitliche Biegung geschmeidig machen soll – diagonale Hilfen. Beim Travers bewegt sich das Pferd ebenfalls geradeaus und blickt in die Bewegungsrichtung. Die Hinterhand bewegt sich auf einem eigenen Hufschlag, innen parallel zu dem der Vorderhand. Das Pferd wird mit dem indirekten inneren Zügel nach innen gestellt und um den inneren Schenkel gebogen, aber der äußere Schenkel drückt die Hinterhand nach innen. Die aktiveren sind also in diesem Fall die diagonalen Hilfen: innere Hand und äußerer Schenkel.

Die Augen des Reiters

Die Augen des Reiters haben keinen direkten Einfluß auf das Pferd und können deshalb nicht als Hilfen betrachtet werden. Dennoch üben sie – bewußt wie unbewußt – eine Wirkung auf die Hilfengebung aus. Auf geraden Linien und bei Wendungen beeinflussen die Augen das Gleichgewicht des Reiters in positiver wie in negativer Hinsicht. Stimmt die Blickrichtung, können auch die Hilfen besser und reflexartiger angewandt werden. Nimmt der Reiter die Bewegungsrichtung nicht mit den Augen vorweg, so kann sein Reitstil nicht flüssig sein. Seine Reaktionen werden immer zu spät kommen.

Ein Autofahrer gebraucht seine Augen genauso, wie ein Reiter sie gebrauchen sollte: Er verfolgt die Bewegungsrichtung mit dem Blick und erkennt im voraus, was als nächstes zu tun ist. Der Fahrer blickt in die Kurve, nicht aufs Steuerrad. Das gleiche gilt für den Reiter. Dreht er seinen Kopf in die Richtung, die er einzuschlagen gedenkt, ändert sich seine Körperhaltung, und sein Gleichgewicht verlagert sich. Für das Pferd bedeutet dies, kurz vor den unmittelbaren Hilfen zur Wendung, ein erstes leises Zeichen, und es reagiert dann besser auf die eigentliche Hilfe.

Senkt der Reiter den Kopf, um auf seine Hände, Füße oder den Pferdekopf

---

[*] Zur Erläuterung dieses Begriffs s. S. 34 und Abb. 44, 45.

hinunterzusehen, verlagert er sein Gewicht wiederum ein klein wenig, was ebenfalls vom Pferd bemerkt, aber bald als bedeutungslos erkannt wird. Der Reitschüler muß also sehen (im Sinne von wahrnehmen) lernen, ohne hinunterzublicken. Das heißt, er muß das Pferd aus den Augenwinkeln beobachten lernen und seine Augen ausschließlich auf die einzuschlagende Richtung, ob geradeaus oder um die Kurve, einstellen. Er muß lernen, nach Gefühl zu reiten. Wenn er stets hinuntersieht, wird er nie fühlen lernen. Dieses Gefühl muß, wie alles andere, geübt werden. Der Reiter muß seine Augen soweit unter Kontrolle bringen, daß er in die Bewegungsrichtung blicken und gleichzeitig fühlen kann, was sein eigener Körper und was sein Pferd unter ihm tun.

Schenkelhilfen

Es gibt *drei Schenkellagen,* die als Hilfen wirken: am Gurt, eine Handbreit hinter dem Gurt und vor dem Gurt in Richtung Schulter.

Der hintere Gurtenrand entspricht in etwa der Mitte des Pferdes. Hier können die Schenkel am besten einwirken und treiben. Deshalb liegt der innere Schenkel meist an dieser Stelle, denn er hat beständig für das Treiben und Biegen zu sorgen. Reiter, die ihre Schenkel zu weit zurück oder zu weit nach vorne plazieren, gefährden nicht nur ihr Gleichgewicht im Sattel, sondern verringern auch ihre Einwirkungsmöglichkeit.

In der zweiten Lage, eine Handbreit hinter dem Gurt, wirkt der Schenkel völlig anders. Die erste Schenkellage beeinflußt das ganze Pferd, während die Schenkel eine Handbreit hinter dem Gurt nur die Hinterhand zur Seite schieben, nicht aber das Pferd vorwärtstreiben oder biegen können. Aufgabe des äußeren Schenkels ist es, die Hinterhand auf geradem oder gebogenem Hufschlag zu halten. Der äußere Schenkel befindet sich dann eine Handbreit hinter dem Gurt, der innere liegt am Gurt. Der Durchschnittsreiter braucht nur mit diesen beiden Schenkellagen vertraut zu sein.

Die dritte Schenkellage, bei der der Schenkel vor den Gurt in Richtung Schulter gebracht wird, ist insofern strittig, als sie das Gleichgewicht von Reiter und Pferd beeinträchtigt. Sie kommt nur in der weit fortgeschrittenen Ausbildung zur Anwendung. Liegt der Schenkel so weit vorn, verrutscht der Oberkörper hinter die Bewegung und verleitet den Reiter dazu, sich an den Zügeln festzuhalten. Ein erfahrener Reiter kann diese Schenkellage jedoch als starke Einwirkung bei Seitengängen benutzen: beispielsweise, um das Pferd übertrieben abzubiegen oder Schulterherein auf dem Zirkel zu reiten. Bei diesen Übungen wirkt der Schenkel vor dem Gurt auf die Vorhand genauso wie der Schenkel eine Handbreit hinter dem Gurt auf die Hinterhand.

Nur ein Reiter, der die verschiedenen Schenkellagen und -einwirkungen beherrscht und versteht, wann die eine oder andere angewandt werden muß, kann die vielen fortgeschrittenen Lektionen ausführen, die dazu dienen, das Pferd geschmeidiger, rittiger und zuverlässiger zu machen.

1. Stilspringen in einer Jugendreiterprüfung

Jim Kohn blickt mit erhobenem Kopf geradeaus. Seine Rückenlinie verläuft parallel zu der des Pferdes. Eine gerade Linie führt vom Ellbogen zum Pferdemaul. Auch die Schenkellage ist vorbildlich: Der Reiter hält gleichmäßige Fühlung mit Oberschenkeln, Innenfläche der Knie und Waden. Die Ballen ruhen auf der Mitte des Steigbügels, so daß die Absätze gut hinuntergedrückt werden können. Die Fußspitzen sind dem Körperbau des Reiters entsprechend ganz leicht nach außen gestellt. Foto: Budd

2. Vorstellung eines Jagdpferdes
Obwohl Raymond Burrs Schenkel in der Flugphase etwas verrutscht sind, ist er für mich dennoch der größte klassische Stilist unter den Berufsreitern. Das Foto zeigt ihn auf dem herrlichen Jagdpferd «Kimberling». Raymond Burr war genauso erfolgreich mit Springpferden und bewies damit klar, daß guter Stil und gutes Reiten vereinbar sind und sein sollten. Foto: Tarrance

3. Vorstellung eines Springpferdes
Konzentration, eine gefühlvolle, nachgiebige Hand und vorbildliche Schenkellage kann man immer beobachten, wenn Bill Steinkraus einen Parcours springt. Foto: Udo Schmidt

4. Ein Olympiasieger
Nur sehr wenigen Reitern gelingt es, olympisches Gold zu gewinnen oder den King's Cup von Königin Elizabeth II. persönlich überreicht zu bekommen. Dennoch bin ich sicher, daß für Bill Steinkraus die kleinen, täglich errungenen Siege – etwa das Pferd im Genick abzubiegen oder ein junges Jagdpferd zum ersten Mal über einen vollständigen Parcours zu reiten – genauso spannend und befriedigend sind.

5. Sinn und Ziel des Reitens

Bestünde die Reiterei nur aus Turnieren, Scheinwerferlicht und Siegerschleifen, hätte ich sie schon längst aufgegeben. Dieses Bild zeigt, was Reiten für mich wirklich bedeutet, ob man es nun im Hinblick auf die Teilnahme an Leistungsprüfungen oder als Freizeitbeschäftigung betreibt. Die Reiterin hier arbeitet hart ganz allein für sich auf freiem Feld. Sie braucht keine Zuschauer; ihre Mühe wird mit den Fortschritten, die sie und ihr Pferd machen, belohnt.

6. Bügel vom Boden aus verpassen

Die Steigbügel lassen sich annähernd richtig vor dem Aufsitzen verpassen. Berührt man mit den Fingerspitzen die Bügelriemenschnalle, sollen die Bügel bei angespanntem Riemen und ausgestrecktem Arm bis zur Achselhöhle reichen.

7. Bügel nach dem Aufsitzen richten

Bei lose baumelndem Unterschenkel soll die Trittfläche des Steigbügels gegen das Fußgelenk oder etwas unterhalb anschlagen.

8. Mittlere Bügellänge

Das ist die Bügellänge, die ich in diesem Buch empfehle: Kurz genug, um in den Fußgelenken Spielraum zu haben, damit man die Absätze tief hinunterdrücken kann, und gleichzeitig lang genug, um mit dem Spalt den Vorderteil des Sattels berühren zu können. Dieser Sitz gewährt dem Reiter Sicherheit im Sattel und dem Pferd Bewegungsfreiheit.

9. Kurze Bügel

Die abgebildete Länge stellt die oberste Grenze für kurze Bügel beim Springen dar. Noch kürzere Bügel kommen nur für Rennen in Frage, da die Schenkel dann nicht mehr genug Berührungsfläche mit dem Pferd haben, um sicher anliegen und korrekt einwirken zu können. Auf diesem Bild kann man gut die vier wichtigsten Winkel, die bei der Gewichtsverlagerung eine Rolle spielen, studieren: den Hüft-, Knie-, Fußgelenk- und Ellbogenwinkel. Diese Winkel werden mit kürzeren Bügeln spitzer.

10. Lange Bügel

Im Idealfall sollte das Gesäß näher am Vorderzwiesel sitzen, der Unterschenkel sollte etwas weiter zurückliegen. So läßt der Gesamteindruck auf einen tiefen, sicheren Sitz schließen, der maximale Einwirkung und Fühlungnahme mit dem Pferd erlaubt. Beachten Sie, wie stumpf die vier wichtigen Körperwinkel sind.

11. Korrekter Sitz im Halten

Bei diesem Sitz kann eine gerade Linie von der Schulter durch das Hüftgelenk zum Absatz gezogen werden. Die Reiterin sitzt im Gleichgewicht und genau in der Mitte des Pferdes. Sie erweckt den Eindruck, daß sie das Pferd in möglichen schwierigen Situationen mühelos beherrschen kann.

12. Gute Schenkellage

Korrekt liegender Schenkel in Nahaufnahme. Der Fuß ruht mit dem Ballen auf dem Bügel, der Absatz ist hinter dem Gurt tief hinuntergedrückt, die Innenfläche des Knies und die Wade halten gleichmäßig Fühlung. Zeigen die Fußspitzen weiter nach außen, so klammert der Reiter sich mit den Waden an. Zu weit nach innen stehende Fußspitzen lockern die Wadenmuskeln zu sehr. Achten Sie auf den senkrecht hängenden Bügelriemen und den rechtwinklig zum Gurt stehenden Bügel.

13. Zu weit nach vorn gestreckter Unterschenkel und bis zum Absatz durchgesteckter Fuß
Für den Reiter ist es unmöglich, mit dem Oberkörper den Bewegungen des Pferdes geschmeidig zu folgen, wenn die Schenkel vor dem Gurt liegen. Außerdem können die Absätze nicht so frei nach unten federn, wenn der Fuß bis zum Absatz durch den Bügel gesteckt wird.

14. Nach innen verdrehte Knie und abstehende Unterschenkel
Klammernde, nach einwärts gekehrte Knie verhindern, daß man genügend Gewicht in die Absätze verlagern und mit den Unterschenkeln stete Fühlung mit dem Pferderumpf halten kann.

15. Korrekte Oberkörperhaltung
Die Reiterin blickt geradeaus, ihr Oberkörper ist aufgerichtet und dennoch entspannt. Die Schultern sind weder hochgezogen noch zu weit zurück gedrückt. Eine gerade Linie führt vom Ohr durch die Schulter zum Hüftgelenk.

16. Ein runder, krummer Rücken
Dieser Sitzfehler sieht nicht nur nachlässig und häßlich aus, er macht auch den korrekten Gebrauch des Rückens unmöglich, das heißt, mit gestreckter Wirbelsäule das Reitergewicht über die Gesäßknochen auf das Pferd einwirken zu lassen.

17. Korrekte Arm- und Handhaltung

Unterarm und Handgelenk bilden eine gerade Linie. Die Daumen zeigen etwas schräg nach innen, und die Fäuste stehen einige Zentimeter auseinander. So erhält man eine weiche, elastische Verbindung vom Ellbogen zum Pferdemaul.

18. Nach innen verdrehte Handgelenke und abgespreizte Ellbogen

Hier haben wir ein besonders drastisches Beispiel für einen häufigen Fehler, den man, weniger ausgeprägt, bei vielen Reitern sieht. Sind die Handgelenke nach innen verdreht und die Ellbogen nach außen abgespreizt, wird die elastische Verbindung zwischen Ellbogen und Pferdemaul unterbrochen und steif.

19. Hinuntersehen

Es ist interessant festzustellen, wie die Gewichtsverlagerung und das Gleichgewicht im Sattel beeinträchtigt werden, wenn der Reiter auf das Pferd hinuntersieht und dabei den Kopf senkt und den Rücken krümmt. Dieser schwerwiegende Fehler hindert die Bewegungsfolge und die reflexartige reiterliche Reaktion.

20. Zwei-Punkt-Kontakt

Der Begriff kennzeichnet die Verbindung zwischen Reiter und Pferd. Die beiden Kontaktpunkte sind die am Pferderumpf anliegenden Schenkel. Beachten Sie, daß das Gesäß den Sattel bei diesem leichten Sitz überhaupt nicht berührt.

21. Oberkörperhaltung im Schritt

Nach dem Anreiten aus dem Halten, bei dem der Oberkörper absolut senkrecht im Sattel ruhen sollte, hat unsere Reiterin ihren Oberkörper ein paar Grad nach vorne geneigt. Mehr ist in dieser Gangart nicht erforderlich.

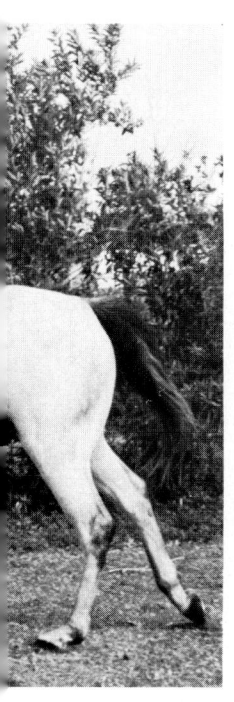

22. Oberkörperhaltung im langsamen ausgesessenen Trab
Hier führt die Reiterin einen gestreckten Sitz tief im Sattel mit angespanntem Kreuz vor, der den Eindruck starken Einwirkungsvermögens erweckt.

23. Oberkörperhaltung beim Leichttraben mit der Bewegung
Das Bild zeigt, daß die Reiterin leicht vorgeneigt vermehrt auf dem Spalt und dem vorderen Teil der Gesäßknochen sitzt. Wenn man mit dieser Oberkörperhaltung leichttrabt, wird man von den Bewegungen des Pferdes hochgeworfen und braucht nicht aktiv aufzustehen.

24. Oberkörperhaltung im Galopp
Die Reitschülerin ist ganz leicht vor die Senkrechte geneigt und klebt mit dem Spalt tief am Sattel, ähnlich wie im Schritt und ausgesessenen Trab. Die ausgeprägte Rückenlinie bedeutet in diesem Fall kein hohles Kreuz, sondern ist durch den individuellen Körperbau der Reiterin bedingt.

25. Oberkörperhaltung im Jagdgalopp
Zwei-Punkt-Kontakt und Gewichtsverlagerung vom Gesäß auf Absätze, Knie und Oberschenkel – ein korrekter leichter Sitz im schnellen Galopp. Beim Leichttraben, Jagdgalopp und Springen sollte der Oberkörper etwa gleich weit vorgeneigt sein.

26. Oberkörperhaltung beim Leichttraben vor der Bewegung
Die Reiterin hat sich so weit vor den Schwerpunkt des Pferdes geneigt, daß sie keinerlei Gewichtseinwirkung mehr hat. In einem solchen Fall merkt das Pferd schnell, daß es sich den Hilfen in jeder Richtung entziehen kann, und lernt, die Situation auszunutzen.

27. Oberkörperhaltung beim Leichttraben hinter der Bewegung
Im Gegensatz zum vorherigen Bild steht die Reiterin beim Leichttraben senkrecht aus der Hüfte heraus auf. Dieser Sitz wirkt zwar stark treibend und eignet sich deshalb besonders für Gangverstärkungen. Aber er ist keineswegs so geschmeidig und elegant wie der leichte Sitz, bei dem der Reiter mit der Bewegung trabt (s. Abb. 23).

28. Korrekter Sitz ohne Bügel
Fast identisch mit dem Sitz im Halten mit Bügeln (Abb. 11). Der einzige Unterschied besteht darin, daß der Reiter mit Bügeln die Absätze etwas weiter hinunterdrücken kann, weil die Steigbügel als Stütze benutzt werden, um die Fußgelenke vermehrt durchzutreten und abzufedern.

29. Überkreuz gelegte Bügel
Beachten Sie, daß die Bügelriemenschnalle etwa 50 Zentimeter hinuntergelassen wird, bevor die Bügel über dem Widerrist gekreuzt werden. Zeigen die Schnallen dabei vorschriftsmäßig nach oben und liegen die Riemen und Steigbügel flach an, können sie die korrekte Oberschenkellage nicht behindern.

Gute, schlechte, «gar keine» und geschulte Hände

Die Voraussetzung für eine *gute Hand* ist ein guter Sitz. Die Hände müssen völlig unabhängig von dem Körper des Reiters und von den Bewegungen des Pferdes sein und eine leichte, elastische Verbindung zum Pferdemaul halten. Ein guter Reiter muß seine Hände reflexartig koordinieren können, um das Tempo zu verstärken oder zu verkürzen. Und er muß die fünf grundlegenden Zügelhilfen gebrauchen, um das Pferd nach Belieben bei gefühlvoller Zügelanlehnung zu biegen, zu wenden oder durchzuparieren.

Das Gegenteil einer guten Hand ist offensichtlich eine *schlechte Hand*. Ein Reiter mit einer schlechten Hand benutzt die Zügel als Stütze, um sich im Sattel im Gleichgewicht zu halten. Eine schwere, harte oder grobe Hand ist ein schlimmer Fehler bei einem Reiter, weil das Pferdemaul so empfindlich ist.

«Gar keine Hand», das heißt keinerlei Zügelverbindung, kann unter Umständen durchaus nützlich sein, übersteigert aber zu einem Fehler werden. In amerikanischen Hack-Prüfungen und in Dressurprüfungen wird gelegentlich über kurze Strecken das Reiten am hingegebenen Zügel verlangt, wobei sich Tempo und Gleichgewicht nicht verändern dürfen. Dies über längere Zeit durchzuhalten, ist nicht nur schwierig, sondern praktisch unmöglich, und die Gänge leiden darunter: Das Pferd fällt auseinander, wird entweder eilig oder lasch. Ohne Führung bleibt ein Pferd auch nicht lange gerade.

Reiten am hingegebenen Zügel dient der zeitweiligen Entspannung des Pferdes und ist auch eine gute Gleichgewichtsübung für den Reiter. Aber es ist lediglich eine Übung, und alle Übungen sollten nur in dem Maß praktiziert werden, wie sie zu Schulungszwecken wertvoll sind. Das Reiten mit hingegebenem Zügel ist keine so besonders wertvolle Übung, und Leute, die im Gelände sich ständig mit durchhängenden Zügeln herumbewegen, sind schlicht und einfach gefährlich!

Krönendes Merkmal kultivierter Reitkunst ist die *geschulte Hand*. Sie bedarf jahrelanger Übung. Die geschulte Hand kann nicht nur, wie die gute Hand, geschmeidig das Tempo regulieren und die Richtung angeben. Sie beherrscht auch die Vielfalt nuancierter Einwirkungen, die erforderlich sind, um Haltungsfehler des Pferdes zu korrigieren. Die geschulte Hand besitzt soviel Einwirkung auf die Vorhand, daß sie den Kopf des Pferdes in jede beliebige Haltung bringen kann.

Es ist eine Binsenweisheit, daß ein Reiter nur durch viel Erfahrung eine geschulte Hand bekommen kann. Nur wenn er mit vielen verschiedenen Maulschwierigkeiten vertraut ist und weiß, in welcher Beziehung sie zur Kopfhaltung und zum Gleichgewicht des Pferdes stehen, hat er auch gelernt, die Hand zur Korrektur einzusetzen. Und natürlich braucht auch die geschulte Hand die Unterstützung durch einen guten Sitz, durch Schenkel und Gleichgewicht. Die Kopfhaltung allein läßt sich nicht beeinflussen, wenn sich die Einwirkung nicht auf den ganzen Körper erstreckt. Wird die Vorhand korrigiert, wirkt sich das entsprechend auf die Hinterhand aus. Die geschulte Hand reagiert gefühlvoll mit winzigen Strafen und Belohnungen. Sie läßt den durch das Temperament des Pferdes bedingten oder durch die Schenkel und den Sitz des Reiters erzeugten Vorwärtsdrang des Pferdes entweder nach vorne heraus oder begrenzt ihn.

Die fünf Zügelhilfen

Hände sind viel beweglicher als Beine. Eine unendliche Reihe von Einwirkungsmöglichkeiten ist durch die Hände gegeben. Sie stellen deshalb die differenzierteste aller Hilfen dar. Die zahllosen Nuancen der Zügeleinwirkung können nur durch Gefühl und Erfahrung mit vielen Pferden, von denen jedes ein anderes Maul hat, erlernt werden. Für unsere Zwecke soll es genügen, die *Zügelhilfen in fünf Gruppen* zu unterteilen: direkte, indirekte, führende Zügel, solche mit Hebelwirkung und solche, die am Hals angelegt werden (neck rein). Eine eindrucksvolle und meines Erachtens verblüffende Variation der direkten Zügelhilfe ist die vibrierende Hand, die wir getrennt behandeln wollen.

Die grundlegende Hand-Zügel-Verbindung, die im 1. Kapitel bei der korrekten Hand- und Armstellung beschrieben wurde, ist der *direkte Zügel,* mit dem man normalerweise das Pferd versammelt oder das Tempo und die Gangart verkürzt. Wesentliches Merkmal des direkten Zügels ist die gerade Hals- und Kopfhaltung des Pferdes. Bei der einfachsten Form der direkten Zügelhilfe führt eine gerade Linie vom Ellbogen zum Pferdemaul. Fehlerhafte Kopfstellungen werden vom Reiter durch treibende Hilfen und nicht durch unkorrekte Handstellungen korrigiert. Für bestimmte Zwecke, wie etwa das Vorstellen eines Jagdpferdes auf Turnieren, dürfen die Hände jedoch selbst bei einem Pferd mit hoher Kopfhaltung tief gestellt bleiben. Dadurch wird die Linie zwischen Ellbogen, Hand und Pferdemaul nach unten gebrochen, was jedoch den Eindruck erweckt, daß das Jagdpferd sich leicht und ungezwungen reiten läßt. Noch nützlicher ist die vorübergehend hoch gehaltene Hand, bei der die Linie nach oben abknickt. Mit ihr können vorderlastige Pferde korrigiert und zum Heben des Kopfes veranlaßt werden.

Der indirekte Zügel – die zweite wichtige Zügelhilfe und Ergänzung der direkten Zügelhilfe – kommt bei Wendungen und beim seitlichen Biegen des Pferdes zur Anwendung. Geht man von der direkten zur indirekten Zügelhilfe über, wird die innere Hand nach oben und entweder vor oder hinter den Widerrist geführt. Dabei biegt man Pferdekopf und -hals gerade soweit, daß man das innere Pferdeauge schimmern sieht, nicht mehr. Der indirekte Zügel verlagert auch das Gewicht des Pferdes von der inneren auf die äußere Schulter und beeinflußt so das seitliche Gleichgewicht des Pferdes, im Gegensatz zum direkten Zügel, der das Pferd von vorne nach hinten ausbalanciert. Wird der innere Zügel – nehmen wir einmal an, der rechte – vor den Widerrist geführt, so bewegt sich die linke Hand entsprechend nach links und gibt genauso viel nach wie die innere (rechte) Hand annimmt.

Hielte man bei direkter Zügelführung in jeder Hand 100 Gramm Gewicht, würde man beim Übergang zur indirekten Zügelführung jetzt etwa 140 Gramm in der rechten (inneren) und 60 Gramm in der linken (äußeren) Hand haben. Der indirekte Zügel wird für alle seitliche Biegearbeit des Pferdes benutzt. Man hüte sich davor, mit der inneren Hand jemals über den Widerrist hinaus auf die andere Seite zu gehen. Spürt der Reiter diese Versuchung, sollte er zur Verstärkung der Zügelhilfen vermehrt den Schenkel einsetzen. Der indirekte Zügel vor dem Widerrist verlagert das Gewicht auf die gegenüberliegende Schulter; der indirekte Zügel hinter dem Widerrist verlegt das Gewicht auf die entgegengesetzte Hüfte. Bei korrekter indirekter Zügelführung soll eine gerade Linie vom Gebiß über den Widerrist zu der diagonalen Hüfte des Pferdes gehen. Die indirekte Zügelhilfe wird hauptsächlich bei Seitengängen wie Travers angewandt, oder bei anderen Übungen, bei denen das Pferd in die Bewegungsrichtung gebogen ist.

Die dritte wichtige Zügelhilfe ist der *führende* bzw. *offene Zügel*. Sie werden zusammen behandelt, weil sie auf dem gleichen Prinzip beruhen. Beim führenden Zügel geht die Hand weiter zur Seite als beim offenen Zügel; er führt das Pferd in die Wendung hinein. Der offene Zügel wird immer nur zur Seite, niemals nach hinten geführt und gibt die Richtung an, während der führende Zügel dazu dient, auch ein noch unerfahrenes oder widersetzliches Pferd in die Wendung zu bringen. Beide Hilfen sind allein richtungsweisend und haben absolut nichts mit seitlicher Biegung oder Zurückhalten zu tun. Geschmeidig sitzende, feinfühlige Reiter bedienen sich ihrer besonders gern, weil sie das Pferd eher lenken und zum Vorwärtsgehen ermutigen, als es zu etwas zu zwingen.

Im Gegensatz dazu ist der Zügel mit Hebelwirkung sehr scharf und wird nur in Notfällen beim Durchparieren aus schnellem Tempo angewandt. Sein Gebrauch erfordert etwas Übung, bevor man ihn im schnellen Galopp versucht. Die innere Hand wird mit den Fingerknöcheln auf den Widerrist aufgesetzt, die äußere Hand wirkt aktiv zurück und nach oben. Je mehr die äußere Hand nach oben zieht, um so mehr drückt die innere Hand nach unten. Manchmal gleitet sie sogar über den Widerrist, wodurch das Pferd ganz abrupt zum Halten gebracht wird. Die innere, nicht die äußere Hand, soll feststehen, um zu verhindern, daß das Pferd einseitig wird. Reitet man in einer Reitbahn, empfiehlt es sich, den Pferdekopf nach der Bande zu drehen, die als zusätzliche Bremse wirkt.

Man muß diese Hebelwirkung sehr vorsichtig anwenden, weil sie sehr hart und scharf ist. Da sie im allgemeinen mit einer groben Hand assoziiert wird, gilt sie als unschicklich bei Reiterprüfungen auf Turnieren. Aber bei Jagden sind solche «Notbremsen» ein unentbehrliches Hilfsmittel und daher unbedingt angebracht; ferner in Jagdpferdeprüfungen, wo Halten aus dem Jagdgalopp verlangt wird, bei scharfen Wendungen im Gelände oder in Springprüfungen. In diesen Fällen setzt man die äußere Hand auf den Widerrist auf und wendet das Pferd mit der inneren Hand. Im allgemeinen sollte man diese Zügelhilfe mit Hebelwirkung, auch als «Insterburger» bekannt, jedoch wie erwähnt nur in Notfällen benutzen.

Die Anwendung des «*neck rein*», der fünften Zügelhilfe, ist verhältnismäßig einfach. Beide Hände werden in die Richtung der Wendung verschoben, wodurch der äußere Zügel gegen den Hals drückt oder sogar über den Hals geführt wird. Es überrascht nicht, daß diese Zügelhilfe beim Western-Reiten üblich ist. Ihre zwingende Wirkung veranlaßt das Pferd zu einer prompten Schulterwendung. Ich empfehle oder lehre diese Zügelhilfe nicht für Jagdpferdeprüfungen oder Stilspringen. Sie kann aber bei scharfen Wendungen in Zeitspringen erfolgreich angewandt werden, wo nicht der Stil, sondern Geschwindigkeit und blitzschnelle Reaktion entscheidend sind. In diesen Prüfungen gibt es keine Gutpunkte für Feingefühl und Finessen – der Schnellste siegt, und da ist der «neck rein» oft vorteilhaft.

Zwei interessante Variationen – wenn auch keine Zügelhilfen im eigentlichen Sinn – sind *die vibrierende und die hebende Hand*. Beide dienen zur Verstärkung der direkten Zügelhilfe. Der vibrierende Effekt wird erzielt, indem man die Handgelenke in einer leicht sägenden Bewegung hin- und herdreht, um ein Pferd zum Nachgeben und Abkauen zu bewegen. Mit der hebenden Hand werden Pferde korrigiert, die hinter oder schwer auf dem Zügel gehen. Man hebt den Pferdekopf durch eine Reihe kleiner Rucke an, deren Intensität sich nach dem Widerstand des Pferdes richtet. Sobald das Pferd aufhört, Widerstand zu leisten, weich nachgibt und sich und den Reiter ausbalanciert, hört auch die Hand auf zu vibrieren oder den Kopf anzuheben und wird wieder passiv. Dieser starke, aber wirkungsvolle Zügeleinsatz sollte nur von Reitern angewandt werden, die schon ziemlich viel Gefühl in der Hand entwickelt haben, so daß sie Widersetzlichkeit sofort bestrafen und Nachgeben ebenso umgehend belohnen können.

Die fünf beschriebenen Zügelhilfen bilden die Grundlage. Sie können später auf verschiedene Weise kombiniert werden, um spezielle Wirkungen zu erzielen. Die fünf Hilfen allein aber genügen, um alle Übungen auszuführen, die in diesem Buch besprochen werden.

Gewichtshilfen

Das Reitergewicht kann niemals allein, sondern nur in Verbindung mit den verhaltenden Händen und treibenden Schenkeln als Hilfe wirken. Andererseits können die Hände und Schenkel nicht völlig unabhängig vom Gewicht des Reiters arbeiten. Wie unsichtbar die *Gewichtshilfe* auch sein mag, sie ist immer in einem gewissen Grad vorhanden.

Die Gewichtseinwirkung überträgt sich von der Wirbelsäule des Reiters über die Gesäßknochen auf den Rücken des Pferdes. Der Sitz dient dem Reiter deshalb nicht nur als Stütze, sondern auch als Verständigungsmittel mit dem «Motor» des Pferdes, seinem Rücken und seiner Hinterhand. Häufig sieht man Reiter, die über dem Pferd kauern. Ihre Schenkel sind schwach und zum Treiben ungeeignet. Ihre Hände versuchen vergeblich, das Pferd zurückzuhalten. Ohne eine gewisse Gewichtsverlagerung kann man weder anreiten noch halten oder gar wenden. Selbst bei einem ganz leichten Sitz, wenn der Reiter mit sehr kurzen Bügeln reitet und sich weit nach vorne neigt, kommt das Reitergewicht durch vermehrten Knie- und Oberschenkelschluß zur Wirkung.

Auch einem ungeschulten Auge fällt der Einfluß des Reitergewichts auf, wenn der Oberkörper hinter der Bewegung bleibt. In diesem Fall wirkt das Gewicht treibend, solange der Oberkörper mit der Bewegung schwingt, und es wirkt verhaltend, wenn der Reiter seinen Rücken gegen die Bewegung des Pferdes spannt. Das Gewicht spielt also bei jeder Form der Reiterei eine wichtige Rolle; es kann die anderen Hilfen entscheidend beeinflussen. Das ist ein weiterer Grund, sich von Anfang an um einen unabhängigen Sitz und eine gute Balance im Sattel zu bemühen. Wir haben bereits erwähnt, daß das Reiten ohne Bügel die beste Methode ist, um den Sitz zu festigen und das Gefühl für Gewichtsverteilung zu entwickeln.

Sporen

Der Sporn (der oft wissentlich oder unwissentlich mißbraucht wird) dient zur Verstärkung der Schenkelhilfen. Reiter, die absichtlich die scharfe Wirkung der Sporen außer acht lassen, sind nichts weiter als «Metzger»; aber Reiter, die sich aus Unkenntnis oder aufgrund von Gleichgewichtsschwierigkeiten mit Absätzen und Sporen festhalten, sind nicht viel besser. Der einzige Sinn des Sporns besteht darin, den Schenkelhilfen Nachdruck zu verleihen. Reagiert ein Pferd auf Wadendruck nicht empfindsam genug, kann ein Sporenstich ihm Respekt vor den Schenkelhilfen beibringen. Ich betone, daß Sporen nichts für Anfänger sind, nicht einmal etwas für mittelmäßige Reiter, vor allem nicht über Sprünge. Nur ein Reiter, der seine Schenkel in jeder Situation soweit beherrscht, daß er nie versehentlich das Pferd mit den Absätzen berührt, darf Sporen tragen.

Der Sporn sollte über dem Absatz, genau unter der Absatznaht des Stiefels liegen. Oft sieht man Sporen, die schräg nach oben oder unten zeigen, anstatt korrekt waagrecht zu stehen. Man will damit ihre Wirkung entweder verstärken oder mindern. Ein schief liegender Sporn jedoch sieht nicht nur häßlich aus, er verrät auch einem Turnierrichter mit Sicherheit, daß das betreffende Pferd nicht gut auf Schenkeldruck reagiert. Dieses Problem kann natürlich nur durch einen anderen Sporn gelöst werden. Je nach Fall sind kürzere, längere, stumpfere oder schärfere Sporen anzulegen. Wenn ein Pferd längere Zeit nur mit einer auffälligen Hilfe zu reiten ist, sollte diese durch eine andere ersetzt werden, denn sie macht deutlich, daß der Reiter noch immer Probleme mit dem Pferd hat. Das gilt für natürliche und für künstliche Hilfen. Jede übertrieben wirkende Hilfe läßt eine reiterliche Vorstellung immer grob erscheinen.

Die Gerte

Die Gerte, auch *Peitsche oder Reitstock* genannt, ist die stärkste aller natürlichen oder künstlichen Hilfen. (Ich brauche wohl nicht zu erwähnen, daß ich niemals solch barbarische Methoden wie Elektroschock, Ketten und ähnliches anwende.) Die Gerte allein erzeugt mehr als genügend Angst und

Respekt beim Pferd, um es zum Vorwärtsgehen zu veranlassen. Das Pferd reagiert nicht nur auf den Schmerz, sondern auch auf das Geräusch des Peitschenschlages. Diese doppelte Wirkung ist so eindrucksvoll, daß sie den Reiter mit jedem Pferd in den meisten Situationen fertig werden läßt.

Den richtigen Gebrauch der Gerte muß man lernen. Genau wie die Sporenhilfe wird sie oft brutal und unüberlegt angewandt. Die einfachste Methode ist, die Zügel in eine Hand zu nehmen und dem Pferd mit der in der anderen Hand gehaltenen Gerte einen Schlag, höchstens zwei, *kurz hinter dem Sattel* zu versetzen. Dann werden die Zügel sofort wieder in beide Hände genommen. Ein Anfänger sollte nie die Zügel in beiden Händen halten, während er gleichzeitig die Gerte *an der Schulter* gebraucht. Bei einem Reitschüler, der seine Einwirkungen noch nicht völlig unter Kontrolle hat, würde dies mit Sicherheit nur zu einer Kollision der Hilfen führen. (Im fortgeschrittenen Ausbildungsstadium kann es allerdings sehr wirksam sein, die Gerte an der Schulter zu gebrauchen, wenn man das Pferd gleichzeitig gerade halten und treiben will.)

Es ist heute Mode, Jagdpferde mit einer verhältnismäßig kurzen Gerte zu reiten, die weniger auffallend wirkt, vor allem wenn sie von dezenter dunkelbrauner oder schwarzer Farbe ist. Auf Springpferden ist eine etwas längere Gerte natürlich aus dem einfachen Grund besser, weil sie wirksamer ist.

Die Stimme

Die Stimme oder das Schnalzen ist eine der gebräuchlichsten und wirksamsten Hilfen, um das Pferd zum Vorwärtsgehen zu veranlassen. Sie ist nicht nur differenziert und mild, sondern auch eine Ergänzung zu stärkeren Einwirkungen, hier aber ermutigend statt fordernd. Schnalzen ist wirklich von unschätzbarem Wert in Verbindung mit Schenkeldruck, denn es erzeugt nicht die Spannung oder Angst beim Pferd, die Peitsche oder Sporen hervorrufen können. Die Stimme stellt einen goldenen Mittelweg zwischen natürlichen Schenkeleinwirkungen und künstlichen Hilfen dar. Dennoch gebraucht der erfahrene Reiter sie dezent und maßvoll. Auf übertriebenes Schnalzen reagiert das Pferd allmählich immer weniger. Auch ist es ein Ausdruck von Schwäche seitens des Reiters und beweist, daß er sich scheut, andere Hilfen anzuwenden.

Die Bedeutung des Schnalzens wird dem Pferd in Verbindung mit der Gerte klargemacht. Legt man im Halten die Gerte an und schnalzt gleichzeitig, entwickelt man beim Pferd einen gewohnheitsmäßigen Reflex. Nach mehrmaliger Wiederholung wird das Pferd schließlich auf das Schnalzen allein genauso gut wie auf die Gerte reagieren. Bei ruhigen oder faulen Pferden muß man die Übung öfter wiederholen, damit sie den Zusammenhang zwischen Gerte und Schnalzen nicht bald wieder vergessen. Allerdings ist Schnalzen kein Ersatz für Schenkelhilfen, sondern lediglich eine Verstärkung.

Wie das Schnalzen ist auch das «Hooo!» mehr eine Bitte als ein Befehl. Man kann das Pferd nicht mit der Stimme zwingen. Klingt der Tonfall zu fordernd, verfehlt die Stimmenhilfe ihren Sinn, denn sie soll das Pferd ja nicht erschrecken. Der grobe oder ängstliche Reiter, der laut «Hoo!» schreit, wird eher eine Verstärkung als eine Verminderung des Tempos erzielen. Um die Reaktion auf «Hoo!», «Ruhig» oder «Halt!» als gewohnheitsmäßigen Reflex zu verankern, sagt man sie deutlich und in gemäßigtem Tonfall, nicht zu laut, während man gleichzeitig gegenhält und das Tempo vermindert bzw. durchpariert. Das Ziel ist erreicht, wenn das Pferd schon allein auf die Stimme hin langsamer wird. Auch diese Übung muß natürlich von Zeit zu Zeit wiederholt werden, um den gewohnheitsmäßigen Reflex beim Pferd zu erhalten.

Ich wiederhole: Man muß immer daran denken, daß die Stimme die natürlichen Hilfen nur ergänzt und nicht ersetzt. Übertriebener Gebrauch der Stimme beim Reiten ist ein großer Fehler und verrät einen schwachen, ängstlichen oder hilflosen Reiter.

Zusammenfassung

Der Reiter kann die Hilfen nur dann präzise einzeln oder im Zusammenspiel anwenden, wenn er einen festen, korrekten Sitz hat und über natürliches Gleichgewicht im Sattel verfügt. Ohne einen guten, sicheren Sitz kann man die einzelnen Körperteile nicht unabhängig voneinander beherrschen. Wer seinen Körper nicht buchstäblich bis in die Fingerspitzen unter Kontrolle hat, kann das Pferd nicht exakt lenken, geschweige denn Erfolge auf fortgeschrittener reiterlicher Ebene erzielen, wo es unendlich nuancierte Einwirkungen braucht. Der erfahrene Reiter benutzt seinen Körper als Mittel zur Verständigung mit seinem Partner. Er ist jederzeit auf alle Überraschungen gefaßt, die ihm das Pferd bereiten könnte, und kann ihm so präzise Anweisungen und Hilfen geben, daß Reiter und Pferd wirklich zu einer Einheit verschmelzen.

Man benötigt viele Stunden Arbeit, um die Einwirkungen so gut zu beherrschen. Ein korrekter und im klassischen Sinn schöner Sitz erfordert harte, manchmal sogar schmerzhafte Übung. Ihr aber muß sich der Reiter sein Leben lang widmen. Und nur ein Reiter mit gutem Sitz kann es sich leisten, nicht mehr an die äußere Form, sondern an Funktion und Einwirkung zu denken. Im klassischen Sinne gut ist ein Reiter, der seine jeweilige Aufgabe nicht nur löst, sondern dies auf elegante Art tut. Je unmerklicher und unsichtbarer die Hilfen sind, desto besser!

Es gibt viele Reiter, darunter zahlreiche gute Handwerker, aber nur wenige Künstler im Sattel. Wie hinreißend ist es doch, Spitzenreiter wie Piero und Raimondo d'Inzeo, Bill Steinkraus oder Kathy Kusner bei der Arbeit zu beobachten. Ihr Erfolg ist das Ergebnis jahrelangen Schleifens an minuziösen Einzelheiten. Hat ein Reiter erst einmal eine vernünftige fachgerechte Grundlage erworben, wird seine Praxis im Sattel – bewußt oder unbewußt – zunächst ein Ausprobieren sein. Für jeden Reiter ist das die aufregendste Zeit, denn nun steht ihm endlich die ganze Skala der Möglichkeiten in dieser Sportart offen. Bevor es soweit ist, muß er jedoch zunächst lernen, die im folgenden beschriebenen Lektionen zu meistern.

Der nächste Abschnitt behandelt zwar lediglich die Ausbildung von Reiter und Pferd ohne Sprünge. Dennoch ist er für den Reiter, der vorwiegend am Springen interessiert ist, genauso wichtig wie für den Reitschüler, der gar nie springen will. Es mag überraschend klingen, aber die meisten Probleme, die beim Springen auftauchen, können vorwiegend durch Arbeit ohne Hindernisse korrigiert werden. Die schlimmsten Springfehler lassen sich nämlich auf grundlegende Sitzfehler oder mangelnde Beherrschung der Hilfen zurückführen.

Teil II: Arbeit ohne Sprünge

3. Kapitel: Allgemeine Richtlinien

Nachdem wir den Sitz und die Hilfen theoretisch behandelt haben, wollen wir jetzt ihre praktische Anwendung – zunächst ohne Sprünge – betrachten und die verschiedenen üblichen Schulungslektionen besprechen.

Die Reitbahn

Die übliche Ausbildung von Reiter und Pferd sollte in einer *Reitbahn* stattfinden (eventuell kann das auch ein imaginär abgestecktes Viereck auf freiem Feld sein). Am praktischsten ist ein Dressurviereck mit Hufschlag und Markierung. Die Buchstabenmarkierungen erziehen den Reiter zum exakten Ausreiten der Hufschlagfiguren. Hat er sich erst einmal angewöhnt, innerhalb einer bestimmten Abgrenzung zu arbeiten, wird ihm auch auf einem imaginären Viereck auf freiem Feld die Ausführung der Lektionen viel exakter gelingen.

Die Reitbahn sollte immer ein Rechteck oder zumindest ein Oval mit zwei langen und zwei kurzen Seiten sein. Tempoverstärkungen werden an den langen Seiten und auf der Diagonalen, versammelte Gänge zu den kurzen Seiten geritten. Die Ecken sind ein guter Ausgangspunkt für eine Lektion. Sie hindern auch ein temperamentvolles Pferd am Stürmen, da es sich in den

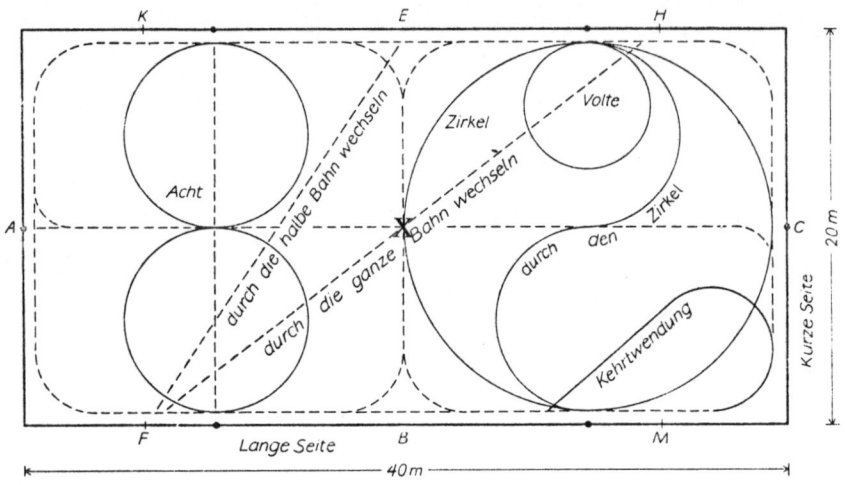

Abb. 1. Die Reitbahn – Hufschlagfiguren und Buchstabenmarkierung

Ecken seitlich biegen und versammeln muß. Beim Handwechsel durch die ganze Bahn wendet man das Pferd etwa 7 Meter nach der Ecke ab und kommt wiederum 7 Meter vor der diagonal gegenüberliegenden Ecke auf dem Hufschlag an. So kann man die Ecken korrekt ausreiten. Außerdem gibt es die zwei Mittellinien, die die Bahn der Länge bzw. Breite nach teilen. Neben den wichtigsten Hufschlagfiguren bleiben noch die Buchstabenmarkierungen zu nennen. Im Dressurviereck heißen sie A, X, C usw. Zur Ausbildung von Jagd- und Springpferden sind solch exakte Markierungen eigentlich überflüssig, obwohl es nichts schaden kann, die Buchstaben in der Bahn anzubringen. Sie erziehen zur Disziplin, und der Reiter gewöhnt sich an, die Hufschlagfiguren exakt auszureiten. Allerdings haben die meisten Reitbahnen keine Buchstabenmarkierungen. Man muß deshalb bestimmte Anhaltspunkte im Gedächtnis behalten. Am wichtigsten sind der Mittelpunkt der Bahn (X), die Mitte der langen und kurzen Seiten (B, E und A, C) sowie der Ansatzpunkt der Diagonalen.

Reiter, die sich auf Dressur verlegen wollen, sollten die genauen Abmessungen, Hufschlagfiguren und Markierungen des Vierecks auswendig lernen. Dressurarbeit ist viel reglementierter als andere Reitsparten. Bei Dressurprüfungen müssen die Figuren genau an den vorgeschriebenen Punkten ausgeritten werden. Meine Ausführungen legen aber kein Hauptgewicht auf Dressurausbildung. Zu diesem Thema gibt es viele gute andere Bücher.

Arbeitet man sein Pferd auf einem weiten, offenen Feld, kann man entweder von einem bestimmten Punkt im Gelände zu einem anderen reiten oder sich im Geiste eine Reitbahn abstecken. Sie sollte nie größer als höchstens 30 × 60 Meter sein und dieselben Proportionen wie eine richtige Reitbahn haben. Auf diese Weise kann man auch im freien Gelände disziplinierter arbeiten.

Es hat keinen Sinn, planlos auf einem Feld herumzureiten; das ist weder ein richtiger Geländeritt noch Bahnarbeit. Die Stunden im Sattel sind zu kostbar, um sie zu vergeuden!

Auf dem richtigen Fuß leichttraben und galoppieren

Sobald der Schüler mit der Reitbahn und den Hufschlagfiguren vertraut ist und innen und außen unterscheiden kann, sollte er lernen, *auf dem richtigen Fuß leichtzutraben und zu galoppieren.* Viele Reiter gewöhnen sich eine schlechte Oberkörperhaltung an: Sie beugen sich vornüber, um zu sehen, auf welchem Fuß sie leichttraben bzw. ob sie im Rechts- oder Linksgalopp sind. Diesen Fehler muß man von Anfang an verhindern.

Worauf wir achten müssen, ist die *Fußfolge* des Pferdes beim Leichttraben und Galoppieren. Wir konzentrieren uns auf die Pferdeschulter, die der Reiter vom Sattel aus sehen kann. Der Anfänger neigt gewöhnlich dazu, sich weit nach vorne über die Schulter zu lehnen und auf die Pferdebeine hinunterzublicken. Das ist nicht nur häßlich und übertrieben, sondern gefährdet auch das Gleichgewicht und die Einwirkung des Reiters und bringt ihn vor die Bewegung. Den Kopf senken, um hinunterzublicken, ist ein weniger schwerer Fehler, aber es sieht dilettantisch und unbeholfen aus. Am besten senkt man nur die Augen, nicht den Kopf, und schaut von oben auf die Schulter, so daß auch ein Zuschauer nichts merkt. So bleiben Gleichgewicht, Einwirkung und guter Stil gewahrt. Der fortgeschrittene Reiter lernt fühlen, auf welchem Fuß er leichttrabt bzw. galoppiert. Für den Anfänger aber empfiehlt sich das noch nicht. Erst wenn er gelernt hat, nur aus den Augenwinkeln hinunterzublicken, um den richtigen Fuß zu bestimmen, kann er allmählich versuchen, die Fußfolge ohne Unterstützung der Augen zu erfühlen. Damit hat es jedoch keine Eile.

Manchen Schülern fällt es sehr schwer, auf einem bestimmten Fuß leichtzutraben, während andere es sofort lernen. Da gibt es große Unterschiede. Manche können es innerhalb von sechs Minuten, andere benötigen sechs Monate.

Es scheint, daß das Angaloppieren auf der richtigen Hand einfacher zu lernen ist. Ich will hier nicht näher auf die Fußfolge und Balance des Pferdes eingehen, um das Traben auf einem bestimmten Fuß und Galoppieren auf der richtigen Hand zu begründen. Wir wollen uns lediglich mit der mechanisch korrekten Ausführung der Übung seitens des Reiters befassen.

Um auf dem inneren Hinterfuß leichtzutraben, konzentriert sich der Reiter auf die äußere Pferdeschulter. Schwingt das äußere Vorderbein vor, ist sein Gesäß aus dem Sattel. Beim Handwechsel muß auch der Fuß, auf dem man trabt, gewechselt werden. Dabei bleibt man einen Trabtritt länger sitzen, ohne das Pferd im Takt zu stören. Sobald der Reiter das verstanden hat, erfolgt es automatisch. Es ist wichtig, auf dem richtigen Fuß zu traben, wenn man das Pferd wirklich gerade richten und ausbalancieren will. Dieser Umstand wird jedoch selbst von erfahrenen Reitern oft unterschätzt, weil sie die Beherrschung von Einzelheiten, die einen wirklich gekonnten Stil kennzeichnet, vernachlässigen. («Auf dem linken Hinterfuß» trabt man z. B., wenn man das Gesäß aus dem Sattel hebt, sobald der rechte Vorderfuß – und damit auch der linke Hinterfuß – vorschwingt. Gewöhnlich wird auf dem inneren Hinterfuß leichtgetrabt, d. h. auf der rechten Hand auch auf dem rechten Hinterfuß, und zwar sowohl ganze Bahn als auch auf dem Zirkel.) Die meisten Reiter erkennen besser, ob sie rechts oder links galoppieren, als auf welchem Fuß sie leichttraben. Im Galopp greift ein Beinpaar (das innere) weiter vor als das andere (äußere).

Der Reiter blickt genau wie beim Leichttraben diskret auf die Pferdeschulter, in diesem Fall die innere. Greift die innere Schulter weiter vor als die äußere, galoppiert er richtig. Eine Ausnahme bildet natürlich der Außengalopp, bei dem z. B. auf der linken Hand das rechte Beinpaar vorgreift.

Auch beim Angaloppieren muß man den Reitschüler ständig ermahnen, sich nicht zu weit vorzulehnen, wenn er hinuntersieht. Die Gefahr ist hier noch größer als beim Leichttraben, weil der Oberkörper im Galopp ohnehin eher die Tendenz hat, sich leicht nach vorne zu neigen.

Tempo in den verschiedenen Gängen

Bevor man mit dem Üben verschiedener Lektionen und den Vorbereitungen zum Springen beginnt, ist es nützlich, die verschiedenen Gangarten und Tempi in Kilometer pro Stunde umzurechnen. Man muß mit den Merkmalen jeder einzelnen Gangart im Hinblick auf Schulungszwecke vertraut sein und auch Gefühl für die Geschwindigkeit in den verschiedenen Gängen entwickeln, um die Pace beurteilen zu können. Es ist nicht nötig, hier ausführlich auf die Fußfolge in den Gangarten einzugehen; ein grundsätzliches Verständnis der drei Gangarten genügt für unsere Zwecke.

Der Schritt hat einen Viertakt. Das Pferd legt im Schritt etwa 6 Kilometer pro Stunde zurück. Im versammelten Schritt ist das Tempo zirka 4½ Kilometer pro Stunde und im starken Schritt 7–9 Kilometer pro Stunde. Wir haben es hauptsächlich mit dem normalen Schrittempo zu tun, das zu Anfang und am Ende der Reitstunde sowie während der Erholungspausen geritten wird. Beim sogenannten freien Schritt werden die Zügel völlig hingegeben.

Der langsame und der versammelte Trab werden zwar beide in demselben Tempo von etwa 9 Kilometern pro Stunde geritten, sie sind aber völlig verschieden im Takt. Der langsame Trab ist schwunglos und deshalb nicht nur langsamer im Takt, sondern auch ausdrucksloser als der Arbeitstrab. Er ist eine gute Gehorsamsübung für das Pferd und dient dazu, Anfängern das Aussitzen mit oder ohne Bügel zu erleichtern. Er stellt keine formell anerkannte oder nützliche Übung auf fortgeschrittener reiterlicher Ebene dar. Im Gegensatz dazu bleiben im versammelten Trab Takt und Rhythmus des Arbeitstrabs erhalten, obwohl er in Stundenkilometern gemessen langsamer ist. Im versammelten Trab muß das Pferd stets am Gebiß stehen und gut auf Schenkel- und Zügelhilfen reagieren.

Es handelt sich hier um weit fortgeschrittene Arbeit, die sich bei der Ausbildung von Jagdpferden oft als nachteilig erweist. (Dagegen kommt

Springpferden der höheren Klassen fast jede Arbeit in der Versammlung und in Gangverstärkungen zugute.) Bei fortschreitender Ausbildung wird der Reiter fast automatisch dazu übergehen, einen faulen langsamen Trab durch einen versammelten Trab zu ersetzen. Aber für den Ausbildungsgrad, den wir anstreben, genügt der langsame Trab. Legt man zuviel Wert auf Dressurarbeit, wird der Reitschüler, der den leichten Sitz erlernen will, oft verwirrt und entmutigt.

Der Arbeitstrab wird im Leichttraben und im Aussitzen in einem Tempo von etwa 12 Kilometern pro Stunde geritten. Im starken Trab erhöht sich die Geschwindigkeit auf ungefähr 15 Kilometer pro Stunde. Der Trab hat einen Zweitakt. Der Ausdruck «Arbeitstrab» stammt daher, daß das Pferd in dieser Gangart und diesem Tempo am häufigsten geritten wird. Der Arbeitstrab hat nämlich den doppelten Vorteil, daß er die Muskeln des Pferdes am besten entwickelt und trainiert und ihm gleichzeitig zur Entspannung und Beruhigung dient. Die meiste vorbereitende Arbeit und das elementare Training des Pferdes gehen in dieser Gangart vonstatten, die die Grundlage für alle weiteren Fortschritte bildet.

Weil das Pferd sich im Trab leichter beherrschen läßt, wird der *Galopp* leider häufig vernachlässigt. Das wirkt sich nachteilig für Jagd- und Springpferde aus, für die ein geregelter Galopp wichtig ist. *Der Arbeitsgalopp* wird in einem Tempo von 15–18 Kilometern pro Stunde, der starke Galopp in etwa 20 Kilometern pro Stunde geritten. Der Galopp hat eigentlich von Natur aus einen Dreischlag; fällt das Pferd in den Vierschlag, so ist das ein Zeichen von Mangel an Schwung und muß korrigiert werden. *Der versammelte Galopp* ist genau wie der versammelte Trab für das durchschnittliche Jagd- und Geländepferd zu schwierig und nicht notwendig, für Springpferde jedoch nur von Vorteil.

Wie der Name sagt, wird der *Jagdgalopp* auf Jagden bzw. in Jagd- und Pferdeprüfungen und der *Renngalopp* bei Pferderennen geritten. Das Tempo im Jagdgalopp beträgt etwa 20–25 Kilometer pro Stunde; ein schnelleres Tempo gilt als Renngalopp. Jagd- und Geländepferde brauchen nur selten im Renngalopp gearbeitet zu werden, es sei denn, man will sie besonders fit und wendig in schnellem Tempo machen. Im allgemeinen ist langsamere Galopparbeit für sie nützlicher. Dagegen ist schnelle, aber geregelte Galopparbeit für Springpferde der höheren Klassen sehr empfehlenswert, ja, geradezu obligatorisch, nachdem heutzutage so viele Springen nach der Zeit entschieden werden.

Strafe und Belohnung

Was der Reiter über seine eigene Haltung und Körperbeherrschung wissen sollte, haben wir jetzt, soweit es das dressurmäßige Reiten in der Bahn betrifft, behandelt. Nun geht es hauptsächlich um die Beherrschung des Pferdes und dessen dressurmäßige Ausbildung. Vom Reiter ist nur noch die Rede, wenn es um seinen lenkenden Einfluß geht.

Der Kern aller Tierdressur ist die durch *Strafe und Belohnung* erzeugte gewohnheitsmäßige Reaktion. Nur wenn man die Wirkung von Strafe und Belohnung versteht, kann man mit seinem Pferd stetig gute Leistungen erzielen. Da das Pferd nicht sehr intelligent ist, muß man das Training auf dem Wiederholungsprinzip aufbauen – nicht auf sensationelle Extravaganzen, sondern auf Geduld und sichere Methoden. So ausgebildete Pferde werden gehorsam und ausgeglichen, weil Pferd und Reiter zu einer Einheit werden.

Wir können *Strafe* als Einsatz jeglicher Art von Hilfe definieren. Sie darf auf keinen Fall den Beiklang von Brutalität und Gewalt haben und muß im Grad der Anwendung immer der Situation angemessen sein. Ein leichter Schenkeldruck als vortreibende Hilfe stellt z. B. einen ersten Grad der Anregung oder auch Strafe dar; die nächste Stufe wäre, gleichzeitig mit der Zunge zu schnalzen, die nächste der Einsatz des Sporns usw. In der Ausbildung muß man stets die ganze Skala der Strafen kennen, denn zuviel kann genauso schädlich wie zuwenig sein. Härteste Strafen sind fast nie angebracht.

Die Belohnung besteht einfach in dem Ausbleiben von Strafen, im passiven Reiten. Es ist sehr wichtig, das Prinzip der Belohnung als Ausbildungsmittel zu verstehen. Damit bringt der Reiter größere Tierliebe zum Ausdruck, als wenn er dem Pferd Mohrrüben füttert oder ihm auf den Hals klopft. Ohne Belohnung, ohne Nachgiebigkeit als Gegengewicht zur Strafe, gibt es keinen echten, ruhig entspannten Gehorsam.

Nehmen wir ein Beispiel für das Prinzip von Strafe und Belohnung: Wir treiben das Pferd (Strafe) in den Arbeitstrab; sobald es das gewünschte Tempo erreicht, werden die Schenkel passiv (Belohnung). Wenn wir die Faust vermehrt schließen (Strafe), um das Tempo zu verkürzen, bleibt das Pferd stehen, und unsere Hände geben wieder nach (Belohnung).

Das einzige, was das Verständnis der Theorie von Strafe und Belohnung zum Scheitern bringen kann, ist die emotionelle Reaktion des Menschen. Wo Jähzorn und Eigenwillen das logische Denkvermögen ausschalten, ist es aus mit Geduld und anderen Qualitäten. Zum Reiten gehört außer Talent auch Überlegung. Gute Reiter bauen auf Gewohnheiten auf. Die Gewohnheit, Strafe und Belohnung überlegt anzuwenden, zeigt nur eines – den guten Reiter.

Bestrafung von Ungehorsam

Bisher haben wir das Prinzip von Strafe und Belohnung rein theoretisch besprochen. Aber jede *Gehorsamsverweigerung* verlangt eine entsprechende Strafe. Sobald der Reiter das Trainingsprinzip grundsätzlich verstanden hat, muß er lernen, Ungehorsam zu erkennen und nach den herkömmlichen Methoden zu korrigieren. Oder er muß in außergewöhnlichen Fällen neue Strafmaßnahmen erfinden. Da Belohnung immer in dem Aufhören der Strafe besteht, ohne diese also überhaupt nicht fühlbar wird, sind Ausmaß und Wirksamkeit der Strafe Ausdruck reiterlichen Könnens. Je weiter man in der Reitkunst fortschreitet, um so besser wird man mit Unfolgsamkeiten des Pferdes fertig. Der Widerstand, den das Pferd leistet, braucht gar nicht groß zu sein – vielleicht muß lediglich die Kopfhaltung etwas korrigiert werden. Letzten Endes läßt sich Reitfertigkeit auf Einwirkungsvermögen reduzieren. Und Einwirkung ist gleichbedeutend mit der Fähigkeit, Widersetzlichkeiten angemessen zu bestrafen.

Das Pferdemaul

Die beiden Körperstellen, an denen man das Pferd am häufigsten straft, sind *die Laden und die Maulwinkel.* Laden nennt man den Zwischenraum zwischen Schneide- und Backenzähnen. Maulwinkel und Laden sind empfindlich. Auf eine Strafe durch das Gebiß reagiert das Pferd gewöhnlich sofort damit, daß es den Kopf hochnimmt. Will der Reiter das Gebiß auf die Maulwinkel einwirken lassen, gibt er dem Pferd mit einem oder beiden Zügel kurze, schnelle «Aufwärtshaken», die um so schärfer wirken, je abrupter sie erfolgen. Daraufhin nimmt das Pferd den Kopf hoch. Schmerzhafter als diese Methode ist es, dem Pferd das Gebiß gegen die Laden zu schlagen. Dazu werden beide Hände tief gestellt und weiter auseinander genommen, und eine Hand ruckt kurz und schnell nach unten. Das Ergebnis – ein Hochnehmen des Kopfes – ist bei beiden Methoden das gleiche, aber bei der Strafe gegen die Laden muß der Reiter sehr sicher im Sattel sitzen, weil das Pferd sehr plötzlich bremst und den Kopf hochreißt. Da der Reiter sich beim Druck gegen die Laden nach vorn ausbalanciert, kann er ebenfalls nach vorn geworfen werden und schmerzliche Bekanntschaft mit dem ihm entgegenkommenden Genick des Pferdes schließen.
Wie bei allen Strafen, muß sich die Intensität der Rucke im Pferdemaul nach dem Grad der Widersetzlichkeit richten. Der Reiter muß beurteilen können, ob das Pferd eine leichte oder eine härtere Strafe verdient.

Durchgehen

Durchgehen ist ein gutes Beispiel für Ungehorsam des Pferdes. Unerfahrene Reitschüler fürchten diese Untugend im allgemeinen sehr. Nicht anhalten zu können, wenn sie es wollen, versetzt die meisten in Angst und Schrecken. Da jeder früher oder später einmal auf einem durchgehenden Pferd sitzen wird, ist es am besten, dem Anfänger bereits in der ersten Reitstunde die richtigen Korrekturmaßnahmen beizubringen, um Unfälle zu vermeiden.
Dem Druck, den ein durchgehendes Pferd auf das Gebiß ausübt, begegnet man als erstes damit, daß man sich zurücklehnt und die Hände hochnimmt, so daß man sich gegenstemmen kann. Auf gar keinen Fall darf man nachgeben, die Hand fallen lassen und sich nach vorn beugen. Der zweite und wirkungsvollste Schritt besteht darin, einen Zügel anzunehmen und das Pferd gegen einen Zaun, eine Mauer, einen Hang, eine dichte Hecke oder ein anderes respekteinflößendes Hindernis zu lenken. Ist kein geeignetes Hindernis zu finden, setzt man als letzte Möglichkeit eine Hand auf den Widerrist auf und zieht mit der anderen nach Art eines Flaschenzuges nach oben. Diese Art der Parade, auch «Insterburger» genannt, bringt, allein oder in Verbindung mit Abwenden auf einen Zirkel, einen Durchgänger zum

47

Abb. 2. Korrektur eines durchgehenden Pferdes mit Hilfe der aufgesetzten Hand

Stehen. Durchgehen ist eine sehr gefährliche Untugend, die man auf keinen
Fall zur Gewohnheit werden lassen darf. Ich rate in solchen Fällen dringend
zu einem schärferen Gebiß, wie z.B. einer Trense mit drahtgeflochtenem
Mundstück.

Bocken

Bocken ist eine andere schlimme Unart, die sofort bekämpft werden sollte.
Wie die meisten Widersetzlichkeiten, wird sie durch Gebißeinwirkung am
Maul bestraft. Anschließend wird das Pferd dann energisch vorwärtsgetrieben. Ein Pferd kann nämlich nicht gut buckeln, wenn man seinen Kopf
hochhält und wenn es gezwungen ist, vorwärtszugehen. Auch in diesem Fall
muß der Reiter seinen Oberkörper hinter die Bewegung zurücklehnen und
sich gegen das nach unten ziehende Pferd stemmen. So hat er das Pferd vor
sich und kann besser treibend einwirken.
Ein Anfänger fällt vom buckelnden Pferd gewöhnlich herunter. Dies ist zwar
keineswegs eine erwünschte, aber doch eine ganz nützliche Erfahrung: Er
lernt zu fallen. Stürze vom buckelnden Pferd sind im allgemeinen nicht so
gefährlich. Aber ein «Verbrecher» oder ein Pferd, das gewohnheitsmäßig
buckelt, kann lernen, sich so vor dem Gerittenwerden zu drücken. Die
Untugend muß man dem Tier sofort abgewöhnen. Hat ein Reiter erst einmal
gelernt, auf einem buckelnden Pferd sitzen zu bleiben und die Unart zu
korrigieren, stärkt dies sein Selbstvertrauen enorm.

Abb. 3. Korrektur eines bockenden Pferdes

Steigen

Steigen ist viel schlimmer und gefährlicher als Buckeln. Es kann nicht nur den Reiter zu Fall, sondern auch das Pferd aus dem Gleichgewicht bringen, wobei es sich nach hinten überschlagen und auf den gestürzten Reiter fallen

Abb. 4. Korrektur eines steigenden Pferdes

kann. Man darf Steigen nicht verharmlosen. Nur ein erfahrener, energischer Reiter kann diese Unart richtig bestrafen. Es beginnt gewöhnlich ganz harmlos damit, daß das Pferd nicht vorwärtsgehen will. Daran sind manchmal kollidierende Hilfen schuld. Das Pferd reagiert nicht auf die Schenkelhilfen und geht infolgedessen auch nicht ans Gebiß heran. Zum Steigen kommt es, wenn das Pferd sich nicht nur sträubt vorwärtszugehen, sondern sich auch aktiv widersetzt und in die andere Richtung zu drehen versucht. Ein solches Verhalten stellt den höchsten Ungehorsam auf die treibenden Hilfen dar. Auch hier setzt die Strafe wieder am Pferdemaul an. Pferde, die steigen, versuchen fast immer, dabei gleichzeitig nach einer Seite herumzuschwenken. Als erste Korrekturmaßnahme sollte man deshalb das Pferd auf der entgegengesetzten Seite, nach der es abzuwenden versucht, im Maul rucken. Der andere Arm umfaßt den Hals, dieser Zügel bleibt völlig passiv. Sobald das Pferd auf die Rucke im Maul reagiert und mit den Vorderfüßen herunterkommt, wird es energisch geradeaus getrieben. Es ist wichtig, das Pferd nicht nur fürs Steigen zu strafen, sondern es geradezuhalten und zum Vorwärtsgehen zu veranlassen, denn es handelt sich um eine sehr komplexe und raffinierte Untugend. Ein Reiter, der mit einem Steiger fertig werden muß, lernt gezwungenermaßen so wertvolle reiterliche Eigenschaften, wie Koordination, Geschicklichkeit, Mut und Entschlossenheit.

Gute Reiter müssen früher oder später mit allen möglichen Widersetzlichkeiten des Pferdes fertig werden. Erst wenn man schwerwiegende Unarten korrigiert hat, kann man den versteckteren und subtileren Widerstand des Pferdes fühlen und verstehen. Ich möchte in diesem Zusammenhang darauf hinweisen, daß man unerfahrene Reiter nicht absichtlich mit solch schwierigen Problemen konfrontieren sollte. Sie haben mit den normalen Gegebenheiten schon genug zu tun.

Scheuen

Es ist zu hoffen, daß die meisten Reiter nicht allzu oft mit durchgehenden, bockenden und steigenden Pferden konfrontiert werden. *Scheuen* jedoch ist ein Problem, das sich jedem häufiger stellt. Pferde scheuen aus vielen verschiedenen Gründen. Ist die Untugend chronisch, sollte man ihre Augen untersuchen lassen. Meines Erachtens haben viele Pferde, die gewohnheitsmäßig scheuen, und auch viele Jagd- und Springpferde, die zögernd springen, Sehfehler. Ich glaube, daß viele Käufer und Tierärzte Augenkrankheiten und -fehler unterschätzen. Andererseits scheuen viele Pferde aus reinem Übermut und aus Frechheit. Sie sind völlig gesund; das Problem sollte sich legen, wenn sie genügend gearbeitet werden. Dauert es aber fort oder wird es schlimmer, muß man der Sache auf den Grund gehen, denn es ist nicht nur lästig, sondern beim Springen ausgesprochen gefährlich.

Unabhängig von der Ursache bin ich völlig dagegen, daß man dem Pferd erlaubt, anzuhalten und den Gegenstand, vor dem es scheut, zu untersuchen. Damit verstärkt man nur noch sein Mißtrauen und läßt die Ursache des Scheuens übertrieben wichtig erscheinen. Ich rate stattdessen, das Pferd auf einem Kreis weiter vorwärtszutreiben oder es abzuwenden und an dem furchterregenden Gegenstand hin und her vorbeizureiten. Während man das Pferd im Schritt, Trab oder Galopp vorwärtsreitet, hält man es mit dem offenen Zügel in der Richtung, vor der es wegscheut. Gleichzeitig wendet man den Pferdekopf mit dem inneren indirekten Zügel von dem angsteinflö-

Abb. 5. Korrektur eines scheuenden Pferdes

ßenden Gegenstand weg. Der innere Schenkel versucht dabei energisch, das Pferd geradezuhalten. Kurz: Scheut das Pferd vor einem Gegenstand auf seiner linken Seite, gibt der Reiter die Hilfen wie zu einem Schulterherein rechts.

Die meisten Pferde verkürzen oder verstärken das Tempo, wenn sie scheuen und vom Weg abweichen. Das Scheuen ist erst dann wirklich korrigiert, wenn man an dem Mißtrauen erweckenden Gegenstand vorbeireiten kann, ohne daß das Pferd nach ihm hinsieht oder daß es das Tempo verändert. Scheuen gilt zwar als Untugend, ist aber im allgemeinen ziemlich harmlos, und die meisten Anfänger können die beschriebenen Korrekturmaßnahmen lernen. Entwickelt das Scheuen sich hingegen zu einem wirklichen Handikap, braucht das Pferd wie erwähnt entweder mehr Arbeit oder eine Augenuntersuchung.

Zusammenfassung

Mit dem Thema der Bestrafung von Ungehorsam ist das einleitende Kapitel zu dem Abschnitt «Arbeit ohne Sprünge» abgeschlossen. Der Reitschüler sollte jetzt soweit sein, daß er mit den grundlegenden Fachbegriffen vertraut ist. Er muß eine einfache schrittweise Technik soweit verstehen können, daß er sie beim Reiten anwenden und eine Reitstunde konstruktiv und mit steigenden Anforderungen aufbauen kann. Wenn er auch bisher der Ausbildung des Pferdes kaum Aufmerksamkeit schenkte, kann der Reiter sich doch mindestens darüber Gedanken machen und sein eigenes Können weiterentwickeln. Die wenigsten Reiter nehmen sich die Zeit, über ihre eigenen Fähigkeiten und deren Vervollkommnung nachzudenken. Aber nun, nachdem der Reitschüler eine solide Grundausbildung erworben hat, ist der Zeitpunkt gekommen zu lernen, wie man dem Pferd etwas beibringt. Und indem er dem Pferd etwas beibringt, macht er natürlich auch Fortschritte in der eigenen Ausbildung.

4. Kapitel: Arbeit in der Längsrichtung

Alle Schullektionen lassen sich in zwei Kategorien einteilen: Übungen, bei denen das Pferd geradegerichtet, und Übungen, bei denen es seitlich gebogen ist. Es ist sehr wichtig, den Unterschied zu verstehen.

Gangart- und Tempowechsel sowie Übergänge von versammelten zu verstärkten Gängen – und umgekehrt – auf geraden Linien werden mit *Hilfen* ausgeführt, *die in der Längsrichtung wirken*. Das Pferd wird von vorne nach hinten und von hinten nach vorne durchlässig und geschmeidig gemacht. Beispiele für Einwirkungen in der Längsrichtung sind Halten, starker Trab, Übergang vom Trab zum Galopp oder die Piaffe (Trab auf der Stelle).

Genauso wichtig, obwohl völlig verschieden, ist seitliche Biegearbeit. Hier reagiert das Pferd auf die seitwärts (rechts oder links) wirkenden Hilfen, z. B. beim Durchreiten der Ecke, auf dem Zirkel, beim Schulterherein oder fliegenden Galoppwechsel.

Beide Arten von Lektionen (diejenigen, die das Pferd in der Längsrichtung arbeiten, und die, welche es seitlich biegen) müssen gleichermaßen und in logischer Reihenfolge geübt werden, um das Pferd geschmeidig zu machen und gleichmäßig zu entwickeln. Für mich gibt es nichts Schlimmeres, als ein Pferd zu reiten, das Lücken in seiner Grundausbildung hat. Ein Beispiel dafür wäre ein Pferd, das wundervolle einfache oder fliegende Galoppwechsel ausführt, beim Durchreiten einer Ecke aber immer noch auf die innere Schulter fällt. Man sollte sein Pferd nicht nur in *den* Lektionen schulen, die einem am besten gefallen. Der seitlichen Biegearbeit muß genausoviel Aufmerksamkeit gewidmet werden wie der Schulung in der Versammlung und den Gangverstärkungen. Wir wollen nun auf die Einwirkungen in der Längsrichtung näher eingehen.

Regulierung des Tempos

In jeder Sparte, auf jeder Ausbildungsstufe der Reiterei und unabhängig von der Art des Pferdes, das man reitet, ist die *Regulierung des Tempos* erstes Gebot. Tempo zurücknehmen oder zulegen, halten und anreiten zu können, das gehört nicht nur zu den grundlegenden Einwirkungen, sondern hat auch höchst subtile Auswirkungen auf die Leistung im allgemeinen, bildet also auch unabdingbare Voraussetzung für Sieg oder Niederlage bis in die höchsten Klassen des Reitsports.

Für schlecht geregeltes Tempo gibt es keine Entschuldigung. Geregeltes Tempo ist wichtiger als korrekte Kopfhaltung, Geschmeidigkeit oder Durchlässigkeit und muß deshalb um jeden Preis und mit allen Mitteln angestrebt werden. Je unerfahrener der Reiter ist, um so gröber und verzwickter werden seine Hilfen zu diesem Zweck sein. Der beste Beweis für reiterliches Können ist Einfachheit. Der beste Test für fortgeschrittene Reiter ist die auf einfacher Trense, ohne Hilfsgebiß und Martingal gerittene Dressurprüfung. Doch diese reiterliche Entwicklungsstufe ist Dressurexperten vorbehalten. Das hohe Tempo und die blitzschnelle Reaktion, die in anderen Reitsparten erforderlich sind, lassen derart bewußt gegebene Hilfen nicht zu.

Ist der Reiter soweit, daß er das Tempo mühelos regulieren kann, darf er beginnen, sich mit der «höheren Mathematik der Reitkunst» zu beschäftigen. Die Regulierung des Tempos aber steht immer an erster Stelle!

Tempoverstärkung

Die Regulierung des Tempos spielt in allen Disziplinen und auf jeder Stufe der Reiterei eine so ausschlaggebende Rolle, daß sie eine eingehende Besprechung verdient. Sie dient der Sicherheit des Anfängers und entscheidet über die Leistung im Jagdfeld, auf Turnieren und auf der Rennbahn. Neben der Regulierung des Tempos lege ich Wert auf gleitende Übergänge. Geschmeidige und unsichtbare Einwirkungen sind Kennzeichen guten Stils. Man muß sich von Anfang an zu einer disziplinierten Hilfengebung erziehen und sie konsequent einhalten. Vernachlässigt man dieses Prinzip und gewöhnt sich beispielsweise das Pumpen mit dem Oberkörper oder Schlagen mit den Absätzen an, ist dies nicht einfach mit den schlechten Angewohnheiten eines Anfängers zu entschuldigen; ohne Korrektur können sie an einem Reiter bis in die höchsten Leistungsklassen haften bleiben.

Bevor man vom Pferd erwarten kann, daß es vorwärts geht, muß es Hals- und Kopffreiheit haben. Sie wird ihm gewährt, indem der Reiter die Hände entspannt und leicht mit ihnen nachgibt. Nun ist das Pferd bereit, auf die Schenkelhilfen vorwärtszugehen. Die Einwirkung der Schenkel muß unsichtbar sein, und man muß auch dann Mittel und Wege finden, die Hilfen fast unmerklich zu geben, wenn das Pferd nicht besonders empfindsam reagiert. Hier ist ein leichter Sporendruck erlaubt, nicht aber Schlagen mit den Absätzen. Dies ist eine grobe Hilfe; der Reiter gefährdet zudem seine Sicherheit im Sattel, wenn er die Unterschenkel abspreizt, um mit den Absätzen gegen den Pferderumpf zu trommeln.

Fassen wir nochmals zusammen: Um das Tempo zu verstärken, drückt der Reiter mit beiden Schenkeln, nachdem er mit den Händen nachgegeben hat. Reagiert das Pferd nicht prompt, kann er ihm mit der Hand oder der Gerte einen Klaps hinter dem Sattel geben, um es aufzumuntern. Die Hilfen müssen ohne Eile, aber entschlossen in der beschriebenen Reihenfolge angewandt werden, und zufrieden darf der Reiter erst sein, wenn er damit auch das gewünschte Ergebnis erzielt.

Tempoverkürzung

Dieselben Maßstäbe legen wir beim *Verlangsamen des Tempos* und beim Halten an. Übertriebene und mißbräuchliche Zügeleinwirkung scheint ein noch weiter verbreitetes Übel zu sein als primitive Schenkelhilfen. Sie schadet dem Pferd oft noch viel mehr. Wir haben eingangs bereits die gute, schlechte, «gar keine» und die geschulte Hand besprochen. Eine geschulte Hand besitzen zwar nur wenige Reiter, eine gute Hand jedoch kann sich jeder aneignen, der sich mit Geduld und gutem Willen darum bemüht.

Feinfühlige, eindeutige Zügelhilfen hängen zum einen von der geschmeidig weichen Reaktion des Reiters und zum andern von seiner beharrlichen Entschlossenheit ab. Beim Verkürzen des Tempos schließt man die Faust, als wolle man eine Orange ausquetschen. Man darf nicht mit dem Arm ziehen oder die Handgelenke verdrehen; nur die Hand und die Finger werden geschlossen. In Verbindung mit der aktiven Zügelhilfe setzt sich der Reiter tief in den Sattel, um sein Gewicht zur Wirkung zu bringen. Er wartet dann, bis das Pferd das Tempo verlangsamt bzw. hält. Unter allen Umständen widersteht er der Versuchung, am Zügel zu ziehen. Ziehen und Schlagen mit den Absätzen fallen in dieselbe Kategorie; sie stellen grobe und primitive Hilfen dar.

Ein Reiter muß in allen Situationen über genügend Selbstbeherrschung und Geduld verfügen, um die gewünschte Reaktion des Pferdes abzuwarten. Reagiert das Pferd nicht nach der beschriebenen Methode, bleiben die Hände geschlossen und unnachgiebig stehen; die Schultern werden hinter die Senkrechte zurückgenommen. Wird überhaupt beim Zulegen oder Verlangsamen des Tempos Kraft angewandt, so geschieht das durch die Kreuz- und Gewichtseinwirkung des Reiters. Unter normalen Umständen sollte die Gewichtshilfe jedoch nicht sichtbar sein. Sie kommt mehr bei großen Belastungsproben zur Geltung, wenn an das Pferd hohe Ansprüche in bezug auf Balance und Behendigkeit gestellt werden.

Halten

Von allen Lektionen wird das *Halten* wahrscheinlich am häufigsten ausgeführt. Dennoch sieht man selten – auch nicht bei weit fortgeschrittenen Reitern und Pferden auf höchster Dressurstufe – eine gute Parade zum Halten. Die fundamentale, dem Halten ja innewohnende Schwierigkeit besteht im Fehlen von Bewegung: Steht das Pferd still, kann der Reiter einer Widersetzlichkeit nicht durch Vorwärtsbewegen begegnen. Natürlich gibt es gewaltige Unterschiede in der exakten Ausführung der Parade zum Halten. Unabhängig vom Können des Reiters und vom Ausbildungsstand des Pferdes schleichen sich leicht Widersetzlichkeiten in die Lektion ein. Das gilt bei Anfängern, die einfach irgendwie anzuhalten versuchen, genauso wie bei mittelmäßig fortgeschrittenen Reitern, die flüssig, gerade und prompt halten wollen; und auch bei Dressurexperten, die sich um eine perfekte Parade bemühen, bei der das Pferd alle vier Beine gleichmäßig belastet und am Gebiß steht. Das Pferd leistet grundsätzlich auf vier Arten Widerstand: Es weigert sich zu halten und still zu stehen; es steht nicht gerade; es belastet seine vier Beine nicht gleichmäßig, und es nimmt das Gebiß nicht an. Bei fortschreitender Ausbildung müssen diese Fehler mehr und mehr ausgemerzt werden.

56

Sobald es dem Reiter gelingt, das Tempo wie beschrieben zu regulieren und die Ecken einigermaßen auszureiten, kann er damit beginnen, dem Pferd die ganze Parade zum Halten beizubringen. Er schließt die Finger fester um die Zügel, so daß die Hand festgestellt wird und die Bewegung nicht mehr nach vorn herausläßt. Wird das Pferd langsamer und fällt schließlich in Schritt, setzt er sich tief in den Sattel und richtet den Oberkörper vermehrt auf. Das nennt man auch «das Kreuz anspannen», und es ist unendlich wichtig! Durch das angespannte Kreuz beherrscht der Reiter nämlich mit seinem Gewicht das des Pferdes. Dazu werden die Schultern leicht auseinander- und zurückgenommen, die Lendenpartie wird nach vorn geschoben, und die Gesäßknochen werden fest in den Sattel gedrückt. Man kann es auch so erklären, daß der Reiter sich «größer machen und die Brust herausdrücken» soll. Es ist falsch, zum Durchparieren am Zügel zu ziehen oder zu rucken, die Handgelenke zu verdrehen und sich plötzlich in den Sattel fallen zu lassen.

Der Übergang zum Halten sollte weich und unsichtbar sein. Das Pferd wird bald lernen, auf die geschlossene Faust und das angespannte Kreuz, diese beiden Grundlagen der ganzen Parade, zu reagieren. Sobald das Pferd steht, werden Hand und Kreuz zur Belohnung für den Gehorsam wieder locker, was jedoch nicht heißen soll, daß der Reiter seinen Sitz aufgeben und im Sattel zusammenfallen soll. Die straff angespannten Kreuzmuskeln werden nur ganz leicht entspannt.

Wie gesagt können bei der Ausführung der ganzen Parade viele Probleme auftreten. Das Pferd hat zahlreiche Möglichkeiten, sich den reiterlichen Einwirkungen zu entziehen. Wir wollen jetzt die wichtigsten Fehler zusammen mit ihrer Korrektur besprechen.

Für den Anfänger ist es oft gar nicht so einfach, sein Pferd anzuhalten. Die Lösung liegt niemals im Ziehen am Zügel, sondern im richtigen Anspannen des Kreuzes und dem beharrlichen Bemühen, die Hände geschlossen und ruhig zu halten. Das Pferd reagiert immer auf die Gewichtseinwirkung des Reiters, und oft muß er sich dazu hinter die Senkrechte lehnen. Werden diese beiden Hilfen konsequent und kompromißlos angewandt, wird selbst der widerspenstigste Puller zum Stehen kommen. Der Reiter muß nur strikt darauf achten, nie nach vorn zu fallen und nicht mit den Händen nachzugeben, bevor das Pferd hält.

Selbst im Anfangsstadium muß man schon von dem Pferd verlangen, daß es einigermaßen gerade und auf allen vier Beinen steht. Das bedingt automatisch, daß der Reiter auf die Stützen achtet, auf denen der Pferdekörper ruht. Vier Stützen, vier Möglichkeiten, sich der Einwirkung des Reiters zu entziehen: rechte Schulter, linke Schulter, rechtes Hinterbein, linkes Hinterbein – vom Zurücktreten ganz zu schweigen. Fällt das Pferd mit einer Schulter aus, wird dies sofort durch den entgegengesetzten Zügel korrigiert. Wird ein Hinterfuß seitlich herausgestellt, drückt ihn der entsprechende Schenkel wieder an seinen Platz zurück. Zwischen Zügeln und Schenkeln wird das Pferd geradegehalten. Das ganz korrekte Halten an den Hilfen gehört zum Dressurreiten und ist meiner Ansicht nach für die Ausbildung des Springpferdes zu kompliziert. Wir wollen uns damit begnügen, das Pferd prompt und weich durchzuparieren und ruhig und gerade halten zu lassen. Das ist schwer genug.

Rückwärtsrichten

Rückwärtsrichten ähnelt im Rhythmus dem Schritt und sollte wie der Schritt geradeaus, flüssig, in lebhaftem Takt, mit ruhiger Kopfhaltung geritten werden. Später läßt man das Pferd eine bestimmte Anzahl von Tritten zurücktreten. Rückwärtsrichten erfolgt aus dem Halten. Es ist wichtig, daß das Pferd zunächst ein paar Sekunden still steht, bevor man es zurücktreten läßt. Ist das Pferd die gewünschte Zahl von Tritten zurückgetreten, sollte man ohne Unterbrechung wieder anreiten. Mit anderen Worten: Es ist falsch, das Pferd halten zu lassen, nachdem es eine bestimmte Anzahl von Schritten zurückgetreten ist. Das Pferd könnte sich dabei einige Widersetzlichkeiten angewöhnen, etwa sich hinter das Gebiß und hinter den Schenkel zu verkriechen. Rückwärtsrichten und Anreiten in der gewünschten Gangart sollten in einer Bewegung zusammenfließen. Rückwärtsrichten, das sei hier noch einmal ganz deutlich erklärt, geschieht in einer kontinuierlichen Bewegung: Man hält drei bis vier Sekunden; man richtet eine bestimmte Anzahl von Schritten (drei oder vier) zurück; man reitet sofort wieder in der gewünschten Gangart an oder reitet einige Schritte vor und hält erneut.

Die Funktion der Hilfen besteht zunächst darin, das Pferd am Vorwärtstreten zu hindern, was – wie beim Verlangsamen des Tempos – durch Schließen der Hand geschieht. Die Finger, die sich wie zum Ausquetschen einer Orange schließen, veranlassen in Verbindung mit aktiven Schenkelhilfen das stillstehende Pferd, ans Gebiß heranzutreten. Weil die Hand unnachgiebig stehen bleibt, ist es dem Pferd nun unmöglich vorzutreten, und dem Druck von Schenkeln und Gebiß kann es nur entgehen, indem es zurücktritt. Dabei nimmt der Reiter die Schultern zurück und hält den Oberkörper senkrecht, um sein Gewicht treibend einwirken zu lassen. Der schlimmste Fehler, den der Reiter machen kann, ist nach vorne zu fallen, so daß das Pferd sich hinter die treibenden Hilfen von Schenkeln und Sitz verkriechen kann.

Ein wichtiger Grundsatz der Reiterei lautet, daß das Pferd sich vor oder im Einklang mit dem Schwerpunkt des Reiters, aber nie dahinter befinden soll. Solange bis das Pferd die gewünschte Anzahl von Schritten zurückgetreten ist, bleiben die Hände geschlossen und die Schenkel treiben. Ist dann die Lektion ausgeführt, belohnen die Hände das Pferd durch Nachgeben und veranlassen es, dem Schenkeldruck gehorchend, wieder vorwärts zu gehen. Während der ganzen Zeit sieht der Reiter geradeaus und konzentriert sich darauf, Abweichungen und Unregelmäßigkeiten zu erfühlen. Sollte das Pferd beispielsweise mit der Hinterhand seitlich ausfallen, richtet der entsprechende Schenkel es wieder gerade.

Rückwärtsrichten ist nicht nur eine nützliche Übung mit praktischem Zweck, sondern auch eine Lektion, die dazu dient, das Pferd zu versammeln und seine Vorhand zu entlasten. Die Hinterhand wird dabei vermehrt belastet, und die Sprunggelenke werden stark beansprucht. Man muß deshalb darauf achten, daß das Pferd fließend, regelmäßig und ohne Eile zurücktritt. Ich halte es nicht für angebracht, Rückwärtsrichten als Strafe anzuwenden, außer bei Pferden, die chronisch stürmen oder pullen. Aber alle Reiter und Pferde sollten schon in einem ziemlich frühen Ausbildungsstadium mit der Übung vertraut gemacht werden.

Angaloppieren

Angaloppieren ist sicherlich eines der umstrittensten reittheoretischen Themen. Zweifellos liegt das daran, daß jeder Verfasser andere Erfahrungen im Sattel mit sich bringt, einen anderen Reitstil besitzt und einen anderen Ausbildungsstand erreicht hat. Im Grunde bin ich überzeugt, daß alle nach dem gleichen Ergebnis streben – unverzüglich, flüssig und gerade anzugaloppieren. Die meisten Pferde sind willig und gehorsam. Wenn sie nur etwas natürliche Balance besitzen, springen sie auf die entsprechenden Hilfen richtig an. Die Diskussion entzündet sich deshalb daran, wie man das Pferd beim Angaloppieren am besten geradehält. Leider befinden sich Pferde im natürlichen, ungeschulten Zustand noch nicht im Einklang und im Gleichgewicht mit dem Reiter. Sie verstehen auch seine Hilfen noch nicht. Unter diesen Umständen ist es unmöglich, gerade anzugaloppieren. Die erste Bedingung ist also eine gute Ausbildungsgrundlage.

Unabhängig von der Reihenfolge der Hilfen fällt das Angaloppieren am leichtesten aus dem langsamen ausgesessenen Trab. Wenn man aus dem Leichttraben angaloppiert, gerät das Pferd oft ins Stürmen. Das Angaloppieren aus dem Schritt ist dagegen im Anfangsstadium der Ausbildung für Reiter und Pferd noch zu schwierig. Erfolgt das Kommando zum Angaloppieren, während der Reiter leichttrabt, sitzt er aus, nimmt das Tempo zu einem langsamen Trab zurück und gibt dann die Hilfen zum Angaloppieren. Ich hatte das Glück, während meiner Ausbildung drei verschiedene Hilfen zum Angaloppieren zu lernen, die ich nun der Reihe nach erklären möchte. Wir wollen mit der leichtesten beginnen.

Bei der einfachsten, gewöhnlichsten Art des Angaloppierens wirkt man mit dem äußeren Zügel und dem äußeren Schenkel ein. Das Pferd ist nach außen gestellt und ist, da der Reiter das Gewicht nach innen verlagert, gezwungen, das innere Beinpaar weiter vorzusetzen, um sich auszubalancieren. Es galoppiert somit richtig an. Das ist eine unfehlbare Methode, um unerfahrenen Reitern und Pferden das Angaloppieren im richtigen Galopp beizubringen. Sie hat einen einzigen ernstlichen Nachteil: Das Pferd ist nicht gerade. Den Fehler kann man aber später ausgleichen und verbessern. Die beschriebene Methode eignet sich jedenfalls ausgezeichnet für das Anfangsstadium der Ausbildung.

Die vielleicht gebräuchlichste Methode zum Angaloppieren beruht auf der diagonalen Wirkung von innerem Zügel und äußerem Schenkel. Diese Hilfenkombination hat, wenn sie etwas allzu deutlich ausgeführt wird, zunächst zur Folge, daß das Pferd die Hinterhand nach innen abstellt.

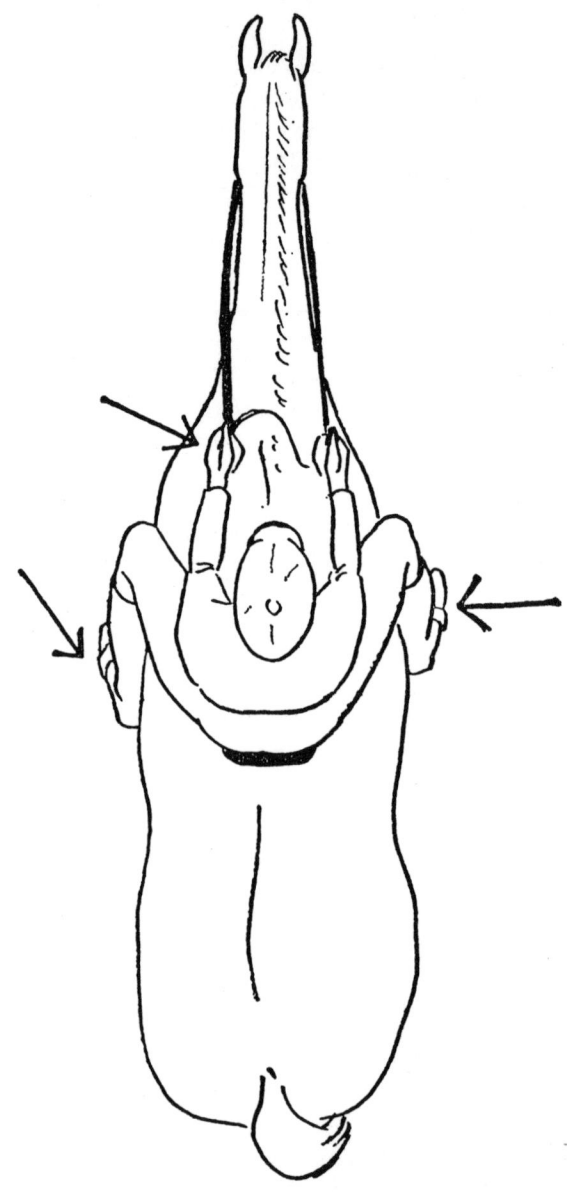

Abb. 6. Angaloppieren

Verfeinert man jedoch später die Einwirkung, kann man das Pferd verhält-nismäßig gerade halten, jedenfalls viel besser als mit der ersten Methode. Diese Art des Angaloppierens eignet sich besser für Turnierzwecke. Sogar ein Anfänger kann lernen, das Pferd anzugaloppieren, wenn er die innere indirekte Zügelhilfe vor dem Widerrist anwendet und dabei gleichzeitig mit dem äußeren Schenkel vorwärts und seitwärts treibt.

Die dritte Methode ist am kompliziertesten und fortgeschrittensten; sie basiert auf anderen diagonalen Einwirkungen. Beide Schenkel liegen an, und die Zügel dienen lediglich zur Versammlung. Das Pferd ist nicht gebogen. Die Hilfen gibt man wie folgt: Der Reiter nimmt vermehrte Anlehnung mit dem äußeren Zügel und legt den äußeren Schenkel hinter den Gurt. Er versammelt das Pferd, und wenn er angaloppieren will, gebraucht er den inneren Schenkel am hinteren Gurtrand. Der innere Zügel bleibt passiv. Seine einzige Aufgabe ist zu verhüten, daß der Pferdekopf sich nach außen stellt. Das Pferd steht vorwiegend am inneren Schenkel und am äußeren Zügel und wird wie üblich vom Schenkel an die Hand herangetrieben. So bleibt das Pferd beim Angaloppieren am ehesten gerade.

Wenn der Reiter die Hilfenkombination von beiden Händen und beiden Schenkeln richtig versteht und anwendet, werden kaum Probleme auftreten. Kann der Reiter ohne Schwierigkeiten aus dem langsamen ausgesessenen Trab angaloppieren, sollte er versuchen, aus dem Schritt und später aus dem Halten anzugaloppieren, wobei er das Pferd von Kopf bis Schweif stets so gerade wie möglich halten soll. Kopf und Hals dürfen nicht gebogen und die Hinterhand darf nicht seitlich abgestellt sein.

Über die beste Methode zum Angaloppieren wird zwar viel diskutiert, doch ist jede Hilfenkombination akzeptabel, die für einen bestimmten Zweck oder auf einer bestimmten Ausbildungsstufe das gewünschte Resultat erzielt. Ein geradegerichtetes, bereitwillig schnell reagierendes und leichtfüßiges Pferd ist ein Beweis für das Können des Reiters. Bis zur letzten Vollkommenheit brauchen diese Eigenschaften beim Jagdpferd jedoch nicht ausgebildet zu sein.

Durchparieren aus dem Galopp

Beim *Durchparieren aus dem Galopp* zum Leichttraben, langsamen Trab oder Schritt muß der Reiter versuchen, den Übergang so weich und gleitend wie möglich zu gestalten. Ich will den Vorgang des Parierens etwas ausführlicher erklären, weil es selten richtig gemacht wird. Ist das Pferd in die langsamere Gangart durchpariert, müssen Rhythmus und Takt des Trabs oder Schritts so schnell wie möglich wiederhergestellt werden; auf fortgeschrittener Stufe müssen sie vom ersten Tritt an stimmen.

Um z. B. ein Pferd aus dem Arbeitsgalopp zum Trab durchzuparieren, muß der Reiter zunächst das Pferd versammeln, bevor er zu einem taktmäßigen Arbeitstrab überwechselt. Leider beobachtet man häufig, daß das Pferd in einem übereilten Trab davonstürmt, bevor es zu einem rhythmischen Arbeitstempo findet. Genauso oft passiert es, daß es beim Übergang vom Galopp zum Trab auf die Vorhand fällt, ein paar Tritte zackelt und dann wieder angetrieben werden muß. Beide Fälle sind Anzeichen von mangelnder Koordinierung der treibenden und verhaltenden Hilfen. Gewöhnlich sind sie auf die Nachlässigkeit des Reiters zurückzuführen.

Beim Durchparieren unterscheidet man drei Phasen: Der Reiter versammelt das Pferd im Galopp, indem er die Hände vermehrt schließt, sein Kreuz anspannt und mit den Schenkeln Fühlung hält. Dann fordert er den Übergang zum Arbeitstrab durch eine weitere halbe Parade. Sobald das Pferd trabt, muß der Reiter mit Schenkel- und Zügelhilfen Tempo, Rhythmus und Schwung erhalten.

Halten aus dem Jagdgalopp

Für das gut ausgebildete Jagd- und Springpferd ist das eine der wichtigsten Übungen überhaupt. Dem kultivierten Dressurreiter wird die abrupte Unterbrechung der Vorwärtsbewegung nicht gefallen, aber alle, die auf Jagden, im Gelände oder über Sprünge reiten, wissen, wie unschätzbar wertvoll diese schnelle Reaktion ist. Mit einiger Übung kann das *Halten aus dem Jagdgalopp* innerhalb seiner eigenen Grenzen, die nicht ganz denen der klassischen Hohen Schule entsprechen, durchaus weich und flüssig ausgeführt werden.

Die Übung hat nicht nur praktischen Wert im Jagdfeld und im Springparcours, sie wird auch oft in Jagdpferde-Eignungsklassen und Stilprüfungen verlangt. Sie stellt hohe Anforderungen an den Gehorsam des Pferdes und ist ein Prüfstein für präzise Hilfengebung.

Der Reiter treibt das Pferd aus dem Arbeitsgalopp in einen geregelten Jagdgalopp und nimmt den leichten Sitz ein (Zwei-Punkt-Kontakt). Einige Galoppsprünge vor dem vorgesehenen Haltepunkt setzt er eine Hand auf und gibt mit der anderen, hochgestellten Hand je nach Reaktion des Pferdes mehr oder minder starke Paraden. Je weniger exakt das Pferd reagiert, um so früher muß diese Zügelhilfe angewandt werden, damit es an dem vorgeschriebenen Punkt zum Stehen kommt. In einer Prüfung für Geländepferde darf der Reiter dabei deutlich «Hooo» sagen. Bei Stilprüfungen sollte man die Stimmenhilfe jedoch so wenig wie möglich anwenden, weil sie von den unsichtbaren Einwirkungen des Reiters ablenkt. Ein gelegentliches Schnalzen, ein leises «Hoo» sind erlaubt, solange sie nicht als Ersatz für die eigentlichen Hilfen herhalten müssen.

Wenn das Pferd mit der Übung des Haltens aus dem Galopp besser vertraut ist, kann man die Hebelwirkung des aufgesetzten Zügels durch die direkte Zügelhilfe ersetzen. Ein gut geschultes Jagd- und Geländepferd sollte auf das leiseste Stimmkommando und auf nur ganz geringe Zügeleinwirkung sofort halten. Dann kann man die Zügel durchgleiten und das Pferd am hingegebenen Zügel aufmarschieren lassen. Das sieht in Eignungsprüfungen für Jagd- und Geländepferde sehr eindrucksvoll aus. Bei Stilprüfungen hingegen sollte der Reiter stets die vorgeschriebene Haltung, Form und Einwirkung wahren.

Mitteltrab

Der *Mitteltrab* dient als Vorbereitung zu der weiter fortgeschrittenen Lektion des starken Trabs. Er ist insofern eine nützliche Übung für Jagd- und Springpferde, als er die Reaktion auf die treibenden Hilfen fördert und die Tritte verlängert. Gangverstärkungen lösen und entspannen das Pferd gewöhnlich, vorausgesetzt, sie werden vorsichtig auf das Temperament des jeweiligen Tieres abgestimmt. Manche Pferde werden ruhiger bei dieser

Arbeit, andere heizen sich auf. Hier müssen Können und Erfahrung entscheiden.

Beim Mitteltrab kann der Reiter leichttraben oder aussitzen, um bestmöglich zu treiben. Auf dem verhältnismäßig begrenzten Raum eines Dressurvierecks empfiehlt es sich, in den Ecken und an den kurzen Seiten auszusitzen und auf den langen Seiten den Mitteltrab etwas hinter der Bewegung im Leichttraben herauszureiten. In einer normalen ovalen Reitbahn ist das jedoch nicht nötig. Ihre Rundungen kann man auch in verstärkten Gangarten durchreiten, ohne daß Kadenz und Gleichgewicht leiden. Der Bewegungsfluß ginge nur verloren, wenn man das Pferd zwischendurch versammeln würde. Neben verstärktem Tempo zeichnet sich der Mitteltrab durch erhöhten Schwung aus. Abgesehen von einem leichten Aufrichten des Oberkörpers sollte der Sitz des Reiters sich nicht verändern; die Hilfen müssen weiterhin weich und unsichtbar gegeben werden. Gangverstärkungen sind eine ausgezeichnete Übung für den Reiter. Sie veranlassen ihn nämlich, sein Kreuz anzuspannen und seine Schenkel zu gebrauchen, um das Pferd schwungvoll vorwärtszutreiben.

Steht das Pferd erst einmal im Arbeitstrab am Gebiß, ist es leicht, den Mitteltrab herauszureiten. Indem der Reiter etwas mit der Hand nachgibt und weicher wird und dabei gleichzeitig mit beiden Schenkeln treibt, veranlaßt er das Pferd, die Tritte zu verlängern und das Tempo zu verstärken. Der Reiter muß darauf achten, daß der Mitteltrab taktmäßig bleibt und nicht auseinanderfällt oder unregelmäßig wird. Geschieht das, müssen die Hände dem Pferd eine vermehrte Stütze gewähren, damit es sich besser ausbalancieren kann, während die Schenkel treibend den Schwung erhalten.

Mittelgalopp

Ähnlich verhält es sich mit dem *Mittelgalopp*. Er dient zur Vorbereitung auf den starken Galopp und zeichnet sich aus durch Schwung, Tempoverstärkung und Verlängerung der Sprünge. Die Arbeit im Mittelgalopp eignet sich besonders gut zur Beruhigung übermütiger, zu Unfug aufgelegter Pferde von im Grunde sanftem Charakter. Ein forscher Galopp, in dem sie ihre überschüssige Energie entladen können, kann da Wunder wirken!

Die Hilfen zum Mittelgalopp gleichen denen zum Mitteltrab. In den Ecken und an den kurzen Seiten versammelt der Reiter das Pferd und bringt es ins Gleichgewicht, und an den langen Seiten reitet er den Mittelgalopp heraus. Wie erwähnt ist ein solcher Übergang in einer ovalen Reitbahn nicht nötig. Häufig begehen Reiter den Fehler, den Mittelgalopp im leichten Sitz zu reiten. Im klassischen Sinne korrekter Mitteltrab und Mittelgalopp bzw. starker Trab und starker Galopp werden tief im Sattel und nicht im leichten Sitz geritten. Der leichte Sitz (Zwei-Punkt-Kontakt) bleibt dem Jagd- und Renngalopp vorbehalten. Es ist wichtig, die beiden Galopparten auseinanderzuhalten und sein Gewicht entsprechend zu verlagern bzw. entsprechend korrekt zu sitzen.

Die Gangverstärkungen bieten wahrscheinlich die beste Gelegenheit, das

Temperament des Pferdes kennenzulernen. Auf einem durchschnittlich lebhaften Pferd braucht man lediglich die Hände zu entspannen und die Schenkel etwas mehr anzulegen, um es in den Mittelgalopp zu bringen. Ein phlegmatisches Pferd muß mit nachgiebiger Hand und treibenden Schenkeln, darüber hinaus aber auch noch mit Gewichtseinwirkung oder Sporen, Schnalzen und vielleicht sogar der Gerte zum Verstärken des Tempos angeregt werden. Bei einem nervösen, heißblütigen Tier ist es genau umgekehrt. Treibt man da vermehrt, regt man es noch mehr auf. Bei einem solchen Pferd braucht man nur mit der Hand nachzugeben. Durch Erfahrung lernt der Reiter, wie viel bzw. wenig Einwirkung für eine Tempoveränderung erforderlich ist.

Einfacher Galoppwechsel

Von allen Übungen im Galopp ist *der einfache Galoppwechsel* vielleicht am schwierigsten perfekt auszuführen, auch wenn er täuschend einfach aussieht. Jeder Reiter weiß, daß er diese Lektion beherrschen und sie jedem Pferd beibringen sollte, selbst wenn es nur zum Freizeit- und Spazierenreiten dient. Dennoch sehen wir selbst bei fortgeschrittenen Reitern schwere Fehler in der Ausführung des einfachen Galoppwechsels. Der Grund für die Vernachlässigung dieser Übung liegt wahrscheinlich darin, daß jeder in der Lage ist, irgendwie die Hand im Galopp zu wechseln. Deshalb macht sich kaum einer die Mühe, die Lektion, die einen Beweis für grundlegende Beherrschung der Hilfen darstellt, solange zu wiederholen, bis sie wirklich einwandfrei sitzt.

Betrachten wir einmal einen einfachen Galoppwechsel (eine Übung, bei der die Hilfen in der Längsrichtung wirken) beim Handwechsel durch die ganze Bahn. Der Wechsel findet im Mittelpunkt statt und muß gerade und flüssig ausgeführt werden. Reitet man z. B. im Rechtsgalopp ganze Bahn, wendet man nach Durchreiten der zweiten Ecke der kurzen Seite auf die Diagonale ab, pariert je nach Versammlungsgrad des Pferdes einige Galoppsprünge vor dem Mittelpunkt zum langsamen Trab oder Schritt durch und galoppiert kurz hinter dem Mittelpunkt im Linksgalopp wieder an. Dazwischen dürfen nur drei bis vier Trabtritte oder Schritte liegen.

Für den Reiter kommt es darauf an, fühlen zu lernen, wie und wann er seine Schenkellage wechselt. Bevor das Pferd den Galopp wechselt, muß der verwahrende äußere (in unserem Beispiel der linke) Schenkel zum treibenden inneren werden. Gleichzeitig wird der rechte Schenkel eine Handbreit hinter den Gurt gelegt und wirkt nun verwahrend. Auch der äußere Zügel, der dem Pferd die Anlehnung gibt, wechselt. Beide Schenkel und beide Zügel wirken zusammen und rahmen das Pferd ein, um es geradezuhalten. Nur ein Pferd, das die Absicht des Reiters klar versteht, kann den einfachen Galoppwechsel gehorsam und prompt ausführen. Die Übung muß flüssig aussehen, und die Hilfen müssen unsichtbar sein.

Am Anfang ist es für Reiter und Pferd leichter, den einfachen Galoppwechsel bei Wendungen auszuführen. Achterfiguren, Schlangenlinien, Kehrtwendungen, Gegen-Kehrtwendungen und Wechsel durch den Zirkel eignen sich

30. Sitzkorrektur ohne Bügel
Während der Oberkörper dieser jungen Dame vorbildlich aufgerichtet ist, zieht sie die Knie hoch, so daß ihr Gesäß zu weit nach hinten im Sattel verrutscht.

31. Freiübungen – Hände in die Hüften stemmen
Der Reiter läßt den Vorderzwiesel los und stemmt die Hand fest in die Hüfte, mit dem Daumen nach hinten. Dies scheint die leichteste Freiübung zu sein, um einen unabhängigen Sitz zu fördern. Wiederum ist darauf zu achten, daß Knie und Oberschenkel nicht so weit hochgezogen werden wie hier.

32. Freiübungen – Hand auf dem Rücken
Die Übung kann zur Verbesserung der Oberkörperhaltung dienen, wenn der Reiter den freien Arm gegen die Mitte des Rückens drückt. Es ist jedoch fehlerhaft, das Kinn dabei vor und nach unten zu strecken, wie es die Reiterin auf diesem Bild tut.

33. Freiübungen – Armkreisen
Aus dieser Stellung kann der Reiter verschiedene wertvolle Lockerungsübungen ausführen. Zwei meiner Lieblingsübungen sind: Den freien Arm bei unbeweglichem Oberkörper voll ausgestreckt langsam kreisen lassen und mit seitwärts abgespreiztem Arm den Oberkörper von vorne nach hinten drehen.

34. Freiübungen – Zehenspitzen berühren
Das ist eine der besten Lockerungsübungen. Am Anfang darf man das Bein etwas hochziehen, damit man die Fußspitzen berühren kann. Aber der Sinn der Übung ist es, den Schenkel in seiner ganzen Länge nach unten zu drücken, damit der Oberkörper soweit wie möglich gestreckt wird.

35. Pferd mit Longierausrüstung
Die Trensenzügel sind in der Mähne verknotet, damit sie nicht verrutschen. Die Ausbindezügel werden locker unterhalb der Trensenzügel verschnallt. Beachten Sie, wie die Longe befestigt ist. Auch die korrekte Longierpeitsche ist abgebildet.

36. Reiterin im Trab an der Longe
Das ist eine gute Übung, mit der man lernt, den Bewegungen des Pferdes mit angespanntem Kreuz zu folgen und Schenkel, Hände und Sitz unabhängig voneinander zu gebrauchen. Die Fußspitzen der Reiterin zeigen zu weit nach außen und veranlassen sie, sich mit den Waden anzuklammern und die Knie hochzuziehen. Ihre Schultern jedoch sind korrekt parallel zu den Pferdeschultern ausgerichtet.

37. Freiübung zum Galopp im leichten Sitz an der Longe
Beugt man sich vornüber, um die Fußspitzen zu berühren, trainiert man ganz besonders die Oberschenkelmuskeln. Eine ausgezeichnete Übung zum Erlernen des leichten Sitzes und zur Förderung des Selbstvertrauens.

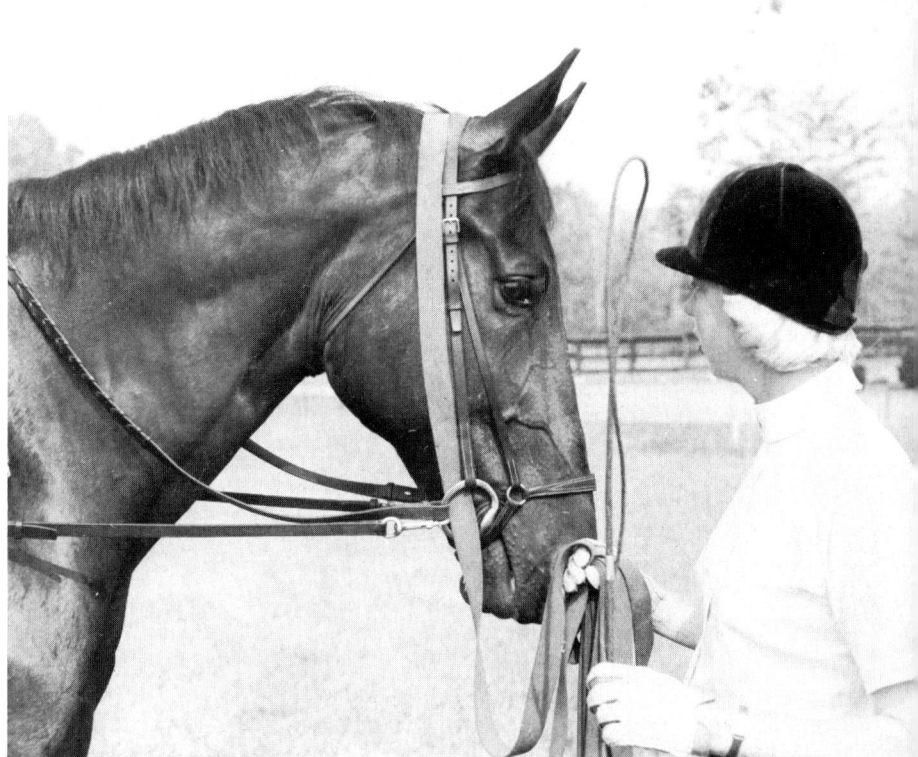

38. Geradeaus auf einen Fixpunkt blicken
Die Reiterin, die die Übung vorführt, visiert einen Baum als Fixpunkt an, um auf einer geraden Linie zu halten. Obwohl sie direkt auf den Baum blickt, nimmt sie aus den Augenwinkeln noch die gesamte Umgebung wahr.

39. Blickrichtung in der Wendung
Das Pferd wendet nach links, ist nach links gebogen, und die Reiterin nimmt die Wendung vorweg und blickt nach links in die Bewegungsrichtung. Die abgebildete Stute geht über dem Gebiß und ist nicht in der Ganasche abgebogen. Wegen dieser fehlerhaften Kopfstellung hat sich ein sogenannter «Unterhals», auch «Hirschhals» genannt, entwickelt.

40. Treibende oder biegende Schenkelhilfe
Die Fußspitze ist weit nach außen gedreht, um den Sporn bestmöglich zur Wirkung kommen zu lassen. In dieser Lage, am hinteren Gurtrand, wirkt der Schenkel entweder treibend oder biegend (indem er die Innenseite des Pferdes hohl macht).

41. Seitwärts treibender Schenkel
Hier wirkt der Schenkel hinter dem Gurt, um die Hinterhand bei einer Vorhandwendung zum Seitwärtstreten zu veranlassen. Der rechte indirekte Zügel verstärkt die Schenkelhilfe.

42. Schenkel an der Pferdeschulter
Diese eher außergewöhnliche Schenkelhilfe wirkt Wunder bei einem Pferd, das mit der inneren Schulter ausfällt. Da sie den Reiter leicht aus dem Gleichgewicht bringen kann, empfehle ich, sie nur auf weit fortgeschrittener Ausbildungsstufe anzuwenden.

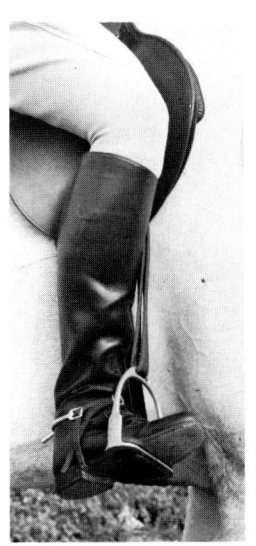
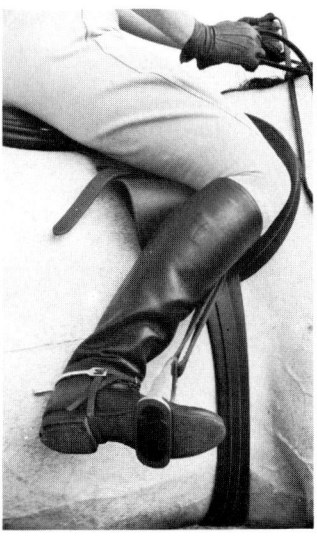
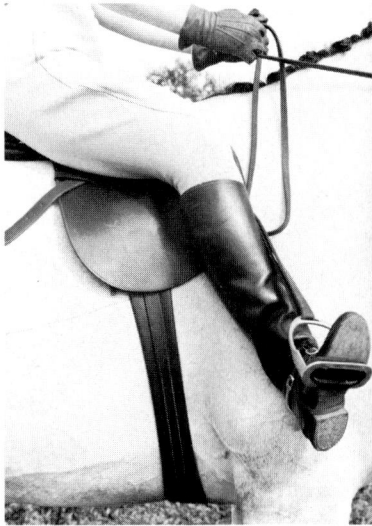

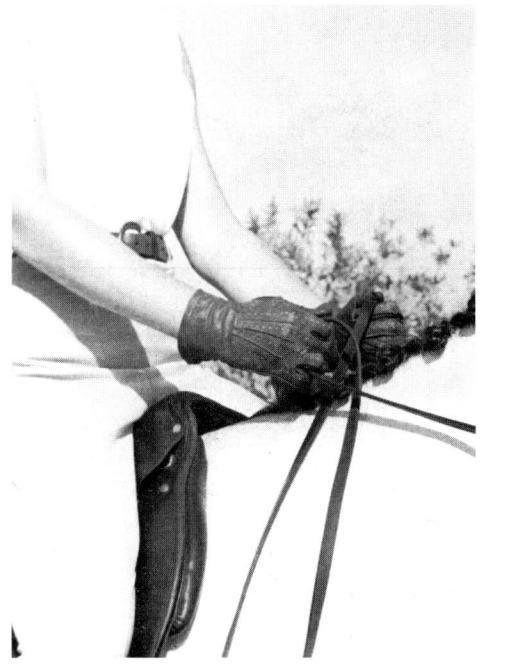 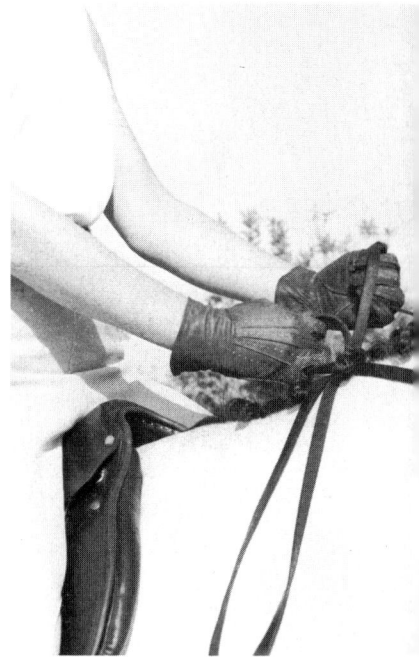

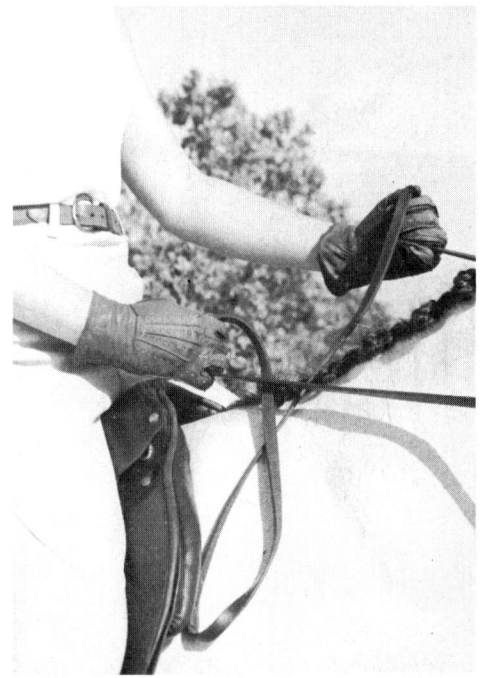 

 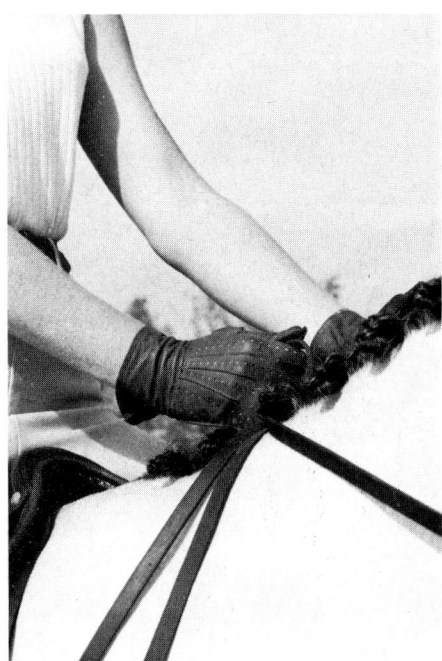

43. Direkte Zügelhilfe
Das ist die grundlegende der fünf Zügelhilfen. Sie wirkt in einer direkten geraden Linie vom Pferdemaul zum Ellbogen des Reiters, um das Tempo zu verkürzen oder das Pferd rückwärtszurichten. Die Hände werden lediglich vermehrt geschlossen oder ausgehalten und dürfen nie am Zügel ziehen.

44. Indirekte Zügelhilfe vor dem Widerrist
Diese Zügelhilfe verlegt das Gewicht von einer Pferdeschulter auf die andere und biegt das Pferd lediglich im Kopf und Hals seitlich. Bei der korrekten Anwendung verläuft eine gerade Linie diagonal vom inneren Trensenring über den Widerrist zur entgegengesetzten Hüfte des Reiters.

45. Indirekte Zügelhilfe hinter dem Widerrist
Die innere Hand der Reiterin steht korrekt bei dieser Zügelhilfe, aber die äußere Hand sollte etwas tiefer gestellt werden. Meist wirken die Zügelhilfen am besten, wenn man die Hände auf etwa gleicher Höhe hält. Beachten Sie, wie die diagonale Linie nun vom Pferdemaul zu der gegenüberliegenden Pferdehüfte verläuft anstatt zur Hüfte des Reiters wie im vorherigen Bild.

46. Führender bzw. offener Zügel
Es ist deutlich zu sehen, daß der Zügel seitwärts und nicht nach hinten wirkt.

47. Aufgesetzte Hand mit Hebelwirkung
Diese Zügelhilfe beruht auf einer Hebelwirkung. Die Fingerknöchel der inneren Hand werden auf den Widerrist aufgesetzt, während die äußere Hand aufwärts und zurück wirkt.

48. Neck Rein (Zügel am Hals angelegt)
Der äußere Zügel drückt gegen den Hals des Pferdes und begrenzt die äußere Schulter, um sie in einer Wendung am Ausfallen zu hindern.

49. Hinter der Bewegung galoppieren
Hier sieht man ein gutes Beispiel für einen Sitz leicht hinter der Senkrechten, der den Reiter befähigt, vermehrt zu treiben oder zurückzuhalten.

50. Falsche Sporenlage
Nach oben verrutscht!

51. Falsche Sporenlage
Nach unten verrutscht!

52. Gerte an der Flanke gebrauchen
Die Reiterin hat die Zügel in einer Hand überkreuz gelegt und gebraucht die Gerte hinter dem Sattel zur Verstärkung der Schenkelhilfe.

53. Vorbeugen
Man sollte sich nie vorbeugen, um zu sehen, auf welchem Fuß man trabt bzw. galoppiert.

54. Mit gebeugtem Kopf hinuntersehen
Ebenso überflüssig ist es, zu diesem Zweck den Kopf zu senken.

55. Diskret hinuntersehen
Die Fußfolge sollte für den Zuschauer unsichtbar geprüft werden.

56. Strafende Zügeleinwirkung auf die Maulwinkel
Die Reiterin geht ruckweise mit der Hand nach oben, um das Pferd in den Maulwinkeln zu strafen.

57. Strafende Zügeleinwirkung auf die Laden
Ruckweises Annehmen bei tiefgestellter Hand wirkt auf die Laden des Pferdes.

58. Halten
Die Stute steht gerade, gleichmäßig auf allen vier Beinen, unbeweglich und aufmerksam.

59. Rückwärtsrichten
Hier leistet das Pferd offensichtlich Widerstand, wie man an den zurückgelegten Ohren, dem aufgesperrten Maul sowie dem festgehaltenen Genick und der steifen Ganasche erkennen kann.

60. Halten aus dem Jagdgalopp mit aufgesetzter Hand
Während die innere Hand knapp vor dem Widerrist fest aufgesetzt wird, wirkt die äußere Hand auf- und rückwärts.

Abb. 7. Einfacher Galoppwechsel

dafür am besten. Die Bewegungsrichtung, die das Pferd dabei einhalten muß, hilft ihm, jeweils auf der richtigen Hand anzugaloppieren. Später muß das Pferd dann so gut auf die Hilfen reagieren, daß man jede beliebige Zahl von einfachen Galoppwechseln auf gerader Linie ausführen kann. Nun ist es auch soweit geschult, daß es allein aus der Schenkellage des Reiters erkennen kann, mit welchem Fuß es anspringen soll, und die Zügel lediglich dazu dienen, die Vorhand gerade zu halten.

5. Kapitel: Seitliche Biegearbeit

Durchreiten der Ecken

Hat der Reitschüler begriffen, daß die Regulierung des Tempos die Grundbedingung in der Reiterei darstellt, und ist er in der Lage, das gewünschte Tempo einzuhalten, kann er damit beginnen, *die Ecken* der Reitbahn korrekt auszureiten. Unser Hauptaugenmerk richtet sich dabei darauf, das Pferd in seiner ganzen Länge auf die Biegung einzustellen. Um dem Pferd die Übung verständlich zu machen, gebraucht man beide Zügel und den inneren Schenkel. Hier möchte ich darauf hinweisen, daß man bei einem jungen oder ungeschulten Pferd darauf achten muß, die Ecken zunächst abzurunden. Für ein junges Pferd wäre es sehr schädlich, wenn man es zwingen würde, die Ecken schon tief und korrekt auszugehen. Vor der Ecke geht der Reiter mit der äußeren Hand zur Seite (je langsamer die Gangart und das Tempo, um so leichter ist es für den Reitschüler, seine Hilfen zu koordinieren). Dieser offene Zügel hindert das Pferd, die Ecken abzuflachen und hält es auf dem Hufschlag. Der äußere Zügel stellt jedoch lediglich eine richtungweisende Hilfe dar, ohne das Pferd in irgendeiner Weise zu biegen. Als nächstes wendet der Reiter deshalb die innere indirekte Zügelhilfe an, um das Pferd in die Bewegungsrichtung zu stellen. Fast gleichzeitig damit wird der innere Schenkel eingesetzt, der das Pferd in seiner gesamten Länge biegt und in die Ecke hineinschiebt. Der Reiter darf dabei nicht auf seine Hände hinuntersehen, sondern muß geradeaus blicken und die Hilfen rein gefühlsmäßig geben. Der äußere Schenkel liegt hinter dem Gurt und wirkt verwahrend. Er spielt eine aktive Rolle, wenn die Hinterhand nach außen schwenken sollte, um der biegenden Wirkung des inneren Schenkels auszuweichen. Auch jeder anderen Abweichung vom Hufschlag muß mit entsprechenden diagonalen Hilfen begegnet werden. Manchmal versucht das Pferd, das Tempo zu erhöhen oder zu verkürzen, um sich den Zügel- und Schenkelhilfen zu entziehen. Deshalb muß man sich unter allen Umständen um Einhaltung eines gleichmäßigen Tempos bemühen.

Die Hufspur eines korrekt gebogenen Pferdes muß ebenfalls vorschriftsmäßig sein. Das heißt: Die Spur des Hinterfußes muß der Spur des entsprechenden Vorderfußes folgen (linkes Hinterbein tritt in Richtung des linken Vorderbeins, rechtes Hinterbein in Richtung des rechten Vorderbeins). Das Pferd muß sein Gewicht gleichmäßig auf alle vier Beine verteilen. Diese Regel gilt für sämtliche Lektionen auf einem Hufschlag. Eine Ausnahme bilden natürlich die Übungen auf zwei Hufschlägen, wie Schenkelweichen, Schulterherein, Travers usw.

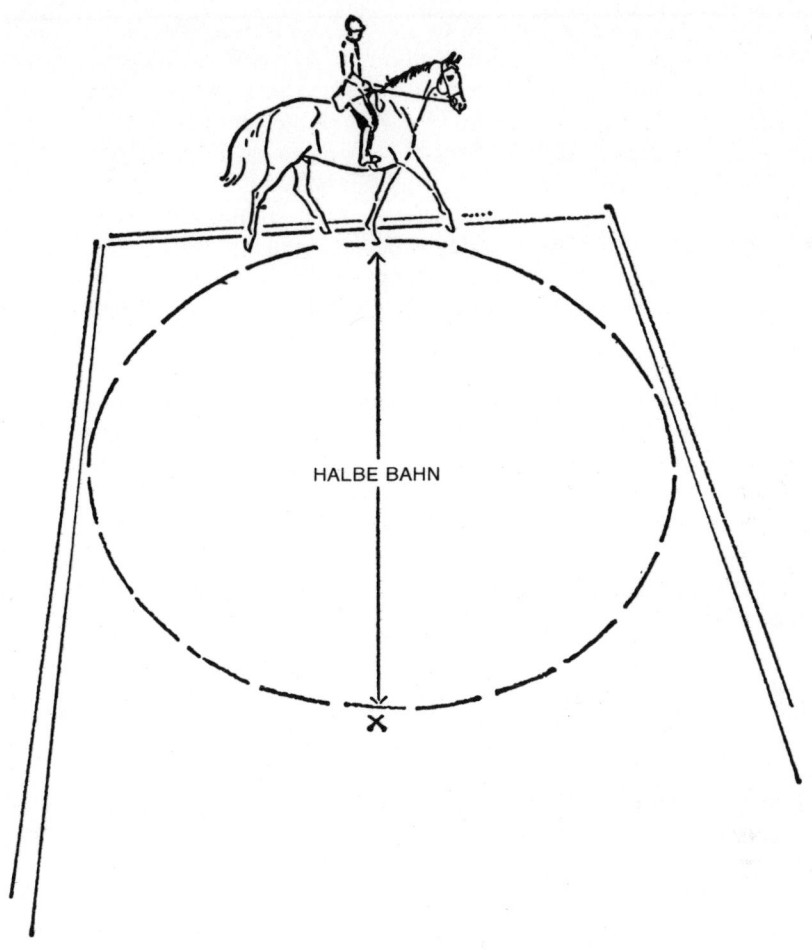

HALBE BAHN

Abb. 8. Zirkel

Zirkel

Als zweite Übung zum Wenden und seitlichen Biegen des Pferdes folgt das
Ausreiten des *Zirkels*. Will man ein junges Pferd oder einen unerfahrenen
Reiter mit dem Zirkel bekannt machen, läßt man diesen zunächst als
Fortsetzung einer abgerundeten Ecke reiten. Im Hinblick auf die seitliche
Biegung des Pferdes ist das Durchreiten der Ecke eine gute Vorbereitung für
das Reiten auf dem Zirkel. Später jedoch sollte man in der Lage sein, Zirkel
an jeder beliebigen Stelle zu reiten.
Der Zirkel bildet die Grundlage für alle Wendungen im Gange. Er erzieht
den Reiter zum richtigen Gebrauch seiner Augen, zur disziplinierten Koordi-
nierung der Hilfen sowie zum exakten Ausreiten der Bahnfiguren.
Bevor der Reiter auf den Zirkel abwendet, nimmt er das Tempo ganz leicht

zurück. Seine Augen blicken fest in die Bewegungsrichtung. Innerer Schenkel und Zügel biegen das Pferd nach innen, der äußere Zügel sorgt dafür, daß das Pferd nicht schneller wird, und der äußere Schenkel verhindert, daß die Hinterhand nach außen von der Zirkellinie abweicht. Je kleiner der Zirkel, um so stärker ist das Pferd in seiner ganzen Körperlänge gebogen. Das Pferd vermeidet die Biegung und Einhaltung der Kreislinie auf zwei Arten: Es drängt nach innen oder schwenkt die Hinterhand nach außen. Im ersten Fall geht der Reiter mit der äußeren Hand zur Seite (offener Zügel) und legt den inneren Schenkel an. Drängt das Pferd mit der Hinterhand nach außen, geht die innere Hand zur Seite, während der äußere Schenkel und Zügel verwahrend wirken.

Ich möchte nochmals wiederholen, wie ein korrekt von Kopf bis Schweif auf die Zirkellinie eingestelltes Pferd aussehen soll: Der Kopf ist gerade so weit nach innen gestellt, daß man das innere Pferdeauge schimmern sieht. Der Hals ist entsprechend gebogen, der Rumpf biegt sich um den treibend am hinteren Gurtrand liegenden inneren Schenkel. Der äußere Schenkel hält eine Handbreit hinter dem Gurt die Hinterhand auf der Kreislinie. Das ganze Pferd ist also halbmondförmig gebogen. Bei aller Konzentration auf die seitwärts wirkenden Hilfen darf man nicht vergessen, ein gleichmäßiges Tempo einzuhalten.

Der Zirkel ist nicht nur die grundlegende Hufschlagfigur für seitliche Biegearbeit, sondern auch eine ausgezeichnete Übung, um das Pferd zu versammeln und auszubalancieren. Er ist ferner eine Hilfe von unschätzbarem Wert, um pullende und eilende Pferde zu beruhigen. Genau wie die ganze Parade zum Halten sollte Zirkelarbeit früh gelernt und oft geübt werden.

Achterfigur

Verbindet man zwei gleich große Zirkel an einem Punkt, erhält man eine sogenannte *Achterfigur*. Diese Übung ist schwieriger als der einfache Zirkel, weil sich die Richtung ständig ändert und das Pferd abwechselnd nach rechts und links gebogen werden muß. Die Acht ist eine der beliebtesten Wendungen im Gange. Sie hat den Vorteil, daß das Pferd auf beiden Seiten gleichmäßig gearbeitet und gebogen wird. Es erfordert gutes Augenmaß und exakte Beherrschung des Pferdes, um zwei Zirkel gleichen Durchmessers in dem vorgeschriebenen Tempo auszureiten. Die korrekte Ausführung der Übung hängt weitgehend davon ab, ob der Reiter den Schnittpunkt der beiden Kreise richtig anvisiert. Wie bei aller Biegearbeit legen wir auch hier wieder Wert darauf, daß das Pferd entsprechend den beiden Kreislinien gebogen ist und die Hufschlagfigur genau einhält. Dabei spielen die Augen des Reiters, wie gesagt, eine wichtige Rolle.

Bei der Ausführung der Lektion sind etwa dieselben Fehler wie beim Zirkelreiten möglich. Das Pferd kann eilen oder sich verhalten. Kurz vor und hinter dem Schnittpunkt muß es zwei, drei Tritte lang absolut geradegerichtet sein, bevor man es in die entgegengesetzte Richtung wendet. Das Ausreiten der Achterfigur beginnt und endet am Schnittpunkt.

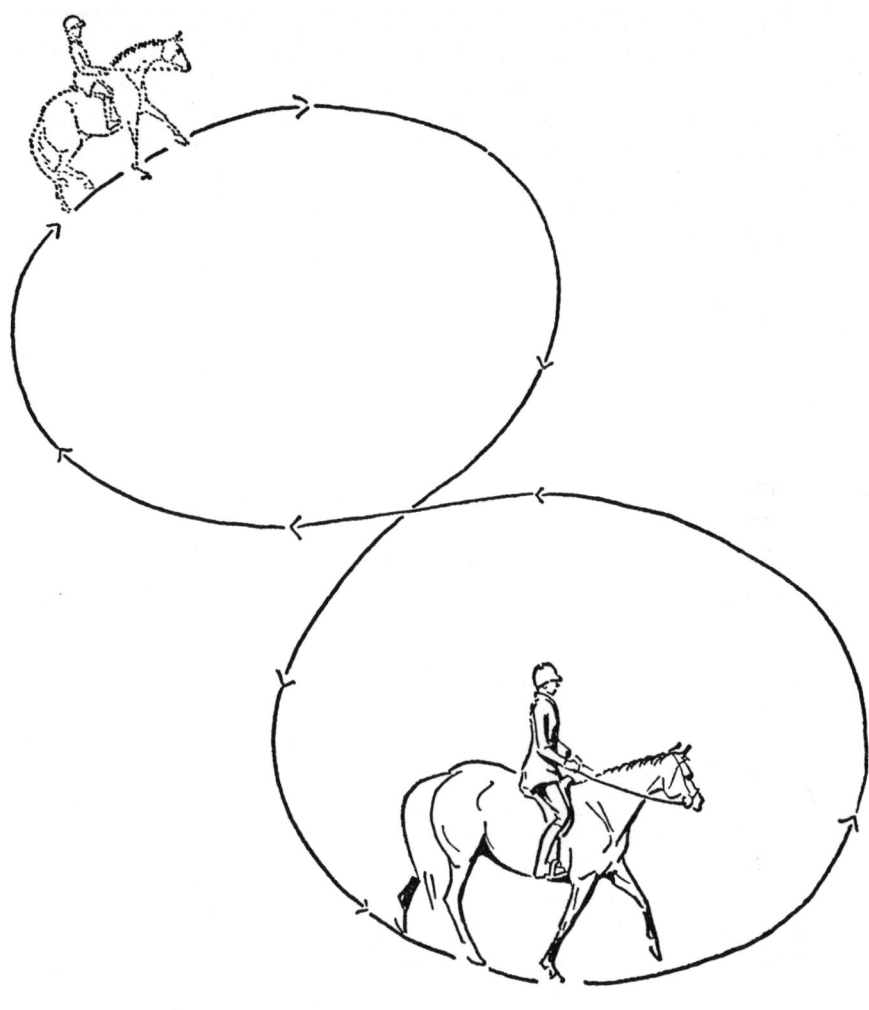

Abb. 9. Achterfigur

Volte

Das Wort *Volte* kommt aus dem Französischen und bedeutet «kleiner Zirkel». Die Volte ist eine Dressurlektion, die man eigentlich selten bei der Ausbildung von Jagd- und Springpferden anwendet. Sie hat einen vorgeschriebenen Durchmesser von ca. sechs Metern und ist für uns nur unter bestimmten Umständen von Interesse, dann nämlich, wenn wir ein Springpferd der höheren Klassen oder ein Jagdpferd, das wir in Stilprüfungen vorstellen, ganz besonders wendig machen wollen. Da der Durchmesser der Volte so klein ist, stellt sie höchste Anforderungen an die seitliche Biegung

Abb. 10. Volte

des Pferdes und wird im allgemeinen nur in versammelten Gängen, im langsamen Trab und im Arbeitsgalopp geritten. Der Reiter muß tief im Sattel sitzen, aktiv und lebhaft mit dem inneren Schenkel treiben und den äußeren Schenkel und Zügel verwahrend wirken lassen. Eine korrekt gerittene Volte, bei der das Pferd richtig gebogen und im Gleichgewicht ist und das vorgeschriebene Tempo einhält, ist sehr schwierig. Für Jagd- und Springpferde sind Aktion und Schnelligkeit natürlich wichtiger als peinliche Exaktheit. Das sollte man beim Üben dieser Hufschlagfigur berücksichtigen.

Sitz und Hilfen des Reiters bei der Ausführung der Volte sind genau die gleichen wie beim Zirkelreiten. Der einzige Unterschied besteht darin, daß das Pferd mehr versammelt ist und daß unerfahrene Reiter und Pferde sich auf dem räumlich begrenzten Kreis oft eingeengt fühlen.

Schlangenlinien durch die ganze Bahn

Schlangenlinien durch die ganze Bahn sind eine weitere Lektion, die häufig in Prüfungen vorkommen und nützlich bei jeder Form der Ausbildung sind. Sie bestehen aus einer Reihe von Schleifen, die durch eine imaginäre Mittellinie halbiert werden. Deren Enden bilden jeweils den Ausgangs- und Abschlußpunkt der Übung. Die Lektion stellt hohe Anforderungen an das Können und die Geschicklichkeit des Reiters. Das Pferd ist abwechselnd nach rechts und links gebogen; während der Umstellung von einem Bogen zum nächsten geht es ein paar Tritte lang geradeaus. Die Schleifen müssen genau gleich groß und symmetrisch über die ganze Reitbahn oder eine bestimmte Fläche verteilt sein. Die Augen des Reiters spielen bei der gleichmäßigen Aufteilung der Schlangenlinien eine wichtige Rolle. Beim Ausreiten der Figur ist

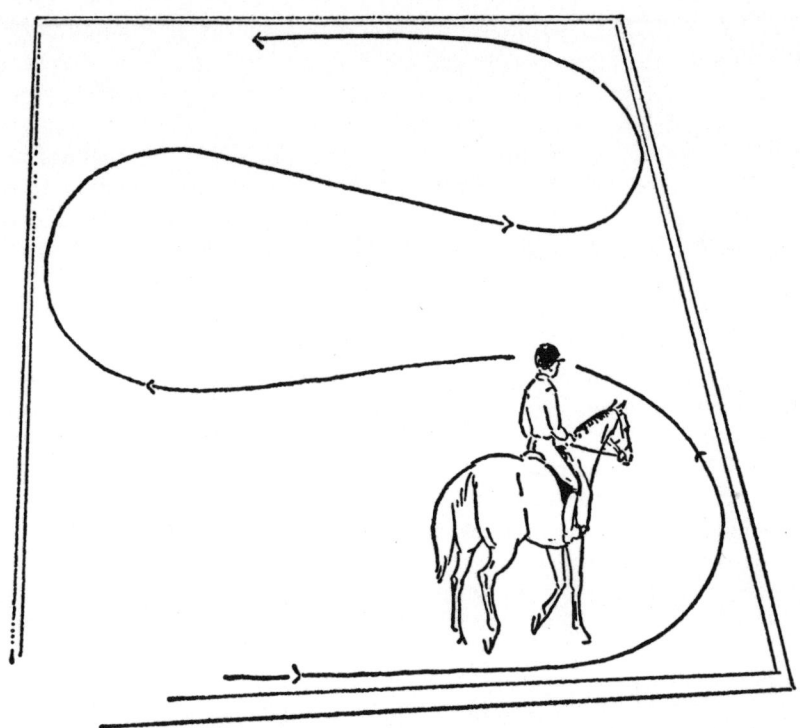

Abb. 11. Schlangenlinien durch die ganze Bahn

auf ein regelmäßiges Tempo zu achten. Das Pferd muß genau auf die Schlangenlinie eingestellt und entsprechend gebogen sein. Beim Leichttraben wechselt der Reiter den Fuß auf der Mittellinie, wo auch der Galoppwechsel stattfindet. Man kann die ganze Lektion auch im ausgesessenen Trab bzw. Außengalopp reiten. Vor Beginn der Übung muß die Zahl der Bogen genau festliegen.

Eine typische Lektion, die oft bei Reiter- oder Stilprüfungen verlangt wird, sind Schlangenlinien durch die ganze Bahn mit vier Bogen im Leichttraben. Sind sie beendet, galoppiert der Reiter an und reitet die gleichen vier Bogen zurück, jeweils mit einfachem Galoppwechsel auf der Mittellinie. Der Reiter muß sich schon vor Beginn der Übung genau über die Lage der einzelnen Bogen im klaren sein (s. Abb. 11).

Begonnen wird mit der Lektion in der Mitte einer kurzen Seite, aber bis dahin sitzt der Reiter besser im versammelten Trab aus und beginnt auch erst am eigentlichen Ausgangspunkt mit dem Leichttraben auf dem richtigen Fuß. Während der Lektion konzentriert er sich auf die genaue Einhaltung der Figur, auf taktmäßiges Tempo, korrekte Biegung und flüssige Umstellung des Pferdes. Gleichzeitig muß er die Bogen genau symmetrisch reiten, bis er an der Mitte der gegenüberliegenden kurzen Seite der Reitbahn ankommt und hält. Das Halten dient lediglich dazu, die Lektion sauber und ordentlich abzuschließen. Dann galoppiert er an und wechselt in entgegengesetzter Richtung mit vier Bogen durch die ganze Bahn. Sein Hauptaugenmerk richtet sich nun darauf, flüssige einfache Galoppwechsel zwischen den einzelnen Bogen auszuführen. Je nach Geschicklichkeit des Reiters und Ausbildungsstand des Pferdes kann zwischen den Wechseln zum langsamen ausgesessenen Trab oder Schritt durchpariert werden. Als Schullektion sowie als Prüfungsbestandteil auf Turnieren sind die Schlangenlinien ein ausgezeichneter Maßstab für den Fortschritt von Reiter und Pferd.

Schlangenlinien an der langen Seite

Diese *abgeflachte Form der Schlangenlinie* dient dazu, das Pferd zu lösen und seitlich biegsam zu machen. Es wendet ständig vom Hufschlag ab und wieder zurück, wobei es abwechselnd nach links und rechts gestellt ist. Die Bogen sind so flach, daß die Figur einem abgerundeten Zickzack ähnelt. Es ist eine sehr rhythmische einfache Übung, die aber sofort Erfolge zeitigt. Man kann sie in jeder Gangart ausführen. Der Reiter wendet sein Pferd in einem Winkel von etwa 45 Grad fünf bis sechs Tritte lang nach der Mitte der Reitbahn vom Hufschlag ab. Dann reitet er einen Augenblick lang geradeaus, bevor er das Pferd wieder auf den Hufschlag zurückführt. Die Schlangenlinie wird solange – eventuell an allen vier Seiten – wiederholt, bis das Pferd völlig weich und seitlich biegsam ist.

Schlangenlinien an der langen Seite stellen eine ausgezeichnete gymnastische Übung dar. Wie Schulterherein werden sie selten als Lektion in Leistungsprüfungen verlangt, aber sie sind sehr wertvoll bei der Ausbildung von Reiter und Pferd. Verschiedene Hilfenkombinationen können dabei dasselbe Ergebnis erzielen. Der Hauptzweck der Übung ist natürlich, das Pferd zu lösen und geschmeidig zu machen, es zur prompten Reaktion auf die inneren Schenkel- und Zügelhilfen zu erziehen und es zu veranlassen, sich in die Bewegungsrichtung zu biegen. Das ist die übliche, wenn auch keineswegs einzige Methode.

Man kann aber auch mit dem inneren führenden Zügel und dem äußeren Schenkel nützliche und interessante Ergebnisse erzielen, etwa um ein junges, unerfahrenes Pferd durch die Lektion zu steuern, oder damit, den äußeren Zügel am Hals anzulegen und den äußeren Schenkel anzulegen, um ein nach außen drängendes Pferd abzufangen. Selbst die abwechselnd aufgesetzte und nach oben wirkende Hand (Hebelwirkung) ist eine ausgezeichnete Übung. Sie verlangt eine schnelle Handhabung der Zügel und ist in der Praxis im Jagdfeld von Vorteil, wenn man im schnellen Tempo durch dichtes Gebüsch reitet. Mit etwas Phantasie und Experimentierfreudigkeit kann eine mehr oder weniger zweitrangige Lektion in eine wertvolle Übung umgewandelt werden, die, im Außengalopp oder mit fliegendem Wechsel geritten, selbst für höhere Ausbildungsstufen sehr nützlich sein kann.

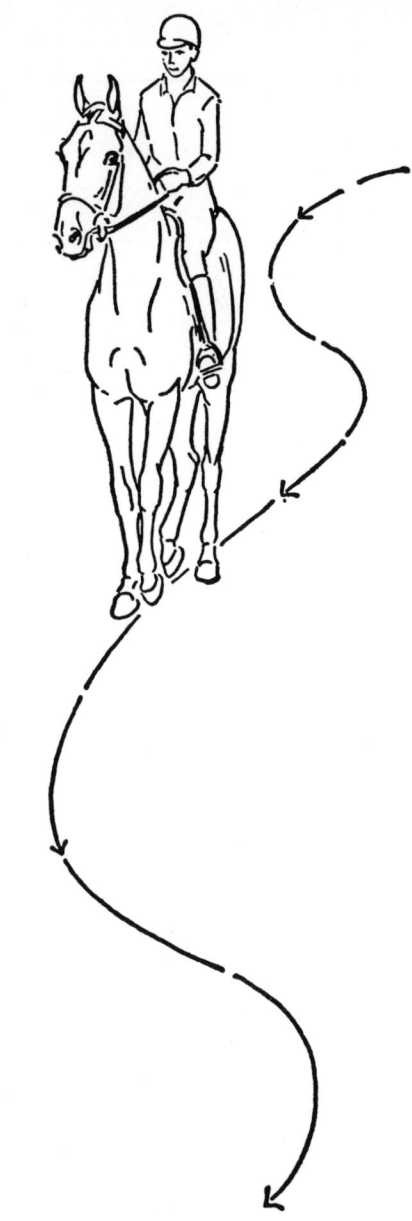

Abb. 12. Schlangenlinien an der langen Seite

Kehrtwendung und Gegenkehrtwendung

Beide Lektionen sind wichtig bei der Ausbildung eines Jagd- oder Springpferdes. Sie sind nützliche Übungen zur seitlichen Biegung des Pferdes und
finden auch oft in der Praxis im Parcours Anwendung. *Kehrt- und Gegenkehrtwendung* bieten eine gute Gelegenheit, neue und schwierigere Übungen
wie Außengalopp, fliegende Galoppwechsel und Traversalverschiebungen in

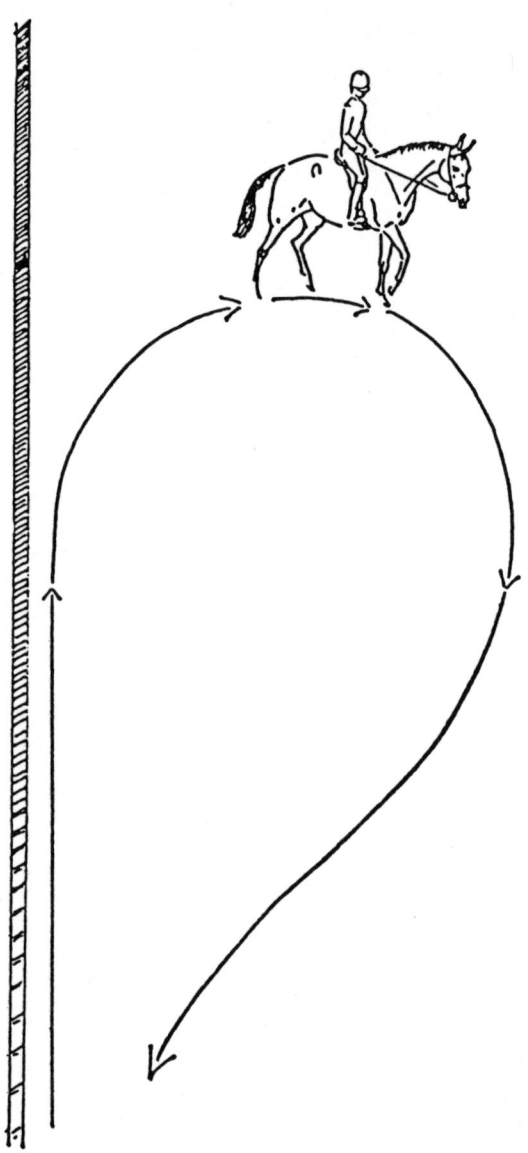

Abb. 13. Kehrtwendung

das Ausbildungsprogramm einzuführen.

Der Unterschied zwischen der Kehrtwendung und der Gegenkehrtwendung verwirrt Anfänger fast immer. Sieht man aber die beiden Figuren aufgezeichnet oder vorgeritten, lernt man sie leicht unterscheiden. Die Kehrtwendung ist ein Halbkreis, der vom Hufschlag weg nach dem Bahninneren geritten wird. Danach kommt man diagonal in gerader Linie auf den Hufschlag

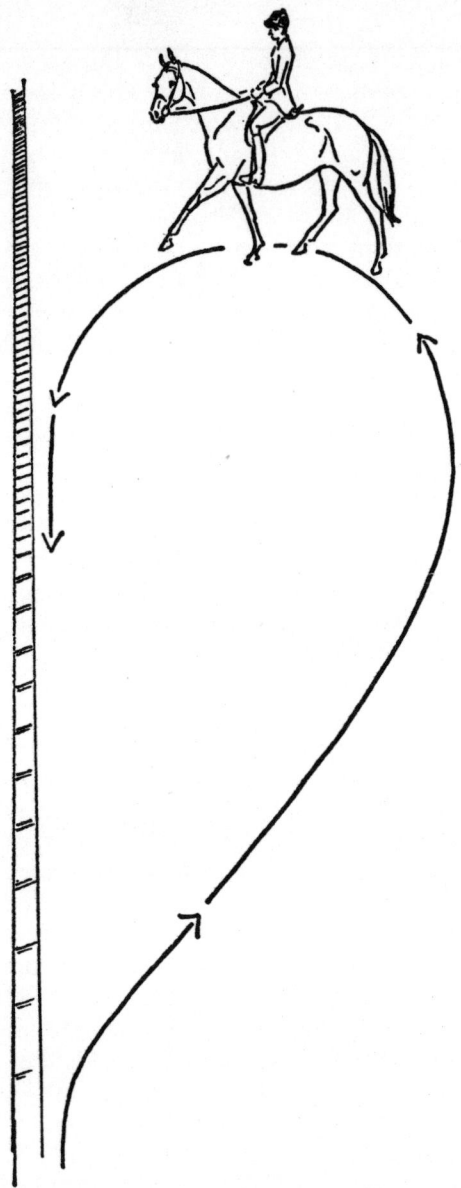

Abb. 14. Gegenkehrtwendung

zurück und reitet in entgegengesetzter Richtung auf dem Hufschlag weiter. Bei Erreichen des Hufschlags wird im Leichttraben umgesessen, im Galopp neu angaloppiert. Wie bei aller seitlichen Biegearbeit kommt es darauf an, daß der Pferdekörper auf die Bahnfigur eingestellt und entsprechend gebogen bzw. geradegerichtet ist. Auf geraden Linien darf das Pferd nicht krumm und schief gehen, und in den Wendungen darf es nicht ausfallen.

75

Die Gegenkehrtwendung ist genau das, was ihr Name sagt. Der Reiter wendet auf gerader diagonaler Linie von der Bande ab und reitet dann auf einem Halbkreis zurück auf den Hufschlag. Der Fuß bzw. der Galopp werden gewechselt, kurz bevor er auf den Hufschlag zurückkehrt. Eine Ausnahme bildet natürlich wiederum der Außengalopp.

Beide Lektionen können mit etwas Phantasie variiert werden. Sie sollten nicht nur in den Arbeitstempi geritten werden. Die Wendungen bieten eine gute Gelegenheit zur Versammlung und die geraden Linien zur Gangverstärkung. Da gebogene und gerade Linien so dicht aufeinanderfolgen, fördert diese Übung die Geschmeidigkeit und Durchlässigkeit des Pferdes in der Längsrichtung sowie seine seitliche Biegsamkeit.

Wendung auf der Vorhand

Bevor wir das Ausbildungsprogramm fortsetzen können, muß das Pferd mit den seitwärts treibenden Schenkelhilfen vertraut gemacht werden. Es versteht bereits die vorwärts treibende Einwirkung und die Hilfen zur seitlichen Biegung sowie die verwahrende Wirkung des äußeren Schenkels. Aber es hat noch nicht gelernt, seine Hinterhand vor dem seitwärts schiebenden äußeren Schenkel weichen zu lassen. *Die Wendung auf der Vorhand* ist die einfachste Übung, um ihm diese Hilfen verständlich zu machen.

Der Begriff Vorhandwendung bedeutet, daß die Hinterhand des Pferdes kreisförmig um die Vorhand herumtritt. Die Vorhand dreht sich auf der Stelle. Die Lektion kann, je nach dem Ausbildungsstand des Pferdes oder dem Zweck der Übung, mit diagonalen oder einseitigen Hilfen ausgeführt werden. Das Pferd ist entweder in oder gegen die Bewegungsrichtung gebogen. Wir wollen zunächst die einfachste Methode mit einseitigen Hilfen, das heißt mit dem äußeren Zügel und Schenkel, besprechen.

Das Pferd wird parallel zur Bande, einem Hindernis oder einer anderen feststehenden Abgrenzung aufgestellt. Sein Kopf wird dann mit dem äußeren indirekten Zügel etwas nach der Wand gestellt, wobei der äußere Schenkel hinter den Gurt gelegt wird. Die Vorhand wird am Platz gehalten, die Hinterhand Tritt für Tritt um die Vorhand herumgeführt. Die Anzahl der Tritte richtet sich nach dem Ausbildungsstand des Pferdes. Anfangs genügen ein, zwei Tritte, aber die normale Vorhandwendung besteht aus einer Drehung um 180 Grad.

Das Pferd kann sich den Hilfen auf zweierlei Art entziehen: indem es seitwärts oder zurück tritt. Weicht das Pferd mit der Vorhand nach innen aus, wird der innere Schenkel am Gurt aktiv und drückt es in Verbindung mit dem am Hals angelegten inneren Zügel wieder zurück. Tritt das Pferd zurück, werden beide Schenkel aktiv, und der Oberkörper wird aufgerichtet. Der Hauptfehler bei aller seitlichen Biegearbeit besteht darin, daß das Pferd versucht, sich hinter die Hilfen zu verkriechen.

Versteht das Pferd die Lektion und reagiert auf die oben beschriebenen Hilfen, können diagonale Einwirkungen angewandt werden. Das bedeutet selbstverständlich, daß das Pferd in die Bewegungsrichtung gestellt ist. Um

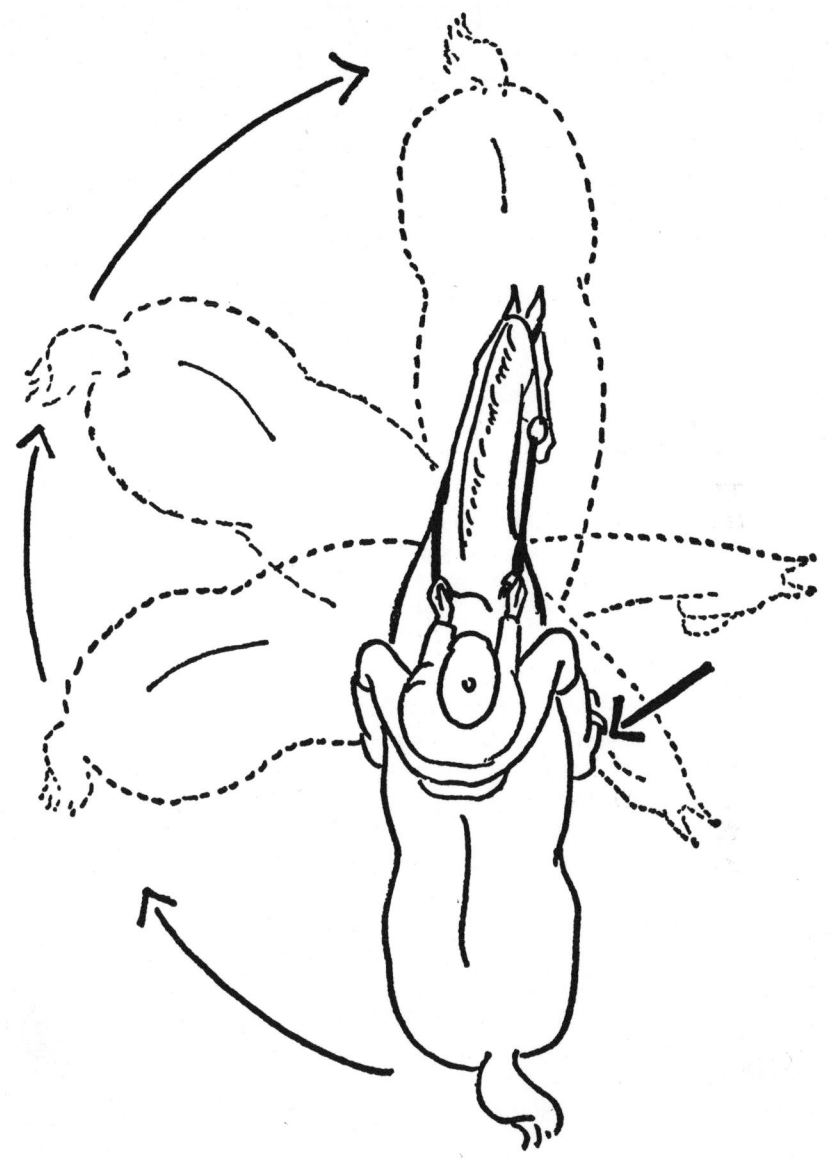

Abb. 15. Wendung auf der Vorhand

die Vorhandwendung in dieser Stellung auszuführen, muß es die unterschiedlichen Schenkelhilfen ganz klar verstehen. Der innere indirekte Zügel dominiert und wird von dem inneren Schenkel, der die Biegung erhält, unterstützt, während der äußere Zügel die Vorhand am Platz hält. Gleichzeitig muß das Pferd dem äußeren seitwärts treibenden Schenkel in die Richtung, in welche es gebogen ist, weichen.

Man kann leicht erkennen, wie die Sache verwickelter wird. Das Pferd muß nicht nur gehorsam die Hinterhand in die gewünschte Richtung verschieben, sondern auch im Grunde genommen mit seiner Vorhand in der entgegengesetzten Richtung reagieren. Diese weiter fortgeschrittene Methode ist Dressurpferden mit höheren Ambitionen vorbehalten. Sie dient der Vorbereitung auf schwierigere Lektionen auf zwei Hufschlägen, wie Travers, Renvers, Traversalen usw. Für durchschnittliche Jagd- und Geländepferde ist die zweite Methode überflüssig. Für sie ist die einfachere Ausführung der Wendung eine gute Übung an sich und bietet darüber hinaus praktische Vorteile im Gelände. Wenn man Gatter öffnen muß, kommt die doppelte Beherrschung von Vor- und Hinterhand sehr gelegen.

Wendung auf der Hinterhand

Seitliche Verschiebung ist die einzige nützliche Wirkung der Vorhandwendung. Bei dieser Übung wird das Gewicht vermehrt auf die Vorhand gelegt, die Hinterhand bleibt verhältnismäßig entlastet und frei beweglich. Das ist bei der anderen Wendung auf der Stelle, der sogenannten *Hinterhandwendung,* nicht der Fall. Sie aktiviert die Hinterbeine und bringt sie unter den Körper, so daß sich das Gleichgewicht nach hinten verlagert. Die Hinterhand wird vermehrt belastet, während die Vorhand leicht und beweglich wird. Diesen Vorgang bezeichnet man als «Versammlung». Von allen versammelnden Übungen ist die Wendung auf der Hinterhand zweifellos eine der besten. Man sollte deshalb schon früh in der Ausbildung mit ein paar Seitwärtstritten um die Hinterhand beginnen.

Eine korrekte Hinterhandwendung wird nur mit diagonalen Hilfen ausgeführt. Selbst auf der elementarsten Stufe überwiegt die innere Zügel- und äußere Schenkelhilfe, wobei die anderen Hilfen zur Unterstützung dienen. Das Pferd wird wiederum parallel zur Bande oder einer anderen Abgrenzung aufgestellt, um ihm zumindest eine Ausweichmöglichkeit zu nehmen. Sodann wird es mit dem inneren indirekten Zügel und dem inneren Schenkel leicht nach innen gestellt. Zu Beginn der Ausbildung geht die innere Zügelhand dazu zur Seite (führender Zügel) und führt die Vorhand um die Hinterhand herum. In einem fortgeschrittenen Stadium genügt der indirekte Zügel hinter dem Widerrist, um dem geschulten Pferd die Bewegungsrichtung anzudeuten. Der indirekte Zügel hinter dem Widerrist wirkt ja, wie bereits erklärt, in einer geraden Linie vom Pferdemaul über den Widerrist auf die gegenüberliegende Hanke. Der äußere Zügel hält gegen, damit das Pferd dem äußeren Schenkel, der die Hinterhand zum Seitwärtstreten veranlaßt, nicht nach vorne ausweicht.

In diesem Zusammenhang möchte ich darauf hinweisen, daß das Pferd bei allen Wendungen auf der Stelle ein, zwei Tritte vor-, aber nie zurücktreten darf. Das entspricht der Forderung, daß das Pferd sich immer vor dem Sitz und vor den Schenkeln befinden soll – ein Grundsatz, der oft vernachlässigt wird.

Die Wendungen auf der Vorhand und auf der Hinterhand können im

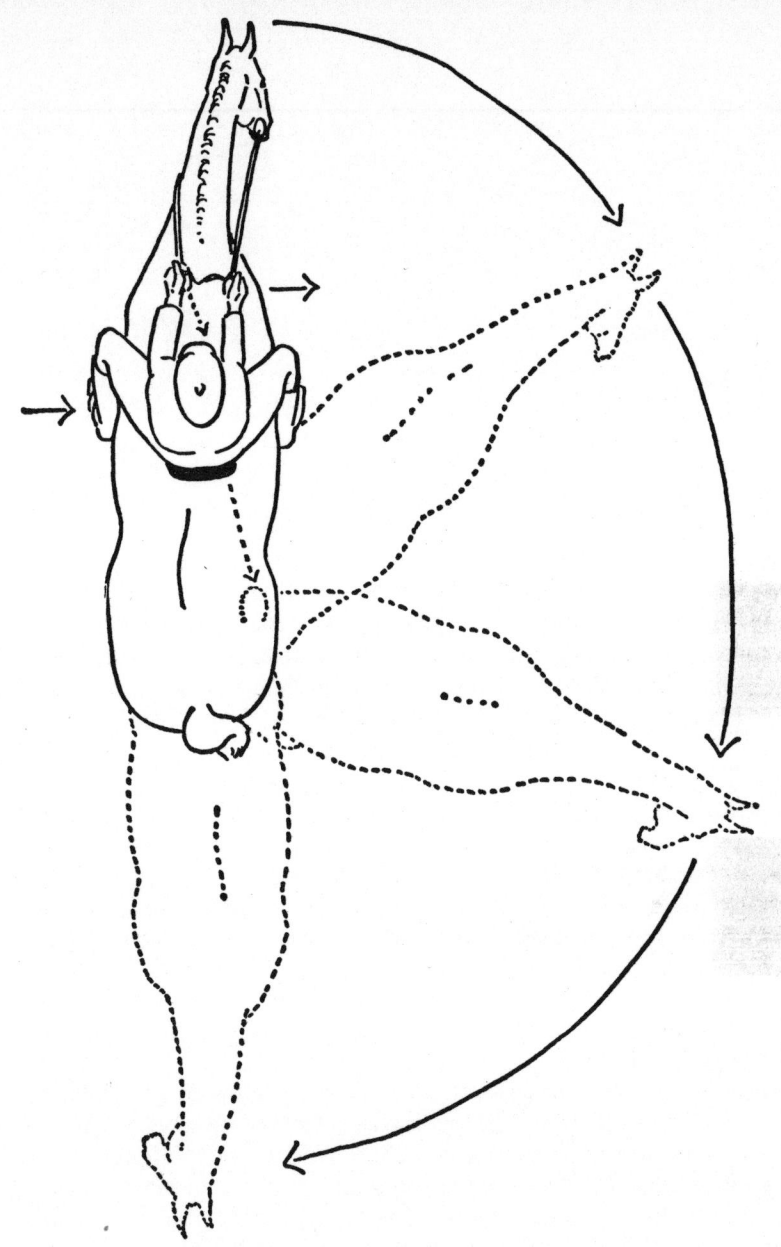

Abb. 16. Wendung auf der Hinterhand

Anschluß an verschiedene andere Übungen geritten werden. Für unsere Zwecke genügt es, sie aus dem Halten oder Schritt auszuführen.

Beim Training von Springpferden wird besonderer Wert auf Versammlung im Galopp gelegt. Das führt uns zu einer Hinterhandwendung im Galopp oder, um den Hohe-Schule-Ausdruck zu gebrauchen, zur halben und ganzen Pirouette.

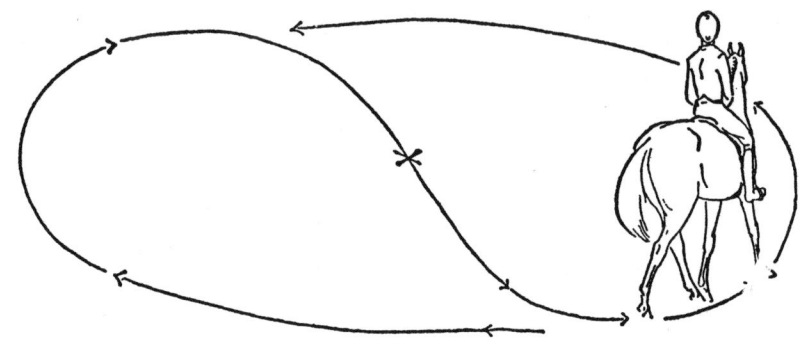

Abb. 17. Durch den Zirkel wechseln

Durch den Zirkel wechseln

Eine andere Wendung im Gange, die häufiger mit Dressurarbeit als mit Jagd- und Springreiten in Verbindung gebracht wird, heißt *«durch den Zirkel wechseln»*. Man wechselt auf einem S-förmigen Hufschlag durch den Zirkel (siehe Abb. 17). Der Wert der Übung entspricht dem von Schlangenlinien und Achterfiguren: Das Pferd wird auf beiden Seiten gebogen und zwischendurch einige Tritte lang geradegerichtet. Die Bahnfigur ist ein praktisches Mittel zur Richtungsänderung und zum Üben einfacher und fliegender Galoppwechsel.

Fliegender Galoppwechsel

Die meisten Übungen beim Training von Jagd- und Springpferden dienen hauptsächlich der Gymnastizierung des Pferdes. Nur wenige der Lektionen haben einen direkten Einfluß auf die Leistung des Pferdes in schnelleren Gangarten und beim Springen. Ihre Auswirkung ist im allgemeinen mehr auf indirekte Art wertvoll. Die wichtigste Ausnahme von dieser Regel bildet *der fliegende Galoppwechsel.*

Beim fliegenden Galoppwechsel wechselt das Pferd die Fußfolge in der Luft (während der Schwebephase). Die regelmäßige Galoppade und das Tempo dürfen nicht verändert werden. Ein korrekter Wechsel kann allerdings nur stattfinden, wenn das Pferd versammelt und gut im Gleichgewicht ist.

Im Hinblick auf die Erhaltung eines gleichmäßigen Tempos wird leicht ersichtlich, warum der fliegende Galoppwechsel direkt mit der Leistung des Pferdes zusammenhängt. Es gibt eigentlich keine andere Übung, die ein so wichtiger Bestandteil der Ausbildung von Jagd- und Springpferden ist und gleichzeitig so sehr vernachlässigt wird. Glücklicherweise reagieren die meisten Pferde letzten Endes instinktiv und lernen von allein, in den Ecken im Galopp umzuspringen. Häufig geschieht das aber nicht schnell genug, um den heutigen Anforderungen im Parcours gerecht zu werden. Deshalb ist der fliegende Galoppwechsel sorgsam zu üben, bevor man erwarten kann, daß das Pferd automatisch die Fußfolge wechselt. Ein schnell und gekonnt

61. Mitteltrab
Das Pferd trabt flüssig, mit gutem Vorwärtsdrang. Der etwas betonter aufgerichtete Oberkörper der Reiterin hält es im Gleichgewicht und wirkt zugleich treibend.

62. Mittelgalopp
Das hier abgebildete Pferd steht zwar nicht einwandfrei am Gebiß, aber es ist offensichtlich gut versammelt und ausbalanciert und zeigt genug Vorwärtsdrang.

63. Durchreiten einer Ecke
Ein ausgezeichnetes Beispiel für eine Reiterin, die in die Bewegungsrichtung blickt, und ein Pferd, das von Kopf bis Schweif korrekt gebogen ist.

64. Mit der Bewegung über einen imaginären Sprung leichttraben
Damit er den richtigen Sitz und die korrekten Einwirkungen beim Springen lernt, trabt
der Anfänger zunächst zwischen zwei Ständern über ein imaginäres Hindernis.

65. Nachgeben (in die Mähne fassen) über eine Bodenstange
*Gewährt man dem Schüler im Anfangsstadium einen zusätzlichen Halt, indem man ihn
in die Mähne greifen läßt, erreicht man zweierlei: Das Pferd bleibt in seiner Bewegungsfreiheit unbehindert, und das Selbstvertrauen des Reiters wird gestärkt.*

66. Zügel in die äußere, Mähne in die innere Hand
Meine Lieblingsübung, um Schenkellage und Oberkörperhaltung zu korrigieren.

67. Führender Zügel in die äußere, Mähne in die innere Hand
Eine andere Korrekturübung, die dem Reiter die Möglichkeit gibt zu lernen, wie er seine Hände unabhängig voneinander gebraucht.

68. Geradeausblicken
Der Reitlehrer dient als Fixpunkt; dabei sollte der Schüler üben, seine Augen richtig zu gebrauchen und genau geradeauszublicken.

69. Nach der Seite blicken
Die Reitschülerin konzentriert sich beim Sprung auf den seitlich vom Hindernis stehenden Lehrer. Eine ausgezeichnete Übung, um den Reiter auf Wendungen im Parcours vorzubereiten.

70. Ein gutes Beispiel für korrekte Schenkel und Absätze
Eine gute Schenkellage zeichnet sich durch tiefe Absätze und Fühlungnahme mit der Innenfläche der Waden knapp hinter dem Gurt aus.

71. Ducken
Jede überflüssige Bewegung des Oberkörpers kann und sollte vermieden werden. Diese häßliche Angewohnheit läßt sich korrigieren, wenn man den Schüler lehrt, mit der Bewegung gehend und mit nach vorn gerichtetem Blick gegen das Hindernis anzureiten.

72. Über dem Sattel thronen
Verrutschen die Schenkel zu weit nach hinten, gehen Sicherheit und Einwirkung mit dem Oberkörper unweigerlich verloren.

73. Anreiten im Zwei-Punkt-Kontakt
Bei der Arbeit mit Jagd- und Springpferden sollte der Reiter meistens den leichten Sitz einnehmen. Die Reiterin erhält so den Vorwärtsdrang ihres Pferdes mit den Schenkeln statt mit der Gewichtshilfe.

74. Anreiten im Drei-Punkt-Kontakt
Zwei, drei Galoppsprünge vor dem Hindernis setzt sich die Reiterin leicht in den Sattel, um das Pferd mit beiden Schenkeln und der Gewichtseinwirkung des Oberkörpers zu treiben. Mit Gewichtshilfen kann man das Pferd zwar besser beherrschen, aber sie können auch die Bewegungsfreiheit und den flüssigen Gang des Pferdes beeinträchtigen.

75. Die Hände am Mähnenkamm aufsetzen
Der mittelmäßig fortgeschrittene Reitschüler geht beim Springen mit den Händen bis zu einem Drittel des Pferdehalses vor und stützt sie fest am Mähnenkamm auf, um den in diesem Stadium noch erforderlichen Halt zu finden.

76. Gebrauch der Gerte beim Stehenbleiben
Anstatt dem Pferd ein fremdes Hindernis zu zeigen, sollte man es zum Vorwärtsgehen erziehen.

77. Gebrauch der Gerte beim Absprung
Zögert ein Pferd vor dem Sprung und droht stehenzubleiben, erzielt man meiner Erfahrung nach mit diesem Gebrauch der Gerte den besten Erfolg.

78. Eine gute Wendung im Springparcours
Die Vorhand des Pferdes ist entlastet, die Reiterin hat seine äußere Schulter und das äußere Hinterbein unter Kontrolle. Auf diese Weise kann das Pferd, gut ausbalanciert, enge Wendungen zwischen Hindernissen ausführen.

79. Korrekte Oberkörperhaltung während der Flugphase
Wenn der Oberkörper des Reiters sich minimal bewegt und parallel zu der Rückenlinie des Pferdes verläuft, bedeutet dies gewöhnlich, daß Oberkörperhaltung und -einwirkung richtig sind.

80. Schräg springen
Werden Hindernisse schräg gesprungen, muß der Reiter unbedingt die Richtung genau ins Auge fassen und sein Pferd ans Gebiß stellen, um ein Ausbrechen zu verhüten.

81. Ungenügendes Nachgeben
Hier sieht man ein Beispiel für eine unnachgiebige, feststehende Hand. Die Reiterin sollte ihrem Pferd viel mehr Hals- und Kopffreiheit gewähren.

82. Nach unten sehen während der Flugphase
Das Gleichgewicht im Sattel und das reiterliche Gefühl werden beeinträchtigt, wenn man während der Flugphase unter sich blickt.

83. Zu früh in den Sattel zurückkommen
Berührt der Reiter mit dem Gesäß den Sattel, bevor das Pferd gelandet ist, behindert er dessen Rückenaktion.

84. Eine schlechte Wendung
Die Reiterin belastet unnötig die Vorhand des Pferdes, indem sie Kopf, Schultern und Hände herunterdrückt.

85. Mit Zügelanlehnung springen
Der leichte Zügelkontakt, der erforderlich ist, um ein Pferd schon in der Luft zu wenden, ist eine gute Überleitung zum generellen Springen mit Zügelanlehnung.

86. Zügel in der Mähne verknotet
Für die Arbeit ohne Zügel ist es am sichersten, wenn man die Zügel wie hier gezeigt in die Mähne verknotet.

87. Mit ausgestreckten Armen über eine mehrfache Kombination springen
Die Reiterin übt, ohne Zügel und Bügel zu springen. So kann sie einen absolut sicheren Sitz und eine unabhängige Schenkellage entwickeln.

88. Beim Springen die Hände auf den Kopf legen
Beachten Sie die vorbildliche Schenkellage.

Abb. 18. Fliegender Galoppwechsel

ausgeführter fliegender Galoppwechsel macht sich im Jagdfeld so gut wie im Springparcours bezahlt. Bei einem korrekten Wechsel springen die Vorder- und Hinterbeine gleichzeitig um.

Als Beispiel wollen wir uns die Ausführung eines fliegenden Galoppwechsels bei einer Kehrtwendung auf der linken Hand ansehen. Sobald die Wendung durchritten ist, stellt der Reiter das Pferd mit dem äußeren (rechten) Schenkel und Zügel gerade. Er biegt es dann ganz leicht nach rechts, wodurch sein Gewicht nach links verlagert und die rechte Seite, nach der das Pferd umspringen soll, entlastet wird. Dann veranlaßt der Reiter, ohne das Tempo zu beschleunigen oder zu verlangsamen, das Pferd mit seinem neuen äußeren Schenkel zum Umspringen. Die Hilfe wird, wie ein seitwärts wirkender Schenkel, eine Handbreit hinter dem Gurt gegeben.

Ein korrekter fliegender Galoppwechsel zeichnet sich vor allem dadurch aus, daß das Pferd geradegestellt ist und ein gleichmäßiges Tempo beibehält. Das ist oft schwierig, denn im Anfangsstadium neigen die Pferde dazu, vor der Schenkelhilfe davonzulaufen anstatt mit dem gleichseitigen Beinpaar umzuspringen. Deshalb reihe ich den fliegenden Galoppwechsel in die Kategorie der einseitigen Hilfen ein.

Da fliegende Wechsel bei der schnellen Galopparbeit häufig vorkommen, sollten sie im Jagdgalopptempo geübt werden, sobald das Pferd sie im Arbeitsgalopp beherrscht. Die Hilfen sind genau die gleichen. Auch hier achtet man wieder darauf, daß das Pferd ganz geradegerichtet und das Tempo gleichmäßig ist. Den äußeren Schenkel läßt man vermehrt wirken, bis das Pferd hinten und vorne umspringt, ohne das Tempo zu beschleunigen. Der Reiter soll dabei im leichten Sitz das Gesäß etwas aus dem Sattel nehmen. Das Pferd reagiert in diesem Fall auf die Zügel- und Schenkelhilfen allein, nicht auf Gewichtsverlagerung. Im leichten Sitz springt das Pferd *unter* dem Reiter um, während der Reiter es im dressurmäßigen Sitz *vor* sich hat. Zwischen beiden Methoden besteht ein Unterschied im Gefühl und im Zweck.

Sobald Reiter und Pferd sich beim fliegenden Galoppwechsel in Einklang befinden, erscheint nichts leichter als das. Wie den einfachen Galoppwechsel sollte man auch den fliegenden Galoppwechsel erst dann auf geraden Linien versuchen, wenn man ihn in Wendungen geübt hat. Die Hilfen sind in beiden Fällen dieselben. Der Reiter muß fühlen können, ob und wann das Pferd von der geraden Linie abweicht. Schiefe ist ein Fehler an sich. Die zur Korrektur notwendigen Hilfen stehen oft im Widerspruch zu denen, die für eine bestimmte Lektion erforderlich sind. Deshalb müssen die Hilfen zum fliegenden Galoppwechsel von den geraderichtenden Hilfen unterstützt werden. Mit anderen Worten: Beide Schenkel-, beide Zügel- und die Gewichtshilfen müssen zusammen wirken. Keine dieser Hilfen darf ausfallen.

Außengalopp

Im Gegensatz zum fliegenden Galoppwechsel, ist *der Außengalopp* für die Leistung eines Jagd- und Springpferdes nicht direkt ausschlaggebend. Niemand will ein Hindernis im falschen Galopp anreiten, und das ist genau das, worin der Außengalopp besteht. Auch wenn diese Lektion wie viele andere, die in diesem Buch empfohlen werden, keine direkte Verbindung zum Jagd- und Springsport hat, so kann sie doch indirekt sehr wertvoll sein. Der Außengalopp ist eine ausgezeichnete Übung sowohl für das Gleichgewicht des Pferdes und die Regulierung des Tempos, die beide Voraussetzungen für den Außengalopp sind, als auch für den festen Sitz des Reiters und seine unabhängige Hand- und Schenkelhaltung. Zudem werden die Reaktion und der Gehorsam des Pferdes auf die Hilfen auf eine harte Probe gestellt, wenn man von ihm verlangt, verschiedene Hufschlagfiguren im Außengalopp auszuführen. Ich finde es am leichtesten, die Lektion im Anschluß an eine Kehrtwendung zu lehren.

Man unterscheidet vier unterschiedliche Anforderungsstufen: Außengalopp auf einer geraden Linie, beim Durchreiten einer Ecke, auf der kurzen Bahnseite mit Durchreiten von zwei Ecken und auf dem Zirkel. Um das Pferde mit der Übung vertraut zu machen, läßt man es zuerst im Innengalopp eine Kehrtwendung ausführen. Bei Erreichen des Hufschlags pariert man nicht wie sonst durch, sondern galoppiert ohne Wechsel die lange Seite hinunter und pariert erst vor der nächsten Ecke durch. In den meisten Fällen gelingt dies mühelos, so daß man die nächste Stufe, das Durchreiten einer Ecke im Außengalopp, in Angriff nehmen kann. Die Ecke wird dabei nur sehr flach ausgeritten, weil jede scharfe Richtungsänderung das Pferd in diesem Stadium nur aus dem Gleichgewicht bringen und es zum Umspringen verleiten würde.

Der Außengalopp durch beide Ecken der kurzen Seite ist im allgemeinen nicht schwieriger als durch eine Ecke, vorausgesetzt daß bis jetzt alles glatt und ohne Eile ging. Reitet man die kurze Seite oval aus, wird das Pferd sicherlich nicht in den Trab fallen oder umspringen. Passiert dies aber, muß

Abb. 19. Außengalopp

der Reiter das Pferd zum langsamen Trab oder Schritt durchparieren und auf der nächsten geraden Linie, das heißt der nächsten langen Seite, neu angaloppieren. Dafür, das Pferd in der Ecke im Außengalopp anspringen zu lassen, ist es aller Wahrscheinlichkeit nach noch zu früh. Die Zeit kommt noch! Beherrschen Reiter und Pferd den Außengalopp auf beiden Händen die ganze Bahn entlang durch alle vier Ecken, kann man dazu übergehen, Zirkel, Achterfiguren, Schlangenlinien und andere Wendungen im Gange im Außengalopp zu reiten.

Genau wie man anfangs die Ecken im Außengalopp abrundet, um dem Pferd die Wahrung des Gleichgewichts zu erleichtern, sollte man auch die Bahnfiguren zuerst etwas größer und flacher ausreiten und die Anforderungen nur allmählich steigern. Die schwierigste Klippe beim Außengalopp ist schnelles Tempo. Wird der Außengalopp zu schnell geritten, verliert das Pferd das Gleichgewicht und bekommt Angst. Instinktiv versucht es sich wieder auszubalancieren, indem es mit einem Bein oder mit beiden umspringt. Das passiert aber nicht, wenn das Pferd im Gleichgewicht ist und an den Hilfen steht, und bald wird es sich wohl und sicher fühlen, weil es weiß, daß es in den Wendungen nicht die Füße verliert. Bei dieser Lektion sollte man ganz besonders vorsichtig und allmählich vorgehen, sonst kann es zu Stürzen kommen.

Der Reiter muß sich beim Außengalopp ganz genau auf die Anwendung und

Funktion der Hilfen konzentrieren. Er muß tief im Sattel sitzen, um den Schwerpunkt des Pferdes auf die Hinterhand zu verlagern und die Vorhand zu entlasten. Der vom Gesichtspunkt der Galoppstellung äußere Zügel, der jetzt dem Inneren der Wendung zugewandt ist, dient als Stütze. Zu Anfang wirkt er sogar so sehr verhaltend, daß er das Pferd nach außen stellt. Auf fortgeschrittener Stufe ist das falsch. Im normalen wie im Außengalopp muß die Kopfstellung des Pferdes korrekterweise dem Galopp entsprechen, in dem es sich befindet, also auch in der Wendung im Linksgalopp auf der rechten Hand nach links gestellt und umgekehrt. Der äußere Schenkel herrscht vor und hält das Pferd gerade. Der innere Zügel gibt anfangs die Richtung an und gibt dem Pferd später die dem Galopp entsprechende Innenstellung, während der innere Schenkel am hinteren Gurtrand zunächst vortreibend und bei fortgeschrittener Ausbildung ebenfalls biegend wirkt. Wie man sieht, müssen also alle vier Ecken des Rahmens vorhanden sein. Jede kleinste Nachlässigkeit des Reiters macht sich sofort bemerkbar. Lektionen dieses Schwierigkeitsgrades gelingen nicht von selbst, ohne Zutun des Reiters.

Arbeitsprogramm

Jede zweckorientierte Tätigkeit verlangt eine gewisse Methodik. Die Reiterei bildet da keine Ausnahme. Angefangen von der Pferdepflege und Stallführung bis zur gründlichen Ausbildung einer Reihe von Pferden, ist Disziplin eine Grundbedingung. Ohne *systematisches Arbeitsprogramm* erzielt man nur mittelmäßige Resultate, und heutzutage kann sich kaum jemand Mittelmäßigkeit leisten. Auch Freizeitreiter sollten sich einen genauen Stundenplan ausdenken, der ihnen reiterlichen Fortschritt und größere Sicherheit im Sattel bringt. Wer Fortschritte erzielen und Gewohnheiten herausbilden will, kommt um Wiederholungen nicht herum. Der Schlüssel zum Erfolg heißt Wiederholung bewährter Methoden. Da gibt es keine abgekürzten Verfahren.

Wenn man täglich fünf Minuten lang eine bestimmte Lektion übt, so ist das einträglicher, als stundenlang planlos herumzureiten. Der sogenannte «Reitertakt» – Gefühl für die Bewegungen und die Gemütsverfassung des Pferdes – ist nicht so sehr, wie es so schön heißt, «angeboren», sondern entwickelt sich hauptsächlich im praktischen Umgang mit Pferden. Begabung – eine Kombination von geistigen und körperlichen Fähigkeiten – ist gut und schön, aber sie ist kein Ersatz für Lernbereitschaft und harte Arbeit. Ein Reiter, der zu 90 Prozent arbeitet und sich nur zu 10 Prozent auf sein Naturtalent verläßt, ist gewöhnlich einem Reiter überlegen, der zu 90 Prozent nur auf seine angeborene Begabung vertraut. Kurz: Ein klug durchdachtes, in einzelne Stundenpläne aufgeteiltes Ausbildungsprogramm ist die beste Hilfe, um Reiter und Pferd in kürzester Zeit zu fördern.

Die lösende Arbeit zu Beginn einer Stunde könnte z. B. routinemäßig so aussehen: Der Reiter sitzt auf (mit Blick geradeaus!) und reitet im Schritt an. Die ersten Runden zum Aufwärmen kann er entweder dazu benützen, sich im leichten Sitz (Zwei-Punkt-Kontakt) auf seine Schenkellage zu konzentrieren und die Absätze gut nach innen und unten zu drücken, oder sich im Drei-Punkt-Kontakt tief in den Sattel zu setzen. Der leichte Sitz ist einfacher durchzuhalten, wenn man mit einer Hand in die Mähne oder den Halsriemen des Martingals faßt. Reiter mit guter Schenkellage werden mit der Zeit in der Lage sein, auch mit ausgestreckten Armen den leichten Sitz beizubehalten, ohne daß der Schenkel verrutscht. Im dressurmäßigen Sitz (Drei-Punkt-Kontakt) sollte eine gerade Linie vom Hinterkopf durch die Schulter und Hüfte zum Absatz führen – KOPF, SCHULTER, HÜFTE, ABSATZ. Als Faustregel gilt, daß der Reiter im Gleichgewicht sitzt, wenn man diese Linie ziehen kann, ebenso wie eine gerade Linie zwischen Ellbogen des Reiters und Pferdemaul das Zeichen für eine elastische Verbindung ist.

Nach ein paar Minuten im Schritt kann man beginnen, mit der Bewegung leichtzutraben. Das ist die bevorzugte Gangart; das Tempo ist geregelt, und zugleich dient sie zum Lösen von Reiter und Pferd. Der Reiter muß dabei auf einen korrekten Sitz und die richtige Winkelstellung des Oberkörpers achten und sich bemühen, ein gleichmäßiges Tempo von 12 Kilometern pro Stunde einzuhalten. Das ist ein lebhafter Trab, weder zu schnell noch zu langsam.

Was ich bis jetzt beschrieben habe, stellt nur den Anfang einer Arbeitsstunde, vielleicht die ersten sieben bis acht Minuten, dar. Weitere Übungen sollten bald folgen, um Langeweile vorzubeugen und zu verhindern, daß das Pferd sauer wird. Nichts ist schlimmer als ein Reiter, dem es an Einfällen fehlt und der die Arbeit nicht abwechslungsreich zu gestalten vermag. Die Ausbildung von Reiter und Pferd läßt sich mit dem Bau eines Hauses vergleichen: Man legt Stein auf Stein, jeder Schritt baut auf dem vorhergehenden auf.

Präziser gesagt, Pferde werden besser oder schlechter, je nachdem, von wem sie geritten werden. Sie bleiben nicht von allein auf derselben Ausbildungsstufe stehen. Zögern, Unentschlossenheit und Unkenntnis sind für mittelmäßiges oder schlechtes Reiten und verdorbene Pferde verantwortlich. Ein guter Reiter benutzt die Stunden im Sattel, um seinen Stil zu verbessern. Er versteht die Hilfen korrekt und in der richtigen Reihenfolge anzuwenden und zu koordinieren und hat eine ganze Skala von Übungen parat. Er kann einen Geländeritt wirklich genießen, an Jagden teilnehmen, er wird erfolgreich auf Turnieren abschneiden und seine Erfolgspferde selbst ausbilden können. Ein umfassendes Verständnis des Reitsports macht sich sowohl im Hinblick auf erhöhte Sicherheit wie auf verbesserte Leistung bezahlt.

Teil III:
Arbeit über Sprünge

Die drei Ausbildungsstufen
beim Springen

Im allgemeinen hat es keinen Sinn, mit dem *Springen* selbst niedriger Hürden zu beginnen, bevor der Reitschüler korrekt im Trab und Galopp sitzen und seine Hände unabhängig von seinem Sitz gebrauchen kann. Haben Jugendliche diese Stufe erreicht, wollen sie meist gerne springen lernen. Man sollte ihrem Wunsch ruhig stattgeben, denn ihre generelle reiterliche Entwicklung wird durchs Springen gefördert und abgerundet, auch wenn ihr Hauptinteresse nicht im Hindernisspringen besteht.

Aus praktischen Gründen teilt man die Springausbildung des Reitschülers am besten in drei Phasen oder Entwicklungsstufen ein. Sie sind jeweils durch unterschiedliches Nachgeben mit der Hand beim Anreiten charakterisiert. Je niedriger die Ausbildungsstufe, umso früher sollte der Reiter beim Anreiten mit der Hand vorgehen, und um so größere «Sicherheitsvorkehrungen» muß er treffen, um das Pferd nicht im Maul zu reißen.

6. Kapitel:
Erste Ausbildungsstufe beim Springen

Mit der Bewegung leichttraben

Stellen wir uns einmal einen Reiter vor, der *mit der Bewegung leichttrabt.* Die Winkelung seines Oberkörpers entspricht der Haltung beim Springen und schnellen Galoppieren. Weil der Oberkörper beim Leichttraben hochgeworfen wird, muß der Reiter sich nach vorne neigen, um sich mit dem Pferd auszubalancieren und nicht hinter den Schwerpunkt zu kommen. Sobald der Reiter in der Lage ist, korrekt mit der Bewegung leichtzutraben, kann er beginnen, die Grundregeln des Springens zu lernen. Bei der Vorbereitung aufs Springen ist stets darauf zu achten, daß der Oberkörper des Schülers sich etwa 30 Grad vor der Senkrechten befindet.

Bei der ersten vorbereitenden Übung geht der Reiter im Leichttraben auf dem Hufschlag über eine imaginäre Stange am Boden. Die imaginäre Stange kann zwischen einem Ständer und der Bande oder zwischen zwei Fängen liegen. Es kommt nur auf eine Art Eingrenzung an, die dem Pferd als Führung dient und es gerade hält. Ich halte jedoch nicht viel von Fängen und benutze sie nur wenn unbedingt nötig und bei Anfängern. Sie können leicht zu einer psychologischen Krücke werden, von der sich der Reiter, wenn er sich einmal an sie gewöhnt hat, nicht mehr freimachen kann. Fänge sind überflüssig, wenn Reiter und Pferd richtig geschult werden. Kann der Reitschüler seine Haltung beim Traben über die imaginäre Stange beibehalten, geht man dazu über, eine richtige Stange auf den Boden zu legen und läßt ihn wiederum korrekt mit der Bewegung leichttraben.

Nachgeben (in die Mähne greifen)

Wichtigster Faktor beim Springen eines Hindernisses ist *das Nachgeben mit der Hand* beim Anreiten. Wie alle anderen Übungen führt man auch diese zuerst im Halten und dann beim Reiten über eine Stange am Boden aus. Durch Nachgeben mit den Händen ermöglicht der Reiter dem Pferd, das Tempo zu beschleunigen und sich mit Hals und Kopf über dem Sprung auszubalancieren. Dieser Grundsatz bezeichnet den wichtigsten ersten Schritt beim Springen. Ein Reiter, der ihn nicht versteht und das Nachgeben nicht bewußt übt, kann keine weiteren Fortschritte machen.

Lernt ein Anfänger dieses «elementare» Nachgeben, das zur ersten Ausbildungsstufe gehört, dann weist man ihn an, etwa in der Mitte des Pferdehalses in die Mähne zu greifen und sich daran während des Sprungs und noch einige Galoppsprünge nach dem Landen festzuhalten. Wir nennen das ein «langes Nachgeben». Dem Reiter wird dadurch von Anfang an der Grundsatz eingeimpft, das Pferd beim Absprung, während der Flugphase über dem

Hindernis und beim Landen nicht im Maul zu stören. Die Hände sollen auf dem Mähnenkamm aufgestützt werden, wo sie den besten Halt finden. Werden sie seitlich am Hals gehalten, fällt der Reiter beim Landen gewöhnlich mit dem Oberkörper vornüber. Hält er die Hände weiter oben, stören sie das Pferd beim Sprung.

In-die-Mähne-Fassen ist eine Technik für sich. Man kann es auf verschiedene Weise tun und sollte alle Methoden üben. Am einfachsten geht man mit beiden Händen vor und ergreift die Mähne. Die Mähne mit einer Hand erfassen und die Zügel in der anderen halten, hat einen doppelten Vorteil: Man kann das Tempo regulieren und sich gleichzeitig auf den Pferdehals stützen. Bei einer dritten Methode, die ich sehr empfehle, geht man nur mit der inneren Hand bis zur Mitte des Mähnenkamms vor. So kann man das Pferd mit dem äußeren Zügel lenken. Ist der Schüler weiter fortgeschritten und lernt, mit Zügelanlehnung zu springen, braucht er nur eine Hand vom Hals zu nehmen, nicht zwei. Das sind die drei korrekten Methoden, in die Mähne zu greifen. Leider haben viele fortgeschrittene Reiter sie niemals geübt und beherrschen sie auch nicht ohne weiteres. Glauben Sie nur ja nicht das Märchen, es sei falsch, beim Springen die Mähne zu ergreifen! Es ist keineswegs falsch; beim Unterrichten von Anfängern oder beim Ausbilden von jungen Pferden ist es sogar obligatorisch. Auf dieser Stufe heißt es: «Entweder die Mähne oder das Maul.» Leider beherzigen nur wenige Reiter diese Devise. Viele Verweigerungen oder zögernde und ungeschickte Sprünge gehen direkt darauf zurück, daß das Pferd während des Sprungs im Maul gestört wurde.

Die Funktion der Augen

Als nächstes muß der Reiter bewußt üben, seine *Augen richtig zu gebrauchen*. Das ist für seine Sicherheit und gute Balance beim Springen genauso wichtig wie die Beherrschung der Hände und Schenkel oder des Oberkörpers. Die meisten wissen, daß das Pferd über dem Sprung Hals- und Kopffreiheit braucht. Sie sind sich mehr oder weniger bewußt, daß sie mit den Händen und Armen vorgehen sollen. Aber nur wenige sind sich im klaren, wie wichtig es ist, beim Springen nach vorn zu blicken, um das Gleichgewicht besser zu wahren und auf den nächsten Sprung vorbereitet zu sein. Meines Erachtens wird dieser Grundsatz in Reiterkreisen am meisten vernachlässigt.

Man kann jedoch durch einfache Drillübungen leicht lernen, seine Augen beim Springen richtig zu gebrauchen und geradeaus zu sehen. Dabei geht man in drei Phasen vor. Als erstes visiert man die Linie an, die man einzuhalten gedenkt, und zwar noch bevor man auf das Hindernis zureitet und das Tempo verstärkt. Als zweites springt man ein Hindernis oder eine ganze Sprungfolge und sieht dabei unverwandt auf einen bestimmten Punkt hinter dem letzten Sprung. Drittens pariert man das Pferd am Ende der imaginären Linie durch und läßt es ein paar Sekunden lang ganz gerade stehen, bevor man wieder anreitet. Diesen letzten Schritt nenne ich «die

Übung abrunden». Während der Reiter den richtigen Gebrauch der Augen übt, konzentriert er sich ausschließlich darauf, seinen Blick auf den nächsten Sprung bzw. über die Sprungfolge hinweg zu richten.

Es gibt noch viele andere weiter fortgeschrittene Übungen zum richtigen Gebrauch der Augen, die dem Reiter helfen, sich mehr und mehr von seiner instinktiven Neigung freizumachen, nach unten zu sehen. Beispielsweise kann der Lehrer als «Brennpunkt» dienen: Während er sich vor, neben oder sogar hinter dem Hindernis bewegt, muß der Schüler ihm mit den Augen folgen! Das ist eine ausgezeichnete Übung, um Sicherheit und Balance im Sattel zu verbessern. Hat der Reiter gelernt, seine Augen völlig unabhängig zu gebrauchen, kann er sein Pferd besser beherrschen, und auch sein Reaktionsvermögen wird schneller.

Absätze und Schenkellage

Tiefe Absätze und korrekte Schenkellage sind die nächsten wichtigen Bestandteile eines guten Springstils. Verlegt der Reiter nicht genügend Gewicht in die Absätze, wird er bei der Landung geprellt. Die gewinkelten Fußgelenke wirken als Stoßdämpfer und dienen zusätzlich als Stütze bei Pferden, die pullen oder sich schwer auf die Hand legen. Ich kann die Stärke und Sicherheit eines Reiters im Sattel am leichtesten und schnellsten beurteilen, wenn ich seine Schenkellage analysiere. Einige sportlich außergewöhnlich begabte Reiter können sich schlechte Schenkel leisten. Das aber ist niemals ein vernünftiges Kriterium, nach dem man lehren oder richten sollte. Der Durchschnittsschüler hat nicht die außergewöhnliche Balance, den Reitertakt oder das Gefühl für den richtigen Absprung, die der besonders begabte Reiter besitzt und mit denen dieser mangelhaften Stil wettmachen kann. Es ist deshalb unfair, wenn man von dem durchschnittlichen Reitschüler erwartet, eine unorthodoxe Reitweise nachzuahmen.

Dem Schüler muß erklärt werden, daß die korrekte Schenkellage direkt am hinteren Gurtrand ausschlaggebend für die Haltung des Oberkörpers ist. Nur wenn der Oberkörper sich über und nicht hinter dem Unterschenkel befindet, kann der Reiter mit der Bewegung gehen. Verrutscht der Schenkel vor den Körper, muß der Reiter sich nach vorn werfen, um sich beim Sprung mit dem Pferd auszubalancieren. Dasselbe gilt – und ist noch viel anstrengender – für das Leichttraben hinter der Bewegung. Wird der Schenkel dagegen zu weit zurückgelegt, findet der Oberkörper keinen Halt und fällt vornüber, vor die Bewegung des Pferdes. Reiter, deren Schenkel zu weit nach vorne gestreckt sind, reiten also hinter der Bewegung. Obwohl sie kaum schmiegsam mitgehen, haben sie doch oft viel Einwirkung. Dagegen reitet niemand gut, dessen Schenkel zu weit hinten liegen. Es ist korrekt, mit der Bewegung zu reiten. Es kann manchmal auch vorteilhaft sein, hinter der Bewegung zu bleiben, aber es ist völlig sinnlos, vor der Bewegung zu sein. Der Schüler muß deshalb von Anfang an die korrekte Schenkellage lernen.

Steigerung der Anforderungen

Den Reiter mit der Sprungbewegung bekannt machen, ist ein sehr einfacher und allmählicher Prozeß. In der ersten Springstunde fordert man den Reitschüler auf, über ein imaginäres Hindernis mit der Bewegung leichtzutraben und seinen Blick geradeaus auf einen Punkt am Ende der Reitbahn zu richten. Etwa drei Tritte vor dem Sprung soll er dem Pferd den Kopf freigeben, in die Mähne fassen und seine Absätze hinunterdrücken. Für diesen «Sprung» braucht man nicht unbedingt Fänge aufzustellen – seitlich gelegte Stangen oder andere Abgrenzungen, die verhindern sollen, daß das Pferd ausbricht.

Bei gutem Reitunterricht wird jede der Vorbedingungen zum Springen isoliert behandelt und gründlich geübt, bevor man zum nächsten Schritt übergeht. Selbst einem blutigen Anfänger gelingt es, über eine Stange am Boden zu traben, wenn er eine volle Unterrichtsstunde lang über ein imaginäres Hindernis gesprungen ist. Es empfiehlt sich, auch diese Übung im Trab reiten zu lassen. Nicht nur, weil die langsamere Gangart weniger gefährlich als der Galopp ist, sondern auch weil der Reiter beim Leichttraben mit der Bewegung automatisch den korrekten Springsitz einnimmt. Beim Leichttraben, Jagdgalopp und Anreiten gegen einen Sprung muß der Oberkörper nach vorne geneigt sein, damit der Schwerpunkt des Reiters mit dem des Pferdes auf einer Linie zusammenfällt. Ein Hindernis hinter der Bewegung (wie im Arbeitsgalopp, mit dem Gesäß tief im Sattel) anreiten, stellt eine fortgeschrittene Übung dar, auf die wir später eingehen werden.

Überkreuz gelegte Stangen, etwa 15 cm hoch, sind die logische Steigerung. Hier kann der Schüler zum ersten Mal das Pferd springen fühlen. Die meisten Pferde machen über dieses kleine Hindernis einen Hupfer. Jetzt, wo das Pferd sich wirklich abstößt, muß der Reitlehrer streng darauf achten, daß der Schüler mit den Händen bis zur Mitte des Pferdehalses vorgeht und in die Mähne faßt. Man hält den Reiter auch weiterhin an, seine Augen geradeaus auf einen Punkt über und hinter dem Sprung zu richten. Nur so kann er seinen Stil und seine Fehler *fühlen* lernen. Bevor man einen Schritt weiter geht und eine einfache Stange in 30 cm Höhe springen läßt, muß man sich vergewissern, daß der Schüler über die gekreuzten Stangen die Absätze tief und die Schenkel in der korrekten Lage behalten hat. Es ist leicht, *höher* zu springen, aber es braucht viel Zeit und Übung, um *besser* zu springen.

Winkelstellung des Oberkörpers – Zwei- und Drei-Punkt-Kontakt

Ist der Reiter soweit, daß er beim Springen niedriger Stangen automatisch vor dem Hindernis mit den Händen vorgeht, geradeaus blickt usw., kann er sich auf *die Haltung seines Oberkörpers* konzentrieren. Die richtige Winkelung des Oberkörpers kann nur im leichten Sitz, das heißt bei *Zwei-Punkt-Kontakt,* gelernt werden. Der Reiter steht in den Bügeln, lüftet das Gesäß etwas aus dem Sattel und nimmt nur mit beiden Schenkeln Fühlung mit dem Pferd. Während er gegen das Hindernis reitet, steht er nun, wie beschrieben, in den Bügeln und wartet passiv ab, daß sich durch den Stoß des Absprungs der Winkel zwischen Oberschenkel und Oberkörper schließt. Er denkt nicht «Jetzt!» oder «Spring!», und er wirft auch seinen Oberkörper nicht nach vorn. Das würde ein empfindsames Tier nur stören, auch ist es eine unnötig übertriebene Bewegung. Im leichten Sitz befindet sich der Reiter bereits im Einklang mit der Bewegung des Pferdes. Es besteht keine Notwendigkeit sich nach vorn zu werfen, um das Pferd in der Luft einzuholen. Gerade aus diesem Grund läßt man den Reiter ja den Zwei-Punkt-Kontakt einnehmen, wenn man an der Haltung des Oberkörpers arbeitet.

Eine der weitestverbreitetsten, unnötigsten und schädlichsten Angewohnheiten ist das *«Ducken» über dem Hindernis*. Hauptmerkmal ist, daß der Reiter mit dem Kopf bis unterhalb des Mähnenkamms taucht, d. h. sich viel mehr bewegt, als es nötig wäre. Das Ducken an sich kann nie direkt korrigiert werden. Ihm liegen nämlich zwei Hauptfehler zugrunde, die für die schlechte Angewohnheit verantwortlich sind. In der Regel sind die Unterschenkel zu weit vorgestreckt. Dadurch ist der Reiter gezwungen, den Oberkörper nach vorn zu werfen, um das Pferd in der Luft einzuholen, nachdem er bereits beim Anreiten hinter der Bewegung gesessen hatte. Andererseits wird selbst der sportlichste und gewandteste Reiter genötigt sein, seinen Oberkörper beim Absprung nach vorn zu werfen, wenn er beim Anreiten zu tief im Sattel saß – auch wenn die Schenkellage korrekt war.

Während das Ducken sich sehr nachteilig auf die Leistung von Reiter und Pferd auswirken kann, besonders wenn es sich um empfindliche, temperamentvolle Tiere handelt, begeht der Reiter, der mit weit zurückgelegten Schenkeln vor der Bewegung thront, einen viel schwereren Fehler, weil er sowohl die Einwirkung als auch die Sicherheit aufgibt. Man denke stets daran, daß man mit oder hinter der Bewegung, aber niemals vor der Bewegung reiten darf. Sobald das Pferd merkt, daß es hinter seinem Lenker zurückbleiben kann, kann alles mögliche schief gehen – und das ist dann auch meistens der Fall! Als erstes muß man die Schenkellage des Reiters kontrollieren und als zweites seinen Sitz und die Winkelstellung des Oberkörpers. Ohne richtige Schenkellage kann nichts stimmen. Gerade die Balance und Gewichtsverteilung des Reiters hängen von der Lage der Unterschenkel ab. Sicherlich kann jeder Beispiele von guten Reitern mit korrekter Schenkellage und von starken, fähigen Reitern nennen, deren Beine zu weit nach vorne gestreckt sind. Aber wann sieht man schon jemanden mit zu weit zurück gelegten Schenkeln gut reiten?

Eine andere schlechte Angewohnheit, die schwerwiegende Folgen haben kann, besteht darin, daß der Reiter *während der Flugphase zu früh in den Sattel zurückkommt*. Fast ausnahmslos sieht man dies genau wie das Ducken bei Reitern, die mit vorgestreckten Schenkeln hinter der Bewegung reiten. Die Folge ist, daß sie sich nach vorn werfen, wenn das Pferd sich in die Luft abschnellt, und in der Landephase nach hinten fallen. Ist dieser Fehler stark ausgeprägt, kann das Pferd, besonders bei höheren Hindernissen, seine Hinterbeine nicht richtig gebrauchen. Meiner Meinung nach sollte der Reiter

Hand und Gewicht vom Augenblick des Absprungs bis zur Landung so passiv und ruhig wie möglich halten, um das Pferd während der Flugphase nicht zu stören. Das Pferd sollte in der Luft nicht nur physisch sich selbst überlassen bleiben. Es sollte sich auch, ohne abgelenkt zu werden, auf seine Aufgabe konzentrieren können, das Hindernis zu springen.

Viele Leute, ich selbst eingeschlossen, sind der Ansicht, daß der Galoppsprung des Pferdes bis zum Absprung vom Reiter geregelt werden muß, wenn man stetig gute und schwierige Leistungen erbringen will. Doch nur wenige halten es für richtig, während der Flugphase passiv zu bleiben. Einmal in der Luft kann der Reiter höchstens etwas dagegen tun, daß das Pferd nicht zuspringt, sich verhält oder aber zu hastig springt. Sonst bleibt ihm nichts anderes übrig, als dem Pferd seelisch und körperlich die Freiheit zu lassen, die es zur Überwindung des Sprungs braucht. Deshalb ist das Zurückbleiben hinter der Bewegung während der Flugphase ein schwerer Fehler, der unbedingt korrigiert werden muß. Wie bereits erwähnt, besteht die Korrektur in erster Linie darin, den Unterschenkel direkt hinter den Gurt zu plazieren. Dann soll der Schüler sich vorsorglich weit vor dem Hindernis in die Bügel stellen (Zwei-Punkt-Kontakt). Diesen leichten Sitz muß er während der verschiedenen Phasen des Sprungs beibehalten. Er darf sich erst wieder in den Sattel setzen, wenn er am Ende der Hindernisreihe angekommen ist.

Erst wenn der Reiter sicher und gewandt geworden ist, kann er lernen, das Hindernis mit dem Gesäß leicht im Sattel (Drei-Punkt-Kontakt) anzureiten. Wie ich schon erklärt habe, unterscheidet man dabei zwei Arten: Spalt am Sattel und Gesäß nach vorn geschoben. Berührt der Reiter nur mit dem Spalt den Sattel, ist sein Oberkörper nach vorn geneigt, sein Hüftwinkel ist verhältnismäßig spitz, und dennoch sitzt er tief im Sattel. Bei vorgeschobenem Gesäß ist der Oberkörper aufrecht, der Hüftwinkel ist stumpfer, und der Reiter sitzt ganz tief im Sattel.

Der Vorteil beim Drei-Punkt-Kontakt besteht also darin, daß der Reiter tiefer im Sattel sitzt, sein Pferd bis zum Absprung besser versammeln und ausbalancieren und das Gleichgewicht weiter nach hinten verlagern kann. Dieser Sitz ist auch dann nützlich, wenn man ein Pferd vorwärtstreiben muß. Ich denke dabei vornehmlich an ein unerfahrenes, zögernd springendes Pferd, ein Pferd, das gerne stehenbleibt und verweigert. Oder an ein Springpferd der höheren Klassen, das zur Überwindung der großen Hindernisse ganz besonders gut ausbalanciert sein muß.

Beim stilgerechten Vorstellen eines Jagdpferdes, beim Geländereiten oder bei Reiterprüfungen und Stilspringen sollte der Reiter auf geraden Linien vorwiegend den leichten Sitz mit Zwei-Punkt-Kontakt einnehmen, in Wendungen aber den Spalt an den Sattel heranbringen (Drei-Punkt-Kontakt). Bei einem noch ganz rohen Pferd, einem sturen Verbrecher oder einem Spitzenspringpferd empfiehlt sich ebenso wie über besonders schwierige Geländehindernisse der Drei-Punkt-Kontakt mit vorgeschobenem Gesäß. Im leichten Sitz kann man flüssig und mit unsichtbaren Hilfen reiten, während der Sitz im Sattel das Gleichgewicht verbessert und maximale Einwirkung ermöglicht. Mit anderen Worten: Je mehr Einfluß ein Reiter in einer schwierigen Situation auf sein Pferd nehmen muß, desto mehr muß er «hinter seinem Pferd» sitzen.

7. Kapitel:
Zweite Ausbildungsstufe beim Springen

Nachgeben (Hände auf den Mähnenkamm aufsetzen)

Der wichtigste Unterschied zwischen der ersten und zweiten Ausbildungsstufe beim Springen hängt mit dem Nachgeben zusammen. Wie gesagt,
sollen Anfänger, wenn sie springen lernen, bis zur Mitte des Halses mit den
Händen vorgehen und in die Mähne fassen. Sie haben damit schon ein gutes
Fundament, bevor sie noch einen sicheren, unabhängigen Sitz und korrekte
Schenkellage erlangt haben. Hat der Schüler die zweite Ausbildungsstufe
erreicht und liegen seine Schenkel ruhig genug, daß sie durch die Bewegungserschütterung nicht verrutschen, kann er eine fortgeschrittenere
Methode des Nachgebens lernen.

Sie unterscheidet sich von der ersten Art in zweifacher Hinsicht. Auf der
zweiten Ausbildungsstufe geht der Reiter beim letzten oder vorletzten
Galoppsprung vor dem Absprung mit den Händen vor; auf der ersten Stufe
faßt er beim Anreiten bereits drei bis vier Galoppsprünge vor dem Hindernis
in die Mähne. Der zweite wesentliche Unterschied ist, daß die Hände nun
fest und sicher auf dem Mähnenkamm ruhen, anstatt in die Mähne zu
greifen. Diese Stütze macht den Reiter eindeutig unabhängiger. Zudem ist
sie ein erster Schritt zum Springen «mit Zügelanlehnung». Der Reiter behält
dabei während der Flugphase Zügelkontakt mit dem Pferdemaul und benötigt keine Stütze mehr.

Wie bei jeder Körperübung, die man zur Gewohnheit machen will, empfiehlt
es sich, den Schüler zunächst im Halten und dann im Schritt üben zu lassen.
Er geht *mit den Händen* bis zum ersten Drittel des Pferdehalses vor und
stützt sie dort *auf den Mähnenkamm* oder den oberen Halsteil auf, bevor er
dies beim Springen versucht. Wenn man eine Übung langsam und folgerich-
tig aufbaut, wird sie dem Schüler leichter verständlich, und er kann besser
fühlen lernen, wie sie korrekt auszuführen ist. Gleichzeitig muß man jetzt auf
spontanes Reaktionsvermögen seitens des Reiters achten. Der Reitlehrer
kann es schulen, wenn er den Schüler auf Kommando mit den Händen
vorgehen und sie auf den Mähnenkamm aufsetzen läßt. Er kann sich auch
vor dem Hindernis aufstellen und den Schüler veranlassen, auf ein bestimm-
tes Zeichen hin (z. B. ein Wink mit der Hand) mit seinen Händen am
Pferdehals vorzugehen.

Sodann lehren wir, entweder *weit* oder *kurz* mit den Händen vorzugehen.
Beim weiten Vorgehen, das der Anfänger lernt, erhält das Pferd während
der Flugphase größtmögliche Bewegungsfreiheit; der Reiter jedoch hat nur
minimale Einwirkung. Geht der Reiter dagegen nur ein kurzes Stück mit den
Händen vor, hat er maximale Einwirkung, das Pferd aber nur verhältnismä-

ßig geringe Bewegungsfreiheit, was aber natürlich nicht heißen soll, daß es über dem Sprung einen Ruck ins Maul bekommen darf. Beim weiten Vorgehen werden die Hände weiter vorn auf dem Mähnenkamm (ein Drittel bis zur Hälfte des Pferdehalses) aufgestützt, während sie beim kurzen Vorgehen auf den Mähnenansatz, ein paar Zentimeter vor dem Widerrist, gestellt werden.

Koordinierung der Schenkel- und Zügelhilfen beim Anreiten

Als nächstes muß der mittelmäßig fortgeschrittene Springreiter üben, seine treibenden Hilfen mit dem Vorgehen der Hände zu koordinieren. Sehen wir uns als erstes die Schenkelhilfen an. Man kann ihre Wirkung mit der des Gaspedals eines Autos vergleichen; die Wirkung der Hände entspricht der der Bremse. Ein Autofahrer tritt nicht aufs Gaspedal, bevor er die Bremse gelöst hat. Ebenso muß auch der Reitschüler lernen, erst dann mit dem Schenkel zu treiben, wenn er dem Pferd Hals- und Kopffreiheit gegeben hat. Diese Koordinierungsfolge der Hilfen – beim Anreiten des Sprunges mit den Händen vorgehen, dann mit den Schenkeln treiben – kann man später umkehren: erst treiben, dann mit den Händen vorgehen. Damit lernt der Reitschüler, das Pferd vor dem Sprung ans Gebiß zu stellen. Das ist wiederum eine der Vorbedingungen zum «Springen mit Zügelanlehnung».

Solche Übungen mit dem Zweck, *die Zügel- und Schenkelhilfen* zum Anreiten gegen ein Hindernis einzeln und in Koordination zu kontrollieren, erweisen sich später von unschätzbarem Wert, wenn der Reiter mit Pferden unterschiedlichen Temperaments fertig werden muß. Manche Pferde – meist handelt es sich um heißblütige, empfindsame Tiere – springen besser, wenn sie nur Zügelfreiheit haben und überhaupt keine Schenkeleinwirkung spüren. Ein ruhigeres Pferd bedarf eines leichten Schenkeldrucks in Verbindung mit einer nachgebenden Hand; ein phlegmatisches Tier braucht Sporen, weil es selbst auf starken Schenkeldruck allein nicht reagiert. Diese Unterschiede muß man natürlich allmählich in allen Abstufungen fühlen lernen.

Schnalzen

Hat der Reiter etwas Übung in der Koordinierung der Schenkelhilfen mit dem Vorgehen der Hände gewonnen, ist es an der Zeit, daß er zwei zusätzliche treibende Hilfen lernt. Die erste und einfachste ist *Schnalzen*. Sie wird dem Reitschüler zunächst im Halten in Verbindung mit dem Gebrauch der Gerte hinter dem Sattel erklärt. Das Pferd wird im wesentlichen daran gewöhnt, auf Schnalzen zu reagieren, indem es lernt, das Geräusch mit der Gerte zu assoziieren. Wenn man schnalzt, sollte das Pferd aus dem Halten mehr ans Gebiß herantreten. Reagiert es nicht entsprechend schnell genug, muß der Reiter es erneut anhalten und Stimme und Gerte gleichzeitig gebrauchen, bis das Pferd ausschließlich auf die Stimmhilfe gehorcht.

Schnalzen ersetzt oder verstärkt die Schenkeleinwirkung. Diese Behauptung kann etwas irreführend sein. Nur in seltenen Fällen, gewöhnlich bei empfindlichen, kitzligen Stuten, die keinen Schenkeldruck vertragen, wirkt die

Stimme allein, unabhängig von anderen Hilfen. Meistens dient sie lediglich zur Verstärkung der Schenkelhilfe, im Gegensatz zu der Gerte, die auch allein angewandt, eine stark treibende Wirkung hat. Schnalzen wirkt mehr auffordernd als befehlend. Es sollte zur Anwendung kommen, wenn das Pferd ein klein wenig mehr vorwärts gehen oder abspringen soll.

Der folgerichtige Gebrauch und die Koordinierung dieser wertvollen Hilfe in Verbindung mit Schenkeldruck kann und sollte zunächst in den drei Gangarten gelehrt und geübt werden, bevor man sie in die Springtechnik einbezieht. Versucht der Reiter beispielsweise anzugaloppieren und das Pferd springt auf die Schenkelhilfe allein nicht an, kann ein zusätzlicher Schnalzer das gewünschte Ergebnis bringen. Dabei muß man dem Reitschüler aber eindeutig klarmachen, daß er nur ein- oder zweimal deutlich schnalzen soll und nicht unaufhörlich weiter schnalzen darf, wenn das gewünschte Resultat ausbleibt. Reagiert das Pferd auf ein, zwei Schnalzer nicht, muß der Reiter von sanfter Aufforderung zu striktem Befehl übergehen, das heißt mit anderen Worten die Gerte gebrauchen! Es gibt kein schlimmeres Zeichen von Schwäche als einen Reiter, der in der Reitbahn oder im Springparcours ständig schnalzt. Dadurch verfehlt er nicht nur das gewünschte Ergebnis, sondern das Pferd stumpft auch schnell auf die Stimmhilfe ab und reagiert überhaupt nicht mehr darauf.

Hat der Reiter erst einmal den Sinn des Schnalzens verstanden und es in den Gangarten geübt, fällt es ihm leicht, diese Hilfe auch beim Anreiten gegen ein Hindernis anzuwenden. Im Gegensatz zum Schenkeldruck, der das Pferd allmählich an den Sprung heranbringt, löst das Schnalzen eine spontane und sofortige Reaktion aus. Bei den Übungen, die ich meine Reitschüler ausführen lasse, um ihre Springtechnik zu verbessern, lehre ich sie, drei, vier Galoppsprünge vor dem Hindernis, beim Absprung oder während der Flugphase zu schnalzen. Ein Reitschüler, der das bewußt übt, lernt, ein Pferd, das den Sprung nicht anzieht, zögernd abspringt oder sich während der Flugphase verhält, zu korrigieren. Treibende Hilfen nach dem Landen werden kaum erforderlich sein, wenn Anreiten, Absprung und Flugphase vorher in Ordnung waren. Aber auch hier gibt es Ausnahmen von der Regel, und man muß auch darauf vorbereitet sein. Und ich wiederhole noch einmal: Geschnalzt wird nur ein- oder zweimal, sonst wirkt der Reiter wie ein Papagei und nicht einmal wie ein besonders eindrucksvoller!

Gebrauch der Gerte

Der Gebrauch der Gerte und das Schnalzen sind zwar eng verwandte Hilfen, sie sollten aber als ganz verschiedene Abstufungen von Strafe für ähnliche Arten von Ungehorsam aufgefaßt werden. Der Anfänger und der mittelmäßig fortgeschrittene Reiter müssen als erstes lernen, wie und wann man die Gerte benutzt. Früher haben wir bereits die korrekte Gertenhilfe in einzelne Phasen zergliedert. Hier sei nochmals kurz wiederholt: Man legt beide Zügel überkreuz in eine Hand, führt die Gerte in der anderen Hand hinter den Sattel und berührt das Pferd an der Flanke (nicht an der Schulter). Dann

89. Klassischer Stil

Kristine Pfister, hier auf ihrem berühmten «Valhalla», zeigt, daß auch eine Reiterin, die keine besonders langen Beine hat, in gutem Stil springen und diesen Mangel durch Zielstrebigkeit und außergewöhnliches Taxiervermögen wettmachen kann. Der Gesichtsausdruck der Reiterin verrät Entschlossenheit. Das Foto ist auch ein ausgezeichnetes Beispiel für kurz am Mähnenkamm aufgesetzte Hände.

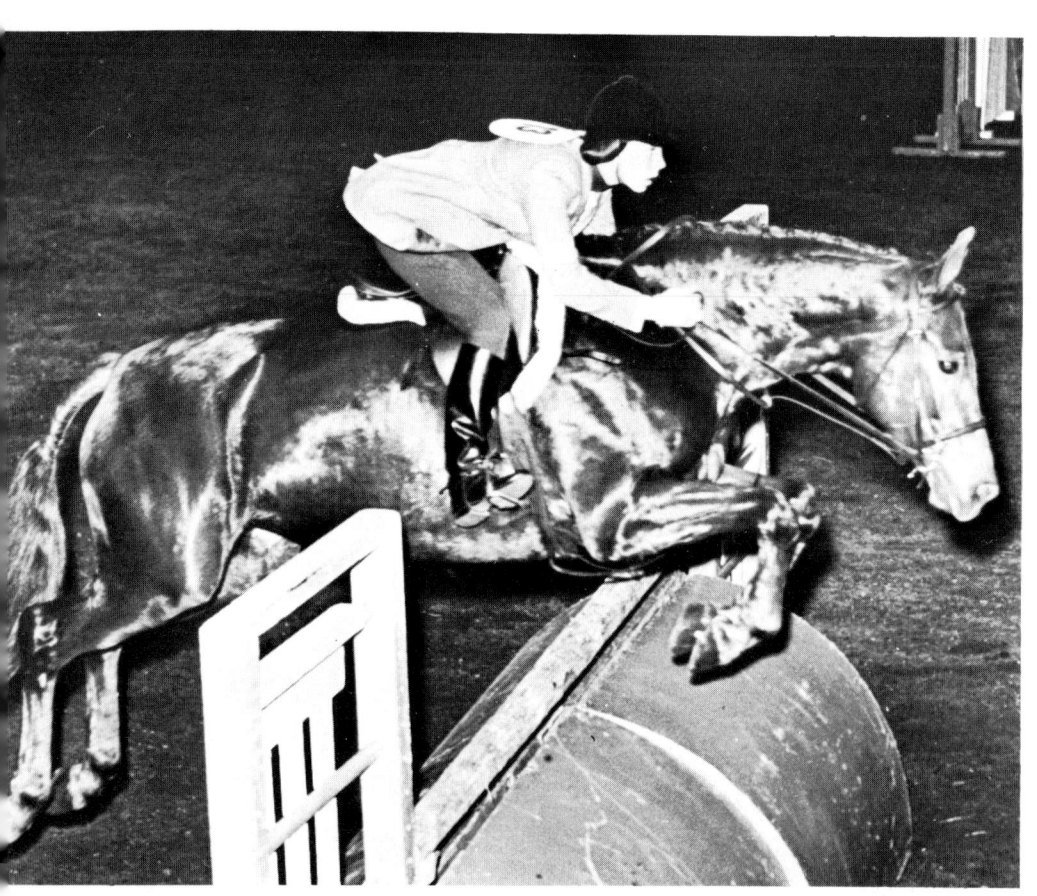

90. Klassischer Stil
Jen Marsden ist von kleiner Statur und muß deshalb ihr Pferd immer gut vor sich haben, um das Gewicht ihres kurzen Oberkörpers bestmöglich zur Einwirkung zu bringen. Der Umstand, daß sie körperlich fürs Reiten benachteiligt ist, hemmt aber keineswegs ihre entschlossene und energische Einstellung. Zudem hat sie ein phantastisches Augenmaß für Abstände. Sie kann somit all jenen als Vorbild dienen, die glauben, daß sie fürs Reiten nicht die beste Figur haben. Beachten Sie, wie musterhaft die Reiterin automatisch mit den Händen vorgeht und mit leichter Zügelanlehnung springt – eine gerade Linie führt vom Ellbogen zum Pferdemaul. Foto: Freudy

91. Klassischer Stil
Susan Bauers Zügel sind vielleicht etwas kurz, aber das Bild verrät deutlich, wie taktvoll und ruhig sie ihr nervöses junges Springpferd «Sneeze» anfaßt. Susan (jetzt Mrs. Mutch), die mehr überlegt als instinktiv reitet, ist ein Paradebeispiel für ausgeglichene Gelassenheit. Foto: Freudy

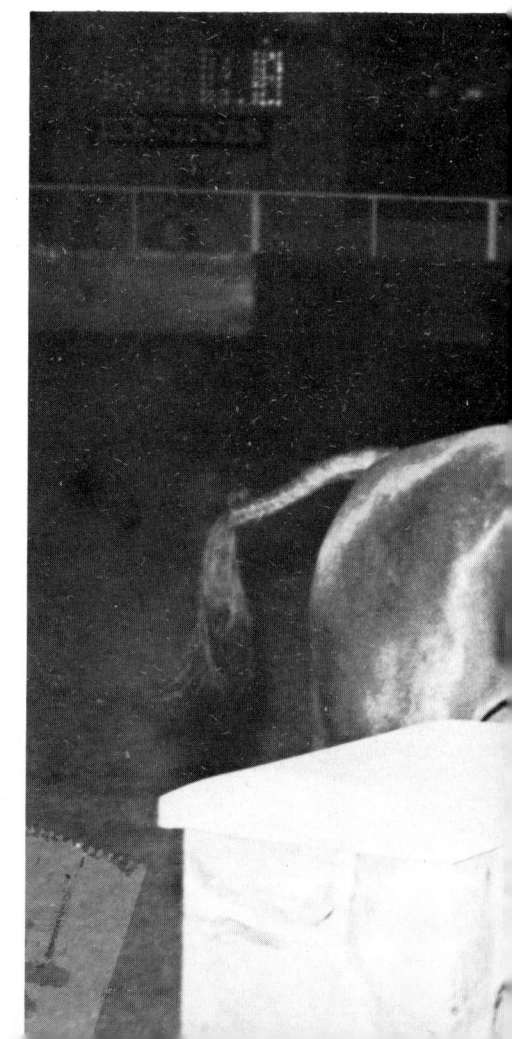

92. Klassischer Stil

Geschmeidigkeit, weiche Hilfengebung und Einfühlungsvermögen kennzeichnen Conrad Homfelds Stil. Alle Pferde, die er reitet, bewegen sich frei und flüssig, ohne je gegen seine gefühlvolle Hand kämpfen zu müssen. Mir gefällt zwar der hochstehende Daumen nicht, aber man sieht, wie leicht die Zügelverbindung ist. Seit das Foto gemacht wurde, hat sich Conrad Homfeld zu einem der großen internationalen Springreiter entwickelt und war schon oft Mitglied der amerikanischen Nationalmannschaft.

93. Klassischer Stil
Finesse ist das Wort, das Brooke Hodgson auf ihrer Stute «Scotch Tweed» am besten beschreibt. Die Reiterin bewältigt die schwierigsten Situationen, ohne je mit ihrem Pferd zu kämpfen. Ich empfehle zwar nicht, mit geöffneten Fingern zu reiten, aber Brooke Hodgsons Reitweise zeichnet sich durch sprichwörtliches Fingerspitzengefühl aus. Foto: Budd

94. Klassischer Stil
Gute Nerven und Schneid sind beneidenswerte Eigenschaften. Kip Rosenthal, die hier ihren vielseitigen «Rome Dome» reitet, besitzt beides. Man beachte, wie korrekt die Winkelung der vier wichtigsten Körperpartien ist – Fußgelenk-, Knie-, Hüft- und Ellbogenwinkel. Kip mußte hart an sich arbeiten, um reiten zu lernen, und ist jetzt eine ausgezeichnete Lehrerin geworden. Foto: George Axt

95. Einen Parcours im leichten Sitz (Zwei-Punkt-Kontakt) mit der Bewegung reiten
Bei der Vorstellung eines Jagdpferdes reitet man grundsätzlich im leichten Sitz, auch wenn die Haltung des Pferdes, wie auf diesem Bild, schlecht ist. Die Reiterin hat ihr Gesäß etwas aus dem Sattel gelüftet und hält ihre Hände tief, seitlich des Widerrists, etwas unterhalb der geraden Linie vom Pferdemaul, um die hohe Kopfhaltung nicht zu betonen.

96. Einen Parcours hinter der Bewegung sitzend reiten
Im Jagdgalopp sollte man nur dann im Sattel sitzen, wenn man besonders stark treiben muß, wie zum Beispiel bei unberechenbaren Remonten oder Pferden, die leicht verweigern, oder wenn man sehr schwierige und gefährliche Hindernisse anreitet.

97. Realistische Hand-Pferdemaul-Verbindung während der Flugphase
In vielen Situationen ist es, wie auf diesem Foto, unmöglich, in der Flugphase mit Zügelanlehnung zu springen und eine gerade Linie vom Ellbogen zum Pferdemaul beizubehalten, ohne daß der Oberkörper vornüberfällt. In einem solchen Fall ziehe ich es vor, mit den Händen am Mähnenkamm vorzugehen, anstatt sie tief auf Schulterhöhe zu stellen.

98. Ein konzentrierter Gesichtsausdruck
Der Gesichtsausdruck der Reiterin verrät ihre Einstellung zum Reiten. Sie hat ihren Blick geradeaus gerichtet und ist vollkommen entspannt und gesammelt. Diesen Grad der Selbstbeherrschung wollen wir anstreben.

99. Zwei gepflegt erscheinende Reiter und Pferde vor Betreten des Parcours
Auf Turnieren oder anderen öffentlichen Veranstaltungen sollten Reiter und Pferd tadellos gepflegt und vorschriftsmäßig gekleidet und ausgerüstet erscheinen.

100. Vorbildliches Reiten im leichten Sitz
Joan Walsh Hogans Reitstil zeichnet sich durch eine leichte Hand, einen leichten Sitz und die vollkommene Bewegungsfreiheit aus, die sie ihrem Pferd gewährt. Deshalb gingen temperamentvolle, heftige Pferde, wie der abgebildete «Pike's Peak» so sanft und willig unter dieser Reiterin, die unvergleichlichen Reitertakt besaß. Heute sieht man auf Turnieren allerdings nur noch selten, daß der Fuß bis zum Absatz durch den Bügel gesteckt wird; wir ziehen es vor, die Bügel mit den Ballen zu belasten. Foto: Carl Klein

101. Ein Meister im Springsattel
Rodney Jenkins' Stil ist zwar nicht vollkommen klassisch, da der Absatz manchmal etwas verrutscht oder sein Rücken sich leicht krümmt. Aber kaum ein anderer Reiter kommt ihm an instinktivem Einfühlungsvermögen in das Pferd und phantastischem Augenmaß beim Springen gleich. Angesichts der Tatsache, daß Rodney Jenkins jede Woche, Jahr um Jahr, so viele verschiedene Pferde so gut vorstellt, darf man ihn zu Recht einen der größten Reiter unserer Zeit nennen. Foto: P. A. Gormus Jr. mit freundlicher Genehmigung der Richmond Times-Dispatch & News Leader

102. Über die große Mauer im Mächtigkeitsspringen
Kathy Kusner hat unbedingtes Vertrauen in die Springmechanik des Pferdes während der Flugphase. Deshalb kann sie aus den meisten Pferden mehr herausholen als andere Reiter, die «nachzuhelfen» versuchen. Beachten Sie die absolut unabhängigen Hände und Schenkel der Reiterin, während sie «Untouchable» über 2,15 Meter springt. Foto: Jean Bridel, L'Année Hippique, Lausanne

103. Vorbildlicher Stil im schweren Springparcours
In schweren Springen sieht man heutzutage wenige Reiter mit klassischem Stil. Mary Mairs Chapot ist eine der seltenen Ausnahmen. Hier führt sie auf «White Lightning» einen «Bilderbuchstil» über einen großen Oxer auf dem Turnier in Aachen vor. Wegen ihrer reiterlichen Erfahrung und ihres klassischen Stils gehört Mary Chapot jetzt zu den besten US-Richtern für Jugendreiterprüfungen. Foto: Udo Schmidt

104. Mut und Energie

Entschlossenheit verbunden mit physischer Kraft machen Frank Chapot zu einem der energischsten Reiter, die ich kenne. Sein Gesichtsausdruck verrät eindeutig seine Einstellung zu «Diamant» und diesem Oxer. Frank Chapot reitet weiterhin erfolgreich auf Turnieren und ist gleichzeitig einer der besten US-Richter und Parcoursaufbauer.
Foto: Mitschke, Wiesbaden

105. *Der Verfasser zu Pferde*

Es war schwer, auf «Sinjon» eine schlechte Figur zu machen, obwohl ich wünschte, meine Ellbogen wären näher am Körper. Ich glaube, ich werde mich nie ändern; ich kritisiere immer zuerst den Stil und die Technik des Reiters, bevor ich dem Pferd die Schuld gebe. Vielleicht ist das der Grund, warum ich meine Lehrtätigkeit so sehr liebe.

Foto: Theodor Janssen

nimmt man die Zügel sofort wieder in beide Hände. Ein Fehler, den man häufig sieht, ist, die Gerte vor Gebrauch in der Hand umzudrehen. Anstatt das Pferd nur zu strafen, kann der Reiter nun richtig zuschlagen, was er oft auch tut, mit dem Ergebnis, daß das Pferd verängstigt statt erzogen wird. Weiter muß man die Peitsche immer in der geschickteren Hand führen (d. h. Rechtshänder in der rechten, Linkshänder in der linken). Auch von dieser Regel gibt es selbstverständlich Ausnahmen, etwa wenn das Pferd vor einem Hindernis immer nach derselben Seite ausbricht oder nach einer bestimmten Ecke drängt.

Hat der Reiter den Gebrauch der Gerte, genau wie das Schnalzen, zunächst in den Gangarten geübt (Schenkelhilfe durch Gerte verstärken), kann er beim Springen die Peitsche als nützliche Hilfe einsetzen, anstatt sie lediglich als Requisit mitzuführen. Gerte und Schnalzen werden genau auf dieselbe Weise und zum gleichen Zeitpunkt angewandt. Allerdings ist die Gerte etwas schwieriger zu handhaben und erfordert bessere Koordinierung. Außerdem neigen Pferde dazu, vor der Gerte davonzurennen, was zaghafte Reiter von ihrem Gebrauch abschreckt. Auch hat das Pferd mehr Zeit, vor dem Hindernis auszubrechen, wenn der Reiter die Gerte beim Anreiten benutzt und die Zügel nicht schnell genug wieder in beide Hände nehmen kann.

Was den Gebrauch der Gerte zum genauen Zeitpunkt des Absprungs betrifft: Der Reiter, der sich «ein Auge für Distanzen» angeeignet hat, wird automatisch die Gerte im richtigen Moment einsetzen. Es wäre absolut falsch, ihm den Kopf mit Gerede über das richtige «Timing» der Gerte zu verwirren. Im derzeitigen Ausbildungsstadium genügt es völlig, wenn er sie gefühlsmäßig ungefähr rechtzeitig anwendet.

Sehr wichtig ist es auch, den richtigen Gebrauch der Gerte während der Flugphase des Sprungs zu lernen. Es ist das einzige Mittel, um ein Pferd zu korrigieren, das sich in der Luft verhält – ein sehr schwerer Fehler bei fortgeschrittener Springausbildung über höhere Hindernisse und größere Parcours.

Es ist ein großer Unterschied, ob man ein Pferd dazu erzieht, fremde und schwierige Hindernisse ohne Stocken zu springen, oder ihm bloß das Hindernis zeigt. Persönlich bin ich davon überzeugt, daß ein Pferd daran gewöhnt werden soll, jeden Sprung, der vor ihm auftaucht, beim ersten Mal so gut wie möglich und ohne langes Zögern zu springen. Ich halte es für riskant, Pferden zu erlauben, sich das Hindernis anzusehen, bevor sie es springen. Sie gewöhnen sich dann leicht an, immer erst einmal hinzusehen, bevor sie springen. Reitet man ein Pferd im Schritt an ein verdächtig aussehendes Hindernis heran und treibt dabei mit den Sporen, durch Schnalzen oder Anlegen der Gerte, erzieht man es rasch dazu, sich nach vorwärts zu orientieren, wenn es ans Springen geht. Dadurch, daß wir im Schritt auf das Hindernis zugeritten sind und dann durchpariert haben, kommt so etwas wie ein Verweigern zustande. Dieses Verweigern bestrafen wir dann und geben dem Pferd damit zu verstehen, daß es vorwärts gehen soll. Mit anderen Worten: Wir haben Ungehorsam provoziert, um einen Vorwand zur Korrektur und Strafe zu haben.

Gerade Linien und Wendungen

Eine Übung, die ich in diesem entscheidenden Ausbildungsstadium des Reiters für besonders wichtig halte, besteht in dem «Einhalten einer *geraden Linie*». In der Praxis wird kein Sprung und keine Hindernisreihe überwunden, ohne daß der Reiter bewußt oder unbewußt eine bestimmte Linie einhält. Selbst wenn man aus einer scharfen Wendung heraus springt, steckt man im Geist eine Linie ab, und sei es auch manchmal erst von der Absprungstelle an. Wenn ich von einer «Linie» spreche, meine ich natürlich nicht, daß alle Hindernisse im rechten Winkel angeritten werden. Das ist keineswegs immer der Fall. Ich will lediglich andeuten, daß sich der Reiter im Geiste für jeden Sprung eine Linie mit einem Anfangs-, Mittel- und Endpunkt absteckt, und zwar gleichgültig, ob er das Hindernis gerade oder schräg anreitet.

Deshalb muß die grundlegende Übung für den Anfänger ständig wiederholt werden: Man denkt sich eine gerade Linie aus, hält sie ein und pariert auf der Linie durch. Andernfalls wird eine ansonsten disziplinierte Vorstellung schnell durch nachlässiges Anreiten und einen liederlichen Abgang getrübt. Wenn man übt, diese gerade Linie ganz exakt auszureiten, ohne auch nur einen halben Meter von ihr abzuweichen, verhütet man damit gleichzeitig, daß das Pferd vor oder nach der Hindernisreihe die Ecken schneidet.

Unser nächstes Thema heißt *Wendungen*. Sie sind eigentlich Bestandteil der vorhergehenden Übung. Gute Wendungen sind nur möglich, wenn man gelernt hat, gerade Linien exakt einzuhalten. Sehen wir uns als Beispiel die vielleicht einfachste Wendung vor einem Sprung an. Der Reiter trabt oder galoppiert in geregeltem Tempo auf dem Hufschlag, während er mit den Augen schon seinen Weg auf den Sprung oder die Sprungfolge zu sucht. Sobald er sich der gedachten Linie nähert, wendet er ab und reitet auf den Sprung zu, wobei er sich ausschließlich darauf konzentriert, den Blick nicht von der Linie zu wenden. Nach dem Sprung bzw. nach der Sprungfolge reitet er weiter kerzengeradeaus bis zum Hufschlag und wendet im gleichen Tempo, mit dem er angeritten ist, auf den Hufschlag ab. Anders gesagt, er reitet seine Linie noch weiter aus, und anstatt am Endpunkt durchzuparieren, behält er dasselbe Tempo durch die Wendung bei. Kombiniert man gerade Linien und Wendungen auf diese Art, entsteht ein Gefühl für gleichmäßigen Fluß, und das ist eigentlich schon die Essenz des Parcoursspringens.

Noch eine ausgezeichnete Übung, die wiederum in gleichmäßigem Tempo geritten wird und für die man nur ein oder zwei Hindernisse benötigt: Man reitet und springt auf einer geraden Linie, macht eine Kehrt- oder Gegen-Kehrtwendung, springt dann dieselben Hindernisse in entgegengesetzter Richtung und pariert durch zum Halten. Diese Übung kann man weiter ausbauen, wenn man die Kehrtwendung fünf- bis sechsmal wiederholt und somit Gelegenheit hat, eine ganze Reihe von geraden Linien, Sprüngen und Wendungen hintereinander zu reiten.

Die meisten Pferde haben beim Wenden und Halten Schwierigkeiten, ihre Balance und Leichtfüßigkeit zu wahren. Sie liegen zu schwer auf der Vorhand, um wirklich wendig zu sein. Das kommt zum großen Teil davon, daß das Reitergewicht eine unnatürliche Belastung darstellt. Der Reiter muß deshalb durch entsprechende Einwirkungen dem Pferd helfen, nach schnellem Galoppieren und Springen sich wieder vermehrt aufzunehmen, um geschickt wenden zu können. Pferde, die nicht leicht und ausbalanciert wenden können, sind nicht völlig unter der Kontrolle des Reiters und gehen die nächste Hindernisreihe unweigerlich ungezielt und zufällig an.

Das Reiten einer Wendung verlangt vom Reiter als wichtigste Veränderung der Körperhaltung, daß er den Oberkörper aufrichtet und weich in den Sattel einsitzt. Dadurch verlagert sich seine Masse (sein Gewicht) mehr zur Mitte hin, wodurch es dem Pferd leichter fällt, seinen eigenen Schwerpunkt von den Schultern nach hinten zu verlegen. Man darf aber die Winkelung des Oberkörpers nicht zu stark verändern; 10–15 Grad genügen völlig. Jede Übertreibung artet in eine grobe, brüske Bewegung aus, die völlig unnötig ist.

Gleichzeitig mit der Gewichtsverlagerung schließt der Reiter die Finger etwas, um das Tempo zu verlangsamen. Er kann nötigenfalls sogar die Hände ein wenig höherstellen. Je schwerer das Pferd auf der Vorhand liegt, um so mehr muß sich der Reiter bemühen, die Vorhand zu entlasten, indem er das Pferd zum Heben von Hals und Kopf veranlaßt. Dabei sollte man immer daran denken, daß man gleichzeitig mit der Handeinwirkung die Absätze vermehrt hinunterdrücken muß, damit die Unterschenkel in der Wendung nicht zu weit nach hinten verrutschen. Damit verlöre der Reiter die unersetzliche Stütze, die er braucht, um sich gegen ein pullendes oder schwer auf dem Zügel liegendes Pferd abzustemmen.

Kombinationen

Alle vorherigen Übungen können auch beim Springen von *Kombinationen* Anwendung finden. Am besten beginnt man mit einer zweifachen Kombination, bei der die Hindernisse etwa acht Meter auseinander stehen. Das ist für ein normales Pferd im langsamen Jagdgalopp der passende Abstand. Für eine Weile kann man sich mit dieser Kombination begnügen. Es gibt nämlich viele Übungen, die man über die beiden einfachen Hindernisse ausführen kann, ohne daß man irgend etwas hinzuzufügen oder die Kombination zu erschweren braucht. Ein Hindernis wird als Teil einer Kombination betrachtet, wenn es nicht weiter als dreizehn Meter vom nächsten Hindernis entfernt steht. Bei größeren Abständen handelt es sich um zwei Einzelhindernisse.

Vom psychologischen wie vom praktischen Standpunkt aus ist es wichtig, dem mittelmäßig fortgeschrittenen Reiter klarzumachen, daß der erste Sprung einer Kombination der entscheidende ist und daß das nächste Hindernis bzw. die nachfolgenden Hindernisse sich dann fast von selbst springen. Nehmen wir als Beispiel den Doppelsprung im Abstand von 8 m, mit dem wir angefangen haben: Mit geregeltem Tempo und einem Schnalzen beim Absprung müßte er gut zu bewältigen sein. Wenn der Reiter auf das erste Hindernis zu ganz leicht im Tempo zulegt und die durch das Schnalzen bewirkte Vorwärtsreaktion ausnützt, wird er ohne Schwierigkeiten auch längere Hindernisreihen springen können, wie man sie im Freien aufbauen kann. Ich persönlich halte es für wichtiger, dem Schüler beizubringen, den Galoppsprung vor dem Absprung zu verlängern, anstatt ihn zu lehren, die Galoppade zu verkürzen. Wenn man ihn anhält zu schnalzen, wird er sich angewöhnen, Kombinationen mutig und forsch anzureiten.

Hat der Reitschüler gelernt, eine Kombination mit einem Galoppsprung dazwischen zügig zu überwinden, muß er sich der Verbesserung seines Springstils zuwenden. Auf der gegenwärtigen Ausbildungsstufe geht er beim Springen der gesamten Kombination verhältnismäßig weit mit den Händen am Pferdehals vor und achtet gleichzeitig auch auf tiefe Absätze.

Nehmen wir an, daß der Schüler genügend Zeit hatte, die drei grundlegenden Voraussetzungen für guten Springstil zu üben und zu vervollkommnen, so kann er sich jetzt auf die Haltung seines Oberkörpers konzentrieren. Kombinationen bieten eine ausgezeichnete Gelegenheit für sekundenschnelle Gewichtsverlagerung, die wir, wie eingangs beschrieben, in Zwei- bzw. Drei-Punkt-Kontakt unterteilen.

Beim Springen von Kombinationen wird der unterschiedliche Einwirkungsgrad zwischen leichtem Sitz und Sitz im Sattel beim Anreiten oder Landen besonders deutlich. Als Übung lasse ich den Schüler beispielsweise die Kombination im leichten Sitz (Gesäß und Spalt über dem Sattel) anreiten. Er muß den ersten Teil der Kombination springen, ohne in den Sattel zurückzukommen, dann den zweiten Teil springen und sich nach dem Landen sanft in den Sattel setzen. Als nächste Übung soll er die Kombination im Sattel sitzend (Drei-Punkt-Kontakt) anreiten, zwischen den beiden Hindernissen den leichten Sitz beibehalten und erst wieder nach dem zweiten Hindernis in den Sattel einsitzen. Jede Variationsmöglichkeit zwischen den beiden Sitzarten fördert das schnelle Reaktionsvermögen, wenn eine Gewichtsverlagerung notwendig ist, um das Pferd zurückzuhalten oder zu treiben.

In diesem Ausbildungsstadium sind Kombinationen nicht als Endzweck wertvoll, sondern dienen dazu, beim Reiter bestimmte Gewohnheiten zu verankern, die er sich bereits über einfache einzelne Sprünge angewöhnt hatte. Die speziellen Probleme, die beim Springen einer Reihe von Hindernissen mit unterschiedlichen Abständen auftauchen, werden wir später ausführlich besprechen, wenn wir zu einer höheren Ausbildungsstufe kommen.

Reitlehrer und -Schüler müssen stets daran denken, daß es jetzt an der Zeit ist, guten Stil zu pflegen und gekonnte Technik zu entwickeln – nicht erst dann, wenn der Reiter sich eine falsche Grundlage und schlechten Stil angeeignet hat und dennoch erfolgreich springt.

Alte Gewohnheiten lassen sich nur schwer ausmerzen. Das gilt gerade für begabte Reiter, die in schlechtem Stil weiter reiten, weil sie aufgrund ihres

Kampfgeistes und ihres instinktiven Gefühls für den richtigen Absprung auf Turnieren schon Erfolge hatten. Sie kann man nur schwer davon überzeugen, daß sie mit einem richtig und langsam aufgebauten Training nicht nur besser zu Pferd aussehen, sondern auch effektiv erfolgreicher sein könnten. Das Ganze ist eine Frage der Einstellung. Wer besser reiten lernen will, kann dies jederzeit tun, ganz gleich, wieviel goldene Schleifen er bereits in schlechtem Stil gewonnen hat.

Schräges Anreiten

Ist der Reiter so weit fortgeschritten, daß er beginnen kann, Hindernisse bei schrägem Anreiten zu springen, muß er auch lernen, anders mit den Händen vorzugehen. Bis jetzt haben wir dem Pferd größtmögliche Kopf- und Halsfreiheit gewährt, indem wir mit den Händen bis zum ersten Drittel oder bis zur Mitte des Halses vorgingen. Springt man Hindernisse schräg, kann man das Pferd nicht mehr soviel sich selbst überlassen, weil die Gefahr besteht, daß es ohne leichte Zügelanlehnung und Führung ausbricht. Deshalb sollte der Schüler entweder nur vor dem Widerrist aufsetzen oder lernen, mit Zügelanlehnung zu springen. Bei schrägem Anreiten und Springen ist er gezwungen, eine stete Verbindung mit dem Pferdemaul aufrechtzuerhalten. Ich habe festgestellt, daß man so dem Reitschüler am natürlichsten und ganz unbemerkt beibringen kann, «mit Zügelanlehnung» zu springen – ein viel gehörter, noch häufiger mißbrauchter und selten korrekt angewandter Begriff. Er bedeutet lediglich, daß der Reiter jeden Tritt und Sprung bis zum Absprung reguliert, während der Flugphase leichte Fühlung mit dem Pferdemaul beibehält und nach dem Landen sofort wieder das Pferd unter Kontrolle hat.

Außer dem stärkeren Zügelkontakt braucht der Reiter zum schrägen Anreiten und Springen auch ein besseres Augenmaß. Er kann sich die Wege und Linien, die er zu reiten gedenkt, gar nicht detailliert genug im voraus ausdenken. Ich habe interessanterweise festgestellt, daß die Fähigkeit, Hindernisse schräg anzureiten, einer der ausschlaggebendsten Faktoren beim Übergang von der mittleren zur weit fortgeschrittenen Ausbildungsstufe ist. Um Hindernisse schräg springen zu können, muß der Reiter das Pferd mit steter Zügelanlehnung reiten und das Tempo verlangsamen, damit das Pferd weniger leicht ausbrechen kann. Sollte es dennoch ausbrechen, so muß man, besonders wenn es sich um ein junges Pferd handelt, gegebenenfalls aus dem langsamen ausgesessenen Trab anreiten. Schräge Sprünge beginnen mit Winkeln, die nur etwas kleiner als 90 Grad sind und reichen bis zu extrem spitzen Winkeln von 20 Grad. Alle diese Übungen sind für Reiter und Pferd gleich vorteilhaft. Ich springe vor allem junge Pferde häufig schräg über niedrige Hindernisse, weil man sie auf diese Weise gut dazu bringen kann, abzuwarten und nicht gegen das Hindernis zu stürmen.

Parcoursspringen

Der Reiter hat nun (hauptsächlich mit Hilfe von oft wiederholten Drillübungen) eine ausreichende Grundlage erworben, um sein Endziel – das *Springen eines Parcours* – anzusteuern. Wie bei der bisherigen Arbeit wollen wir auch das Parcoursspringen wiederum in verschiedene Abschnitte zergliedern, die wir vereinfachen, damit der Schüler die einzelnen Teile üben kann, bevor er einen ganzen Parcours reitet.

Als Einleitung und Vorbereitung auf den Parcours dient der Zirkel. Da gibt es viele verschiedene Auffassungen, wie man ihn am besten zur Vorbereitung auf den ersten Sprung ausnutzt. Im Augenblick wollen wir uns jedoch nicht mit komplizierter, vollendeter Reitfertigkeit befassen, sondern uns auf einen einfachen, flüssigen Ritt beschränken. Meiner Erfahrung nach bekommt der Reiter sein Pferd am einfachsten und besten unter Kontrolle, wenn er beim Betreten des Parcours den Zirkel in drei Gangarten ausreitet. Und zwar in dieser Reihenfolge: im Arbeitstempo leichttrabend, im langsamen ausgesessenen Trab und im Arbeitsgalopp.

Eingeritten wird im flotten Leichttraben (Tempo etwa zwölf Kilometer pro Stunde). Der Reiter geht auf den Zirkel, und wenn er auf die Abgrenzung zureitet, nimmt er das Tempo auf etwa neun Kilometer pro Stunde zurück und sitzt aus, um das Pferd vermehrt zu versammeln. Dann gibt er die Hilfen zum Angaloppieren und nimmt, sobald er das Pferd in das Tempo gebracht hat, das er im Parcours beizubehalten gedenkt, den leichten Sitz ein. Bei einem Stilspringen oder einer Jagdpferde-Eignungsprüfung wird die gleichmäßige, flüssige Pace von Anfang bis zum Ende des Rittes beurteilt! Da kann man nicht erst nach dem zweiten Hindernis beginnen, auf ein gleichmäßiges Tempo zu achten!

Ein einfacher Parcours für den mittleren Ausbildungsstand sollte im wesentlichen aus gradlinig aufgebauten Hindernissen und Wendungen bestehen, mit ein paar gelegentlichen Kombinationen und schräg anzureitenden Sprüngen. Das heißt, man bemüht sich, alle Übungen, die der Reitschüler bisher gelernt hat, so einfach und natürlich wie möglich und in ansteigendem Schwierigkeitsgrad in den Parcours einzubauen. Überfordert man den Schüler bereits jetzt mit einem zu schwierigen Parcours, kann er sich nicht auf seine Springtechnik konzentrieren. Wir erwarten im gegenwärtigen Stadium lediglich einen sauberen, flüssigen Springstil; die Hindernisse brauchen nicht höher als 75 Zentimeter oder maximal ein Meter zu sein.

Wie bei jeder Aufgabe, lernt es sich viel leichter, wenn man sich auf ein Problem nach dem anderen konzentrieren kann und die Anforderungen allmählich gesteigert werden. Ich schlage deshalb vor, den Parcoursritt in fünf Teile zu untergliedern.

Der erste Teil besteht aus der Vorbereitung vor dem Einreiten in den Parcours. Sie hängt vom Temperament des Pferdes ab. Für heftige Pferde ist Abtraben und Halten auf dem Zirkel die beste Vorbereitung, um sie zu lösen, zu beruhigen und auf die Zügelhilfen gehorsam zu machen. Dagegen stellt man sich mit einem phlegmatischen Pferd, das sich vor dem Hindernis

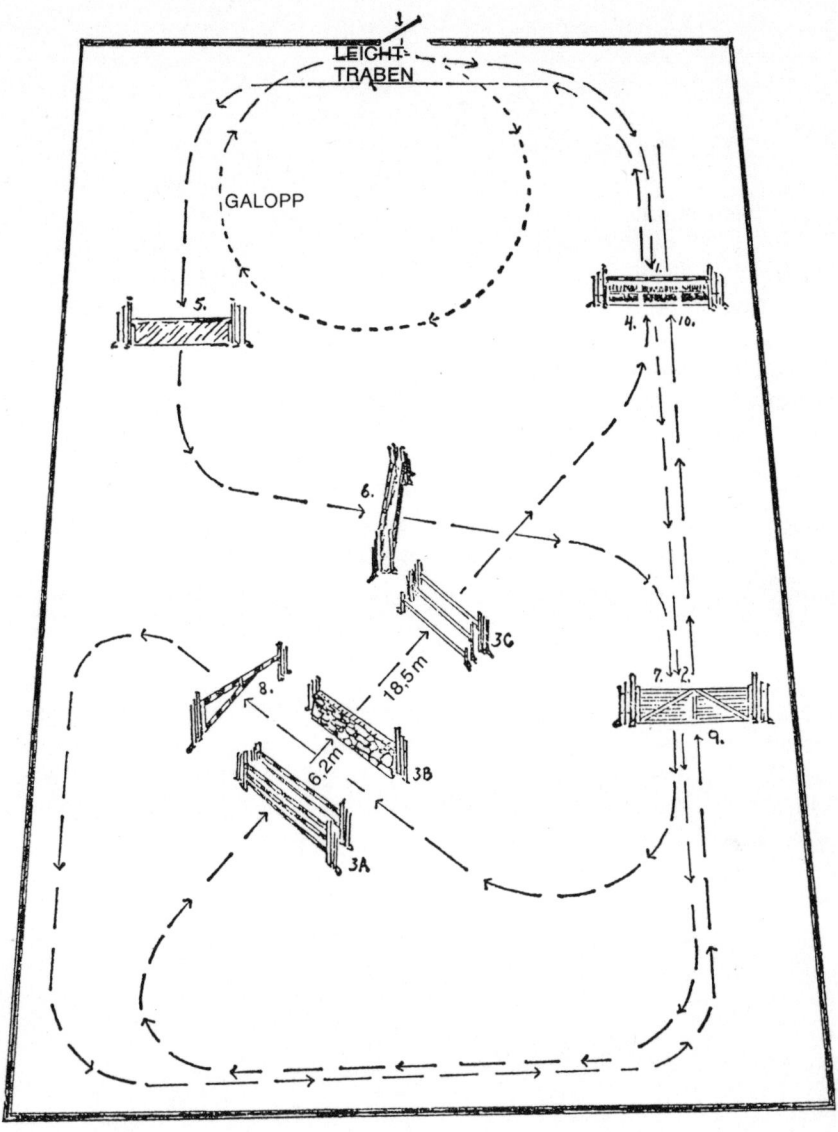

LEICHT-
TRABEN

GALOPP

18,5 m

6,2 m

Abb. 20. Parcours für eine Stilspringprüfung

gern verhält, am besten an der Barriere am Parcourseingang auf. Man versetzt ihm vor dem Einreiten mit der Gerte einen Klaps hinter dem Sattel und animiert es gleichzeitig durch Schnalzen. Diese letzte Vorbereitung ist ein absolut sicheres Mittel, um es aufzumuntern und auf die Schenkelhilfen gehorsam zu machen. Beim Betreten des Parcours für eine Springprüfung muß ja das Pferd sowohl auf die Schenkel wie auf die Zügelhilfen prompt und willig reagieren, wenn der Reiter gute Aussicht haben soll, eine siegreiche Runde zu absolvieren.

Der nächste Parcoursabschnitt ist natürlich der Zirkel, den man vor dem ersten Sprung reitet. Er stellt den einzigen Übergang von den Vorbereitungen vor dem Einreiten zum Springen der Hindernisse dar. Dabei soll das Pferd an die Hilfen gestellt und angehalten werden, sich auf den Reiter zu konzentrieren, und flüssig vom Arbeitstrab zum langsamen Trab und Galopp überwechseln. Sobald das Pferd angaloppiert, muß der Reiter das Tempo zu der für den jeweiligen Parcours und das jeweilige Pferd geeigneten Pace verstärken.

Nun bleibt nur noch der Parcours selbst zu reiten. Ihn untergliedern wir am zweckmäßigsten in drei Abschnitte: die ersten Sprünge, die mittleren Hindernisse und die letzten Sprünge einschließlich eines flüssigen, gelösten Finishs. Diese drei Untergruppen sollten erst einzeln geübt werden, bevor man sie alle zu einem vollständigen Parcours mit Wendungen, Richtungswechseln usw. zusammenfügt. Es kommt hauptsächlich darauf an, bestimmte Linien in einem bestimmten Tempo einzuhalten. Während des gesamten Umlaufs darf der Reiter nur an diese beiden Dinge denken – sonst darf ihn nichts von dem bereits genügend schwierigen Problem ablenken, eine Reihe von Hindernissen zu überwinden und gerade Linien und Wendungen korrekt auszureiten. Diese einfache Regel gilt für fast jeden Parcours, gleich welchen Schwierigkeitsgrades. Man sollte den Reiter vor allem auf Turnieren nicht mit zu vielen Anforderungen belasten. Etwaige Stilfehler oder mangelhafte Springtechnik müssen später bei der nächsten Unterrichtsstunde besprochen und beim Springen einzelner einfacher Übungshindernisse ausgebügelt werden. Gute Gewohnheiten werden langsam und Schritt für Schritt entwickelt, nicht alle auf einmal!

8. Kapitel:
Dritte Ausbildungsstufe beim Springen

Springen mit Zügelanlehnung

Der beste Beweis für das Können und die Geschicklichkeit eines Reiters sind seine Hände. Sie verraten nicht nur, ob er über einen unabhängigen Sitz und gute Schenkellage (Balance) verfügt, sie sind auch Ausdruck gefühlvoller Verständigung zwischen Reiter und Pferd. Diese Verständigung wird erst nach jahrelanger Erfahrung auf vielen verschiedenen Pferden mit unterschiedlichen Schwierigkeiten vervollkommnet und ganz präzise. Ob es sich nun um ein Freizeit-, Renn-, Dressur-, Jagd- oder Springpferd handelt, die Hände müssen stets den durch die treibenden Hilfen erzeugten und erhaltenen Schwung und das Tempo regulieren und beherrschen. Es ist eine sehr schwierige Aufgabe, das Pferd genau im richtigen Augenblick, im richtigen Verhältnis zurückzuhalten oder loszulassen! Jeder Reiter kann ein Pferd vorwärts und an die Hand herantreiben. Aber was er tut, wenn das Pferd «an der Hand steht», ist das Ausschlaggebende. Hier unterscheidet sich der Künstler von dem Reiter!

Auf der dritten Ausbildungsstufe muß der Reiter beim Absprung so unmerklich und geschmeidig mit den Händen vorgehen, daß nur ein Fachmann den Vorgang überhaupt wahrnimmt. Anstatt das Pferd in der Luft allein zu lassen, muß die Reiterhand ihm während der Flugphase Anlehnung gewähren und ganz leichte Fühlung mit dem Maul beibehalten. Man nennt das eine «federleichte» Verbindung. Bestehen irgendwelche Anzeichen, daß die Hände zurückwirken oder im Pferdemaul eine Stütze zur Wahrung des Gleichgewichts suchen, so ist der Reiter nicht fortgeschritten genug, um *mit Zügelanlehnung zu springen*. Der Reiter darf sich *niemals* an den Zügeln festhalten, während umgekehrt das Pferd oft eine Stütze an der Hand des Reiters zur besseren Balance sucht.

Mit den Händen zurückwirken ist der schlimmste Fehler beim Springen: Das Pferd hat nicht genügend Hals- und Kopffreiheit, um sich über dem Hindernis fliegen zu lassen und richtig auszubalancieren. Selbst das mutigste und springfreudigste Tier wird unter einem solchen Reiter bald Springen mit Strafen im Maul assoziieren. Und wenn wir uns wieder auf das Thema «Belohnung und Strafe» beziehen, wird leicht verständlich, warum Pferde, die verweigern, gewöhnlich von Reitern geritten werden, die sie nicht genügend loslassen. Bleibt ein Pferd vor dem Hindernis stehen, sollte man als erstes die Hände und die Zügelführung des Reiters in Frage stellen. Auf keinen Fall darf das Pferd mit scharfen Mitteln vorwärtsgetrieben werden, bevor man sich überzeugt hat, daß es über genügend Kopf- und Halsfreiheit verfügt, um den treibenden Hilfen zu gehorchen.

Eine völlig unabhängige Hand bringe ich meinen Schülern dadurch bei, daß ich sie eine Reihe Springübungen ohne Zügel (und oft auch ohne Bügel) über mehrfache Kombinationen ausführen lasse (mehrere etwa 60 Zentimeter hohe Stangen in einem Abstand von dreieinhalb bis vier Metern). Wenn der Reitschüler häufig übt, diese niedrigen Hindernisse ohne Zügelanlehnung zu springen (Hände in die Hüften gestemmt, auf dem Kopf, hinter dem Rükken, vor der Brust verschränkt, Arme seitlich ausgestreckt usw.), lernt er, seine einzelnen Körperteile unabhängig voneinander zu beherrschen. Seine Hände brauchen keine Stütze mehr. Nimmt der Reiter die Zügel dann wieder auf, empfindet er nicht das Bedürfnis, sich an ihnen festzuhalten oder die Hände am Mähnenkamm aufzusetzen.

In der Praxis habe ich jedoch die Erfahrung gemacht, daß selbst für Könner der Mähnenkamm oder Mähnensträhnen manchmal zum Festhalten sehr gelegen kommen. Wie sicher ein Reiter normalerweise auch ausbalanciert ist, es ergeben sich immer wieder unvorhergesehene Situationen beim Absprung oder während der Flugphase, die den Reiter zwingen, für seine Hände eine Stütze am Mähnenkamm zu suchen. Mit anderen Worten, man muß sich bemühen, ohne Stütze, mit Zügelanlehnung zu springen, darf aber niemals seine Balance auf Kosten des Pferdemauls erhalten! Das ist die Todsünde beim Springen!

Eine weitere gute Übung, um dem Schüler beizubringen, mit Zügelanlehnung zu springen oder, wie man auch sagt, «automatisch nachzugeben», ist folgende: Der Reitlehrer stellt sich zwanzig bis dreißig Meter hinter einem niedrigen Sprung auf und hält die rechte Hand hoch. Ist der Schüler an dem Punkt angekommen, wo er abspringen soll, senkt der Lehrer die Hand zum Zeichen, daß der Schüler die Hände zum Mähnenkamm vorführen soll. Der Sinn der Übung besteht darin, daß der Schüler das Zeichen abwartet, bevor er mit den Händen vorgeht. Nach mehrmaliger Wiederholung senkt der Reitlehrer dann plötzlich nicht die Hand, und der Schüler sollte nun automatisch nachgeben und mit Zügelanlehnung springen.

Gesamtbild des Reiters

Wir sind jetzt an dem kritischsten Punkt in der reiterlichen Entwicklung angekommen. Der Reitschüler ist nun ein fortgeschrittener Durchschnitts- oder Amateurreiter. Noch aber hat er nicht die Stufe des Künstlers im Sattel erreicht. Dies ist die Zeit der ständigen Überprüfung alles Gelernten, der unaufhörlichen Diskussionen, nicht etwa des Stillstands. Der Reiter wird sich entweder weiterhin bemühen, seinen Sitz und seine Technik zu verbessern, oder er wird in schlechte Angewohnheiten zurückfallen.

Kurz gesagt, man kann seine Reitfertigkeit nur vervollkommnen, wenn man möglichst viele verschiedene Pferde mit unterschiedlichen Problemen auf verschiedenen Ausbildungsstufen reitet. Ein guter und fähiger Reiter verdient seinen Namen nur, wenn er mit jedem Widerstand des Pferdes fertig wird, *ohne* dessen Temperament und Nerven zu strapazieren. Einen Reiter, der Pferde übermäßig hart anfaßt und straft, bezeichne ich als «Metzger».

Metzger machen die Pferde immer nervös, verspannt und steif, unempfindlich für leichte, differenzierte Hilfen. Solche Pferde sind seelisch und körperlich nicht frei genug, ihr Bestes zu geben und Höchstleistungen zu erbringen. Der Reiter sollte sich jetzt einen individuellen Springstil und -sitz angeeignet haben, ohne von dem klassischen Vorbild allzu weit abzuweichen. Seine Schenkel müssen in allen Situationen ruhig liegen und koordiniert treiben können. Der Fußballen ruht mühelos auf dem Steigbügel, und die Bügel dürfen nur selten verloren gehen. Verliert der Reiter sie aber gelegentlich einmal, so sollte er, wenn er regelmäßig (etwa während einem Viertel des Unterrichts) ohne Bügel geritten ist, ohne Schwierigkeiten den Parcours zu Ende springen können. Er muß automatisch zur rechten Zeit den leichten Sitz bzw. den Sitz im Sattel einnehmen, und der Hüftwinkel (zwischen Oberkörper und Oberschenkel) verkleinert sich im Sprung gemäß der Absprungenergie des Pferdes und nicht infolge aktiver Verrenkungen des Reiters. Der Oberkörper bewegt sich überhaupt so wenig wie möglich. Die Augen blicken weit voraus. Arme und Hände halten die meiste Zeit eine gradlinige, stete, elastische Verbindung zum Pferdemaul und geben im Augenblick des Absprungs nach. Schnalzen, Sporen oder Gerte werden unverzüglich angewandt, wenn das Pferd auf die treibenden Schenkelhilfen nicht sofort reagiert.

Das Gesamtbild sollte einen Reiter zeigen, der in gutem Stil, entschlossen, sicher und gewandt reitet und springt. Er sollte fähig sein, mit einem Minimum an Aufwand das gewünschte Ergebnis zu erzielen und die gestellte Aufgabe zu erfüllen. Seine Reiterei kann ruhig und doch bestimmt sein, weil sein Körper darauf trainiert ist, den Sitz mit der größtmöglichen Einwirkung einzunehmen, und ihm im Falle irgendwelcher Widersetzlichkeiten ein reichhaltiges Reservoir von Techniken zur Verfügung steht, auf das er zurückgreifen kann. Es ist nichts Geheimnisvolles an einem «schön» reitenden Stilisten, der immer und immer wieder auch das beste Ergebnis erzielt. Es ist nur eine Frage des Verständnisses, der Übung und des Glaubens an eine systematische Ausbildung.

«Mit» und «hinter» der Bewegung reiten

Der Reiter versteht nun, daß er, je nachdem ob er im oder über dem Sattel sitzt, *mit oder hinter der Bewegung reitet.* Der Ausdruck «mit der Bewegung reiten» bedeutet, daß der Schwerpunkt des Reiters sich direkt über dem des Pferdes befindet. Er liegt hinter dem des Pferdes, wenn er «hinter der Bewegung reitet». Je weiter der Reiter hinter der Bewegung sitzt, umso besser kann er sein Gewicht als treibende oder verhaltende Hilfe wirken lassen. Das Reitergewicht ist der entscheidende Faktor, der in Verbindung mit Zügel- und Schenkelhilfen den Motor des Pferdes (seine Hinterhand) beherrscht.

Grundsätzlich bin ich der Auffassung, daß Jagdpferde oder Pferde, die in Springprüfungen und Stilspringen vorgestellt werden, im leichten Sitz (Zwei-Punkt-Kontakt) oder im Drei-Punkt-Kontakt (mit dem Spalt im Sattel), aber mit der Bewegung geritten werden sollen. Ich bin fest davon überzeugt, daß es besser ist, diese Reitweise zuerst zu lehren. Ein Reitschüler soll zunächst Jagdpferde reiten lernen und wenn möglich an Stilspringen teilnehmen, bevor er Springprüfungen der höheren Klasse reitet. Auch habe ich festgestellt, daß ein Reiter mit einem guten leichten Sitz leichter lernt, sich hinzusetzen und hinter der Bewegung zu reiten. Umgekehrt lernt ein guter Reiter, der gewohnt ist, stets hinter der Bewegung zu sitzen, schwerer, sich in die Bügel zu stellen und im leichten Sitz zu reiten. Allerdings sollte jeder Reiter, wenn sein Pferd in einer Prüfung einmal zögert, seinem natürlichen Instinkt folgend den Oberkörper aufrichten und sich in den Sattel setzen, um besser treiben zu können.

Andererseits besteht in Stil- und Jagdpferdeprüfungen kein Grund, sich in den Sattel zu setzen, um ein heißblütiges, schnelles Pferd besser halten zu können. Durch korrekte Zügeleinwirkung in Verbindung mit einem passenden Gebiß und gegebenenfalls einem Martingal, tief gestellte Absätze und fest angelegte Knie und Oberschenkel läßt sich jedes Pferd im leichten Sitz unter Kontrolle bringen und halten. Reitet man mit der Bewegung, kann man sein Pferd am besten flüssig, ruhig und unsichtbar einwirkend vorstellen. Nur ein Reiter, der scheinbar nichts im Sattel tut, verdient, ein Künstler genannt zu werden!

In bestimmten geplanten oder unvorhergesehenen Situationen ist es jedoch unerläßlich, im Sattel hinter der Bewegung zu sitzen. Zum Beispiel wenn man knifflige Hindernisse in schwierigem Gelände springt, ganz junge Remonten oder Pferde, die gern stehen bleiben, reitet oder große Hindernisse in schweren Parcours überwinden muß. Wenn der Reiter sich aufrichtet und sein Gewicht nach hinten verlagert, entlastet er die Vorhand des Pferdes und macht es dadurch schneller und wendiger auf der Vorhand. Damit, daß er sich im Sattel mehr aufrichtet, übernimmt er auf Dauer die Rolle dessen, der für das Gleichgewicht zuständig ist und das Sagen hat. Er befindet sich mit anderen Worten bereits in der Haltung, die größtmögliche Einwirkung gewährleistet, und braucht sie nicht erst einzunehmen. Wenn er in irgendeiner Situation von vornherein mit größeren Schwierigkeiten rechnen muß, sollte er natürlich so lange hinter der Bewegung reiten, bis er seine Aufgabe gelöst hat, sei dies nun ein Nationenpreis-Parcours oder ein Pferd, das nicht durch einen Bach gehen will.

Unter bestimmten Voraussetzungen ist es also wirksamer, hinter der Bewegung zu reiten. Es kann aber nie so flüssig und geschmeidig sein wie das Reiten mit der Bewegung. Ein Reiter, der ein Hindernis hinter der Bewegung sitzend anreitet, muß die Winkelung seines Oberkörpers viel drastischer ändern, um in der Flugphase nicht hinter die Bewegung zu geraten. (Über dem Sprung hinter oder vor der Bewegung zu sitzen, beeinträchtigt aus offensichtlichen Gründen immer die Bewegungsfreiheit des Pferdes.) Je weiter der Oberkörper des Reiters hinter dem Schwerpunkt des Pferdes liegt, um so mehr bedarf es eigener Anstrengung zusätzlich zum Bewegungsschwung des Pferdes, um seinen Hüftwinkel zu verkleinern und sich der

Basküle des Pferdes anzupassen. Dadurch wird eine übertriebene Oberkörperbewegung nötig, die nicht so geschmeidig ist wie bei einem Reiter, der mit der Bewegung geht.

Reiter, die sich das fehlerhafte «Ducken» angewöhnt haben, reiten meistens hinter der Bewegung. Sie haben gelernt «mitzugehen», indem sie ihren Oberkörper beim Absprung brüsk nach vorn werfen. Das ist ein sehr schwerwiegender Fehler, denn er veranlaßt ein schnelles Pferd, noch heftiger und nervöser zu werden. Man kann Ducken nur durch viele ausgedehnte Übungen im leichten Sitz (Zwei-Punkt-Kontakt) korrigieren.

Gerade Hindernisreihen, Wendungen, Kombinationen, schräges Anreiten

Springübungen über *gerade Hindernisreihen* werden nun zum großen Teil durch Training über komplizierte Parcoursabschnitte ersetzt. Sie schließen auch *Wendungen, schräge Sprünge und Kombinationen* ein. Wir konfrontieren den Reiter jetzt also mit einer Reihe von Problemen, die sekundenschnelle Einwirkung verlangen, um sein Reaktionsvermögen zu schärfen und seine Technik zu verbessern.

Die Kunst, die Galoppsprünge zu analysieren, stellt den letzten Schliff beim Parcoursspringen dar: Sie ist gleich wichtig für die Vorstellung von Jagd- wie von Springpferden. Wer kalkulieren kann, ob lange, mittlere oder kurze Galoppsprünge zwischen zwei Hindernissen einzulegen sind, wird weitaus bessere Aussichten haben, einen siegreichen Ritt zu absolvieren, als ein Reiter, der den Parcours «auf gut Glück» springt. Schreitet der Reiter den Parcours vorher ab oder beobachtet mehrere Pferde beim Springen, kann er sich ausrechnen, wieviele Galoppsprünge zwischen nahe beieinander stehenden Hindernissen erforderlich sind. Und, was noch wichtiger ist, welche Pace er einhalten muß, um die exakte Anzahl der Galoppsprünge einzulegen.

Mit durchschnittlich großen Springpferden (ca. 165 Zentimeter Stockmaß) muß man beispielsweise im Jagdgalopptempo reiten, um eine zweifache Kombination im Abstand von acht Metern mit einem einzigen Galoppsprung dazwischen zu überwinden. Bei zwölf Metern Abstand zwischen den Hindernissen kann man in diesem Tempo zwei Galoppsprünge einlegen. Springt man mit demselben Pferd zwei Hindernisse in einem Abstand von sieben bzw. elf Metern, so muß man das Tempo entsprechend verkürzen, um wieder einen bzw. zwei Galoppsprünge einlegen zu können. Auf diese Weise kann man Abstände von fünf, sechs oder sogar sieben Galoppsprüngen analysieren; größere Entfernungen schätzt man allerdings am besten nach Augenmaß, weil dabei zu viel Unvorhergesehenes eintreten kann.

Ich möchte betonen, daß die *Zahl* der Galoppsprünge keine so große Rolle spielt wie das *Tempo,* das für die Einhaltung einer bestimmten Anzahl von Galoppsprüngen erforderlich ist. Nehmen wir als Beispiel zwei Hindernisse, die in einem Parcours fünf Galoppsprünge voneinander entfernt stehen. Der Reiter muß wissen, ob er die Folge im langsamen Galopp, Jagdgalopp oder einem schnelleren Tempo anreiten muß, um jeweils den richtigen Absprung zu erwischen. Je enger die Hindernisse aufeinanderfolgen, um so wichtiger ist es für den Reiter, auf die Zahl der dazwischen liegenden Galoppsprünge zu achten. Aber er sollte nur gelegentlich bewußt zählen (eins, zwei, drei –), denn das lenkt ihn nur von seinem natürlichen Gefühl für das richtige Tempo und den günstigsten Absprung ab. Vielmehr sollte er sich bemühen, das geplante Tempo einzuhalten und sein Augenmaß für Entfernungen zu schulen.

Beim Thema «Augenmaß» und «Einschätzung von Abständen» möchte ich darauf hinweisen, daß diese Begriffe mit dem richtigen Absprung zusammenhängen. Diesen zu finden ist unerläßlich, wenn man beständig Höchstleistungen erzielen will. Das begabteste Pferd der Welt kommt nicht immer von allein richtig an den Sprung heran. Denn Turnierspringen ist unnatürlich für ein Pferd. Der Raum ist begrenzt, die Hindernisse haben alle verschiedene Farben, Abmessungen und Formen. Auch sind noch Wendungen und zahlreiche andere ungewöhnliche Faktoren zu bewältigen. Modernen Maßstäben stilistisch gerecht kann ein Umlauf über eine solche künstliche Folge von Hindernissen nur ausfallen, wenn einem geschickten, begabten Pferd dabei ein intelligenter, begabter Reiter zu Hilfe kommt. Ein Pferd, das durch zu starke Zügeleinwirkung des Reiters behindert wird, ist genauso benachteiligt wie ein Tier, das ein passiver Reiter völlig sich selbst überläßt.

Reitlehrern, die ihren Schülern beibringen wollen, den richtigen Absprung zu finden, rate ich, *die Finger davon zu lassen!* Meiner Erfahrung nach ist das etwas, das der Schüler ganz allmählich von selbst in der Praxis lernen muß. Es ist Gefühlssache, fast wie ein sechster Sinn, und je mehr man den Reiter sich selbst und seinem Instinkt überläßt, um so besser. Nur manchmal, wenn ich meinen Schülern das Mitgehen mit der Hand beibringe, kombiniere ich diese Übung mit dem richtigen Absprung, um dem Reitschüler so das Gefühl dafür zu vermitteln, «wann es paßt». Aber im großen und ganzen lege ich Wert darauf, daß der Schüler dieses «gewisse Etwas» soweit wie möglich selbst erwirbt.

Oft habe ich versucht, Schülern, die Schwierigkeiten mit dem richtigen Absprung haben, auf *indirekte* Weise zu helfen. Ein Reiter mit schlechtem Augenmaß scheint verschiedene typische Merkmale zu besitzen. Der ausschlaggebendste Faktor ist wohl Nervosität. Je mehr sich ein Reiter aufregt, um so eher erwartet er Schwierigkeiten, und damit verdirbt er sich alle Chancen, den richtigen Zeitpunkt zum Absprung zu finden. Er ist außerstande, ruhig abzuwarten, bis er den günstigsten Punkt vor dem Hindernis sieht. Man muß warten können, bis die richtige Entfernung zum Absprung kommt, man kann sie nicht herbeizwingen.

Eine sehr populäre Theorie, der ich ganz und gar nicht zustimme, lautet: Je weiter von dem Hindernis entfernt ein Reiter den richtigen Absprung erkennen kann, um so besser. Meines Erachtens ist das falsch. Denn je weiter entfernt der Reiter den Absprung im voraus plant, um so wahrscheinlicher verkalkuliert er sich. Guten Reitern scheint es niemals zu eilen, «den richtigen Moment zu erwischen». Sie können abwarten und die Entscheidung auf sich zukommen lassen.

Die Hände geben Hinweise auf das Temperament eines Reiters, und gute (ruhige, stete, entspannte) Hände fallen gewöhnlich mit gutem Augenmaß zusammen. Hier wird deutlich, daß der direkteste Weg, um das Gefühl für den richtigen Absprung zu verbessern, darin besteht, sich nicht viel um den Absprung selbst zu kümmern. Stattdessen sollte man versuchen, das Anreiten so ruhig wie möglich zu gestalten, wobei man besonders auf ruhige Hände Wert legt. Die Mahnungen «Sitz ruhig!» oder «Halte deine Hände ruhig!» sind gar nicht so weit vom Kernpunkt entfernt. Ungeachtet modernerer Trainingsmethoden treffen sie noch immer ins Schwarze!

Bei einer meiner Lieblingsübungen teile ich, um den Reitschüler zu entkrampfen und sein Augenmaß zu schulen, das Anreiten gegen ein Hindernis in drei Zonen auf. Der erste Abschnitt ist die Wendung am Ende der Reitbahn, während der Reiter sich darauf konzentriert, ein gleichmäßiges Tempo einzuhalten, sein Pferd auszubalancieren und korrekt zu biegen. Die zweite Zone beginnt, wenn der Reiter aus der Wendung kommt und geradeaus auf das Hindernis zureitet. Nun entspannt er sich, konzentriert sich auf leichte Zügelverbindung und wartet ab, bis er ein Gefühl für seinen Abstand zum Hindernis bekommt. Die dritte Zone liegt zwischen dem Augenblick, in dem der Reiter den Abstand zum Hindernis erkannt hat und dem Absprung. Diese kurze Zeitspanne dient ihm hauptsächlich dazu, sein Pferd ins Gleichgewicht zu bringen, indem er mit dem Spalt in den Sattel einsitzt.

Reiterprüfungen kombiniert mit Stilspringen (equitation classes)

Zu einer ausgefeilten Vorstellung in einer unserer «equitation classes», einer Kombination aus Jugendreiterprüfung und Stilspringen (s. S. 131), gehören vier Faktoren: Stil, Leistung, Beständigkeit und effektvolle Vorstellung. Fehlt eine dieser wesentlichen Voraussetzungen, sind die Aussichten, solch eine Prüfung auf Spitzenniveau zu gewinnen, gering. Natürlich hat jeder Reiter seine Stärken und Schwächen, aber er sollte danach streben, sich auf allen vier Gebieten zu verbessern.

Mit *Stil* ist ganz einfach die Haltung des Reiters in den Gangarten und beim Springen gemeint. Ein fortgeschrittener Reiter muß einen klassischen und dennoch individuellen Stil besitzen. Nur selten darf es vorkommen, daß die Erfüllung einer bestimmten Aufgabe auf Kosten des Stils geht. In der Spitzenklasse ist es für einen Reiter praktisch unmöglich, in die Endauswahl zu kommen, wenn er nicht eine individuell geprägte klassische Haltung hat. Den größten Eindruck wird es einem Richter machen, wenn er Reiter und Pferd als ein «Bild» behält. Stil hängt natürlich eng mit der Reiterfigur zusammen. Aber einige der am klassischsten aussehenden Reiter mußten individuelle körperliche Mängel kompensieren. Ich bin der Überzeugung, daß jeder Reiter sich bemühen soll, seine Haltung soweit wie möglich zu vervollkommnen.

Bei Stilprüfungen spielt auch das *Pferd* eine Rolle. Nicht nur der Reiter muß reiten können, sondern auch das Pferd muß gebäude- und temperamentmäßig geeignet sein. Am besten sucht man das Pferd in Gebäude und Größe nach der Figur des Reiters aus. Ein kurzbeiniges junges Mädchen paßt beispielsweise auf ein etwa 155–160 Zentimeter großes, schmales, leichtes Pferd, und nicht auf ein 165–170 Zentimeter hohes, breitrumpfiges, mittelschweres Tier. Reiter und Pferd müssen körperlich zueinander passen, um ein gutes Gesamtbild abzugeben.

Ferner muß ein Pferd für Stilspringen auch begabt und rittig sein. Es soll weiche, angenehme Gänge und genügend Vorwärtsdrang haben, um den Reiter «mitzunehmen». Es darf weder zu heftig noch zu faul sein. Ein heißblütiges Tier wird oft im kritischen Moment «explodieren», während der Reiter auf einem Pferd, das träge dahinschleicht, niemals diskret einwirken kann, da er ein solches Exemplar «ständig reiten» muß. Außerdem soll das Pferd natürlich imstande sein, mühelos 1,15 Meter zu springen und seine Galoppade schnell und gekonnt schwierigen Abständen zwischen Hindernissen anzupassen. Es muß sich gut wenden lassen und darf auch in fremder Umgebung und vor unvorhergesehenen Situationen nicht das Herz verlieren. Ein scheues, mißtrauisches Tier eignet sich für die heutigen Turnierverhältnisse kaum. Zusammenfassend läßt sich sagen: Ein geeignetes Pferd für Stilspringen soll einigermaßen hübsch, leistungsfähig, sensibel und gehorsam sein und willig auf die vielen verschiedenen Anforderungen des Reiters eingehen.

Beständigkeit ist nur durch die gemeinsamen Anstrengungen von Reiter und Pferd zu erreichen. Beide müssen ausreichend begabt sein, um immer wieder die Anforderungen der Prüfung fehlerlos zu erfüllen. Ein beständiges Team ist eine Reiter-Pferd-Gemeinschaft, mit der der Richter rechnet und von der er erwartet, daß sie siegreich sein oder plaziert werden wird. Für einen Richter ist es wichtig, daß er sich auf ein solches Team verlassen kann, besonders wenn die Vorstellungen der Vorreiter mäßig waren und er keinen gesehen hat, der eine Schleife wirklich verdient. Beständigkeit beweist sich ebenso in präzise gerittenen Reiterprüfungen (ohne Hindernisse) wie über verschiedenartige Parcours. Präzision ohne Augenmaß gibt es nicht, und so zeichnet sich der Stilist außer durch seinen Stil und seine Leistung auch durch Beständigkeit aus.

Effektvolle Vorstellung

Die Kunst, sich in Szene zu setzen, setzt der Vorstellung erst die Glanzlichter auf. Manche Leute haben ein angeborenes Talent, sich ins Rampenlicht zu stellen. Diese Veranlagung hängt vermutlich mit ihrem Selbstbewußtsein zusammen. Sie strahlen Überlegenheit und Können aus und nutzen jede Gelegenheit, um sich unauffällig ins rechte Licht zu rücken. Am besten kann man das beobachten, wenn mehrere Reiter ihr Pferd dressurmäßig vorstellen. Beim Abreiten vor der Prüfung arbeitet der intelligente Reiter sein Pferd im Schulterherein, Außengalopp, in verstärkten und versammelten

106. Können führt zum Erfolg
Katie Monahans erfolgreiche Karriere kann man ihr auf diesem Bild vom Gesicht ablesen. Sie weiß genau, was sie mit ihrem Pferd erreichen will, und ihre vollkommene Technik erlaubt ihr, jedes Ziel zu erreichen. Foto: Budd

107. Mühelose Kraft
Katie Monahan und «The Jones Boy» zeigen, wie leicht es ist, einen riesigen Oxer zu überwinden, wenn die grundlegenden Voraussetzungen gegeben sind: Talent, Schulung und harte Arbeit. Foto: Budd

108. Bilderbuchstil
Fred Bauer, der anfangs mein Schüler und später Ronnie Mutchs Schüler war, ist ein gutes Beispiel für einen erfolgreichen Reiter, der einen «Bilderbuchstil» hat. Die Kombination von einer idealen Reiterfigur, einer perfekten Winkelung der vier wichtigen Körperpartien und einer korrekten grundlegenden Technik ließ diese vorbildliche Momentaufnahme entstehen. Foto: Budd

109. Der letzte Schliff
James Hulick – angefangen bei seinem maßgeschneiderten Reitanzug und der perfekten Kondition seines Pferdes bis zu seinem ausgezeichneten Stil – liefert ein Musterbeispiel für eine vollendete Vorstellung in einer Reiterprüfung. Dennoch ist die Aufmachung schlicht und ohne jeden Firlefanz.

110. Ein junges Springpferd in gutem Stil vorgestellt
Anna Jane White, eine der Schülerinnen, die die Übungen zu Anfang des Buches demonstrierten, reitet auf diesem Foto energisch und mit starker Schenkeleinwirkung. Ein junges Springpferd kann und sollte korrekt in gutem Stil geritten werden. Foto: Budd

111. Energisch vorwärtsgetrieben
Anna Jane White auf ihrem bekannten «Rivet», den sie über ein schwieriges Hindernis energisch vorwärtsreitet. In ihrem Bemühen, den Schwung zu erhalten, sind ihre Fußspitzen etwas auswärts gekehrt, und ihr Rücken ist leicht gerundet. (R. D. Mutch, Trainer)

112. Ein Bild, das Klasse verrät
Leslie Burr ist nicht nur eine außergewöhnlich begabte Reiterin, sondern sieht auch hinreißend aus im Sattel. Sie läßt ihrem Pferd volle Bewegungsfreiheit, reitet gut vorwärts und hat die beste Reiterfigur, die man sich für die Vorstellung eines Jagdpferdes wünschen kann. Foto: Budd

113. Entspannt und dennoch konzentriert
Buddy Brown und sein legendärer «Sandsablaze» zeigen uns, wie leicht sich ein schwieriger Parcours mit der richtigen Einstellung springen läßt. Beide leisten perfekte Arbeit ohne eine Spur von Spannung oder Steifheit. Foto: Budd

114. Reiter und Pferd auf Grand Prix-Niveau
*Bis auf Buddy Browns gesenkten Kopf zeigt dieses Foto die gleiche Haltung und
Technik von Reiter und Pferd wie das vorherige Bild. Das beweist, daß ein korrekter
grundlegender Stil auch über hohe Hindernisse nicht verlorengeht.* Foto: Budd

115. Bewegungsfreiheit
Buddy Brown geht weit mit den Händen über dem Sprung vor. Die Zügel hängen durch, und «Sandsablaze» hat völlige Hals- und Kopffreiheit. Für das Pferd stellt das die höchste Belohnung über einem mächtigen weiten Oxer dar.

116. Kraft und Geschmeidigkeit
Ein kühler Kopf, Ruhe und Überlegenheit, weiche, unsichtbare Hilfen, Beständigkeit und gefälliger Stil – das sind die Voraussetzungen für eine siegreiche Runde. Katherine Burdsall und «Old Salt» gewinnen fast immer! Foto: Budd

117. Eine elegante Erscheinung im Sattel
Wenn Cynthia Hankins in den Parcours einreitet, erregt sie sofort die Aufmerksamkeit der Zuschauer. Wegen ihrer außergewöhnlich guten Figur im Sattel und ihres hervorragenden Stils ist sie in Stilprüfungen schwer zu schlagen. Foto: Budd

118. Siegeswillen
Kampfbegeisterung und Siegeswillen sind positive Eigenschaften, die in dem Gesichts-
ausdruck von Colette Lozins und ihrem häufig hoch plazierten «Sanman» zum
Ausdruck kommen. Foto: Budd

119. Eine schöne Reiterin auf einem schönen Pferd
Schönheit kommt beim Reiten durch Können zum Ausdruck. Francie Steinwedel und
«Hot Soup» sind Könner! Die elegante Erscheinung der Reiterin und ihr klassischer Stil
vereinen sich zu einem unwiderstehlichen Eindruck. Foto: Freudy

120. Ein eindrucksvolles Team
Elizabeth Sheehans lange Schenkel liegen gut an dem breiten Rumpf von «Excitress» an. Reiter und Pferd passen nicht nur gebäude- sondern auch temperamentmäßig zusammen; beide sind forsch und mutig. Foto: Budd

121. Entspannte Aufmerksamkeit
Hugh Mutch reitet wohlüberlegt und ist bei Wettkämpfen stets bemerkenswert gelöst. Mir gefällt ganz besonders die entspannte und dennoch gerade Rückenlinie. Foto: Budd

122. Poetische Freiheit
Wenn man so gut reitet wie Conrad Homfeld (hier auf «Balbuco»), kann man sich einen geringfügigen Stilfehler leisten. Conrads Reitweise ist Poesie in der Bewegung. Hier versucht er, sich mit seinem Pferd über einem mächtigen Hoch-Weitsprung auszubalancieren, indem er vermehrten Knieschluß nimmt, wodurch seine Schenkel lose nach hinten schwingen. Foto: Budd

123. Tierliebe

Michael Sasso kann sein Pferd «Dillon» zu höchster Leistung anspornen, weil er es aufrichtig liebt. Die Liebe zum Pferd – diese unfaßbare Eigenschaft – scheint die «Großen» von den «nicht so Großen» in dem geheimnisvollen Reich der Pferdeleute zu trennen. Menschlichkeit ist die größte Gabe, die ein Reiter besitzen kann.

124. Ein Olympionike
Dieses Buch wurde in der Hoffnung geschrieben, daß es jedem Leser helfen wird, seine eigenen «olympischen Höhen» zu erreichen – sei es als Freizeit-, Jagd- oder Turnierreiter. Michael Matz (hier auf «Mighty Ruler») ist eine olympische Größe in jeder Hinsicht – als Reiter, als Pferdemann und vor allem als Persönlichkeit. Foto: Budd

125. Meisterhafte Einwirkung
Bernie Traurig ist ein Reiter, der sein Pferd vollkommen beherrscht. Beachten Sie seine meisterhaften Hände und die weiche Zügelverbindung in der Flugphase über dem großen Oxer, den er hier mit «The Cardinal» überwindet.

126. Zeitspringen
Armand Leone und sein «Sombre» sind ein schwer zu schlagendes Team in Zeitspringen. Wenn man auf Tempo reitet, verrutscht die vorschriftsmäßige Haltung schon einmal etwas! Hier führt Leone eine scharfe Rechtswendung in der Luft aus. Foto: Budd

127. Den Pferderücken entlasten
Man kann erkennen, daß Dennis Murphy und sein unermüdlicher «Tuscaloosa» ihr
Letztes geben, um diesen Mammutoxer zu überwinden. Der Reiter spornt sein Pferd
nicht nur an, sondern – was noch wichtiger ist – stört es nicht beim Sprung. Hier haben
wir ein anderes Beispiel mit dem Beweis, daß es manchmal nötig ist, etwas vom
vorbildlichen Stil abzuweichen, um seinem Pferd zu helfen. Foto: Budd

128. Das «schwache» Geschlecht

Daß das «schwache» Geschlecht nicht so schwach im Sattel ist, beweist hier Melanie Smith mit der Siegerschärpe. Am meisten gefällt mir jedoch, daß die reiterlichen Grundlagen stimmen. Melanie Smith und «Val de Loires», die hier im Stechen auf Zeit einen Großen Preis gewinnen, zeigen beide vorbildlichen Stil. Foto: Budd

Gangarten, anstatt es lediglich auf dem Hufschlag abzutraben. So lenkt er die Aufmerksamkeit des Richters auf sich, der gleich erkennt, daß der betreffende Reiter fähig ist, sein Pferd zu arbeiten. In großen Abteilungen versteht der Reiter, der Eindruck machen will, sich bei jeder günstigen Gelegenheit vor dem Richter in Szene zu setzen. Er taucht nicht in der Masse unter! Wenn aber etwas schiefgehen sollte, ist er der erste, der außer Sicht bleibt. Ein versierter Turnierreiter hat drei offene Augen: eines für seine eigene Vorstellung, eines für die Konkurrenten und eines für den Richter. Die Aufmachung von Reiter und Pferd spielt bei einem *effektvollen Gesamteindruck* ebenfalls eine Rolle. Eine ordentliche, gepflegte Reiter-Pferd-Kombination erregt immer Aufsehen. Es ist wichtig, die Mähne entsprechend dem Gebäude des Pferdes einzuflechten. Die Anzahl der Zöpfe richtet sich nach dem Hals des Pferdes: Ein Pferd mit langem Schwanenhals braucht weniger Zöpfe als ein Pferd mit kurzem, dickem Hals. Auch die Reitkleidung ist bei Stilprüfungen wichtig. Sie muß gut sitzen, vorschriftsmäßig und dezent sein. Schreiende Farben und unpassende Farbkombinationen sind unerwünscht. Handschuhe wirken immer vornehm. Damen sollten eine ordentliche Frisur tragen; das Haar darf ihnen nicht ins Gesicht fliegen. Gerten oder Reitpeitschen sollen möglichst kurz und unauffällig sein. Am besten ist dunkelbraunes Leder ohne Schlaufe. Allgemein soll die Gesamterscheinung elegant, dezent und vor allem geschmackvoll sein, damit der Reiter schon beim Betreten des Reitplatzes einen guten Eindruck erweckt.

Vorstellung von Jagdpferden über einen Geländekurs

Eine Geländeprüfung oder eine Jagdpferde-Eignungsprüfung über einen Geländekurs zu reiten, stellt den Reiter, der sich auf Stilspringen spezialisiert hat, vor besondere Schwierigkeiten. Beide unterscheiden sich in einem sehr wesentlichen Faktor, und das ist das Tempo. Ein normaler Parcours wird in einem um drei bis vier Stundenkilometer langsameren Tempo geritten als ein Geländekurs, und darauf muß man sich erst einstellen.

Meiner Erfahrung nach lernen Reiter und Pferd am besten mit einer Geländestrecke umgehen, wenn man sie im Trab an den einzelnen Hindernissen vorbeireiten läßt, und zwar in der Richtung des späteren Kursverlaufs. Um ein heißblütiges Tier oder ein Pferd, das «der Hafer sticht», zu beruhigen, empfiehlt es sich, nun auf dem Zirkel um einzelne Hindernisse herumzureiten und neben ihnen zu halten. Mit einem gehorsamen und ruhigen Pferd ist das natürlich nicht nötig. Nach dem Abtraben kann man dieselbe Arbeit im Galopp wiederholen und gegebenenfalls die Hindernisse wieder umkreisen und neben ihnen durchparieren.

Jetzt ist es an der Zeit, Gefühl für die richtige Pace zu entwickeln. Das Pferd ist schon genügend abgeritten und gelöst, daß man das Tempo zum Jagdgalopp verstärken kann. Bevor man mit dem Springen beginnt, müssen Reiter und Pferd sich in das schnelle Tempo und den Rhythmus des Jagdgalopps hineinfinden. Nach einer Verschnaufpause am hingegebenen Zügel kann mit dem Springen begonnen werden.

Den Kurs teilen wir wieder in verschiedene Abschnitte auf. Den ersten Abschnitt, die Vorbereitung, haben wir im Vorstehenden bereits erklärt; er richtet sich nach dem Temperament des jeweiligen Pferdes. Vor dem ersten Hindernis geht der Reiter wieder auf den Zirkel, nur daß dieser jetzt größer angelegt wird, damit der Reiter mehr Zeit hat, das richtige Tempo zu entwickeln. Hat er das Pferd im gewünschten Jagdgalopp, konzentriert sich der Reiter auf das Anreiten der ersten Linie, die wahrscheinlich schon drei oder vier Hindernisse miteinander verbindet. Daraufhin pariert er weich durch. In der gleichen Abfolge werden auch die übrigen Streckenteile gesprungen, bis Reiter und Pferd den gesamten Kurs stückchenweise absolviert haben. Erst dann versucht man, die ganze Strecke an einem Stück zu reiten, aber nur, wenn das Pferd bisher ruhig und geregelt gegangen ist. Seine Wege, die im voraus geplanten Linien, und das Tempo müssen dem Reiter dabei das wichtigste sein, das möchte ich noch einmal wiederholen.

Beim Vorstellen eines Jagdpferdes muß der Reiter stets im leichten Sitz reiten und seine Hände, unabhängig von der Kopfhaltung des Pferdes, tief seitlich des Widerrists stellen. So lassen sich Maulschwierigkeiten oder fehlerhafte Kopfstellungen am besten verdecken und ausgleichen, und man erweckt den Eindruck, daß das Pferd leicht zu reiten ist. Auch betont der leichte Sitz das Bild eines flüssigen, geschmeidigen Rittes. In diesem Sitz lenkt der Reiter nicht durch übertriebene Bewegung von der Gang- und Springmanier des Pferdes ab. Kurz, ein Jagdpferd sollte auf Turnieren so vorgestellt werden, daß der Reiter wie schmückendes Beiwerk wirkt und den Eindruck der *Mühelosigkeit* noch verstärkt. Er darf überhaupt nicht auffallen. Ein Jagdpferd ist ein Pferd, das sich im Jagdfeld, hinter der Meute, angenehm reiten läßt. Auf jeden Fall muß es als ein angenehmes Pferd präsentiert werden, ob das nun stimmt oder nicht.

Vorstellung von Springpferden

In diesem Buch wollen wir nicht auf das fortgeschrittenere Training von Springpferden der höheren Klassen eingehen. Wir beschränken uns darauf, lediglich die vorbereitende Arbeit zu beschreiben, die für *die Ausbildung von Springpferden* erforderlich ist. Reiter, die eine gute Grundlage im Vorstellen von Turnierpferden im leichten Sitz haben – in Stilprüfungen oder in Jagdpferde-Eignungsklassen – erfüllen zweifellos die nötigen Voraussetzungen, um schwierigere Parcours mit engeren Wendungen und erhöhten Tempoanforderungen springen zu lernen. Sie sind ja mit den vorbereitenden gymnastischen Übungen für Springpferde bereits teilweise vertraut.

Drei grundlegende Übungen werden allgemein angewandt, um die athletischen Fähigkeiten eines angehenden Springpferdes so gut wie möglich zu entwickeln. Sie wirken zugleich beruhigend und ausgleichend auf seine Gemütsverfassung. Es sind im einzelnen: Traben über Cavaletti, Springen von zweifachen Kombinationen, die ohne dazwischen eingelegten Galoppsprung, und von solchen, die mit ein bis zwei Galoppsprüngen überwunden werden müssen. Diese drei einfachen gymnastischen Springübungen können endlos variiert werden. Natürlich muß man dann auch weiter auseinander stehende Kombinationen in das Ausbildungsprogramm einbeziehen. Außerdem gibt es eine Reihe von Übungen, die auf dem Zirkel und in Wendungen ausgeführt werden, um Reiter und Pferd mit Reiten «auf Zeit» vertraut zu machen. Diese Arbeit geht jedoch über den Rahmen unseres Themas hinaus.

Das Training von Springpferden erfordert unglaublichen Einfallsreichtum und Abwechslung. Es wäre in einem zusätzlichen Buch zu behandeln. Ich beschränke mich deshalb darauf, lediglich die Reitschüler, die daran interessiert sind, auf zwei wesentliche Variationen im Sitz hinzuweisen. Im Gegensatz zu der tiefgestellten Hand und dem leichten Sitz, die erforderlich sind, um sich der langen Galoppade und dem nach vorne verlegten Schwerpunkt des Jagdpferdes anzupassen, sollte der Springreiter die Hände etwas höher stellen, seinen Oberkörper leicht aufrichten und etwas tiefer im Sattel sitzen. Mit der Verlegung seines eigenen Schwerpunkts weiter nach hinten (in Richtung der Senkrechten) und dem gleichzeitigen Anheben von Kopf und Hals des Pferdes, verlagert sich auch das Gleichgewicht des Pferdes nach hinten. Das ist genau das, was wir wollen. Je leichter das Pferd auf der Vorhand ist und je mehr seine Hanken gebeugt sind, umso freier und beweglicher werden die Vorderbeine. Von einem Springpferd werden absoluter Gehorsam, Schwung (zu jeder Zeit) und Balance (entlastete Vorhand) verlangt. Der Reiter muß zweckentsprechend sitzen, um dem Pferd zu helfen, daß es diese drei Voraussetzungen erfüllt.

Ausschlaggebende Faktoren für einen guten Sprung

Bevor wir diesen Abschnitt über fortgeschrittene Springausbildung beenden, möchte ich *fünf Faktoren* erläutern, die *für jeden Sprung* unerläßlich sind. Diese fünf Bestandteile eines Sprungs können so schlecht ausgeführt werden, daß sie unerkennbar sind; können so vollendet geritten werden, daß sie unmerklich erscheinen, – vorhanden sind sie immer.

Der erste Faktor, der beim Springen in Betracht gezogen werden muß, ist der «Weg». Er kann senkrecht auf die Mitte des Hindernisses zu laufen, aber auch schräg (Anreiten aus einem schrägen Winkel) oder gebogen (Springen aus einer Wendung heraus). Irgendein Weg, ob nun gut oder schlecht, existiert immer.

Der zweite Faktor hängt mit dem *Tempo* zusammen. Wenn wir von Tempo sprechen, meinen wir eigentlich Pace und Galoppsprung. Sie sind alle eng miteinander verbunden. Wird das Tempo verlangsamt,verkürzen sich auch die Tritte oder Galoppsprünge; bei schnellerem Tempo werden sie länger. Jeder Sprung wird in einem bestimmten Tempo angeritten. Manchmal wird es vom Reiter bestimmt, in anderen Fällen hängt es von der Schwierigkeit des Hindernisses oder der Hinderniskombination ab, und manchmal wird es leider auch vom Pferd gewählt!

Der nächste Faktor ist *Schwung*. Schwung ist nicht dasselbe wie Tempo. Jeder Sprung verlangt von jedem Pferd unterschiedlichen Schwung. Schwung bedeutet Vorwärtsdrang und Energie. Mit zunehmendem Tempo erhöht sich natürlich auch der Schwung; wenn das Tempo verlangsamt wird, läßt der Schwung nach. Oft aber verlangt eine bestimmte schwierige Situation ein langsames Tempo und einen kurzen Galoppsprung und dennoch viel Schwung. In der Regel ist es Aufgabe des Reiters, den Schwung zu erhalten. Allerdings gibt es viele heißblütige Pferde, die auch in ganz langsamem Tempo noch von selbst schwungvoll gehen. Werden sie aber schnell geritten, haben diese Pferde zuviel Schwung. Der Reiter kann erst durch Erfahrung einen sechsten Sinn für Schwung entwickeln und lernen, sein Pferd so zu reiten, daß es für die Erfüllung einer bestimmten Aufgabe stets genügend «Antrieb» hat. Jeder Spitzenspringreiter weiß das.

Wir kommen nun zum vierten Faktor, der *Balance* beim Anreiten gegen ein Hindernis. Balance hängt, wie erwähnt, mit Entlastung der Vorhand zusammen. Oder, anders ausgedrückt: Das Gewicht des Pferdes muß von den Schultern vermehrt auf die Hinterhand verlegt werden. Erreichen kann man das auf dreierlei Arten: erstens indem man den Pferdekopf anhebt, zweitens indem man die Hinterhand aktiviert, drittens indem man beides gleichzeitig tut. Aber nicht nur das Gleichgewicht von vorn nach hinten, sondern auch das Gleichgewicht nach den Seiten ist wichtig. Das Gefühl des Reiters für dieses Ausbalancieren ist von entscheidender Bedeutung. Manche brauchen Jahre der Erfahrung, um dieses Gefühl zu entwickeln, während andere, genau wie für den Schwung, einen natürlichen Instinkt dafür mitbringen.

Der fünfte wichtige Faktor, die *Distanz,* ist das Thema, über das Reiter am meisten diskutieren und sich Gedanken machen. Mit Distanz ist die Entfernung vom Sprung gemeint, aus der das Pferd noch bequem abspringen kann. Sie ist natürlich ebenfalls von Sprung zu Sprung und von Pferd zu Pferd verschieden. Der durchschnittliche Reiter braucht Jahre, bis er lernt, sie richtig zu taxieren. Man spricht auch von dem «Augenmaß» für Distanzen oder der Fähigkeit, ein Pferd «passend an den Sprung zu bringen». Man sollte den höchsten Punkt des Hindernisses anvisieren; Gefühl oder sechster Sinn sagen dem guten Reiter dann alles über den richtigen Abstand. Natürlich ist diese Fähigkeit eng mit den vier vorausgehenden Faktoren verbunden. Die beschriebenen fünf grundlegenden Faktoren bilden die Voraussetzung für jeden guten Sprung. Stimmen nur einer oder mehrere nicht, ist es unmöglich, ein Hindernis korrekt zu überwinden.

Teil IV:
Teilnahme an Turnieren

Turniere – nur eine Prüfung

Zu Beginn dieses vierten Teils des Buches möchte ich den Leser bitten, eine *Turnierprüfung* einmal mit einem Examen zu vergleichen. Beide Prüfungen geben Aufschluß über den augenblicklichen Stand des Schülers und verraten, wie gründlich er seine Hausaufgaben erledigt hat – nicht mehr und nicht weniger. Sobald der Erfolg in der Prüfung wichtiger wird als die Aneignung wirklichen Wissens, geht der Sinn der Sache verloren. Die Siegerschleifen, die der Reiter auf Turnieren gewinnt, sind lediglich ein konkreter Beweis für die harte Arbeit, die er in Vorbereitung auf die Prüfung geleistet hat. Ich würde mich zu keinem Examen melden, ohne genügend vorbereitet und sicher zu sein, daß ich es zumindest bestehe. Und ich würde auch keine Ausschreibungsformulare für eine Turnierprüfung ausfüllen und kein Startgeld bezahlen, solange mein Pferd und ich nicht soweit fortgeschritten sind, daß wir eine anständige Vorstellung geben können. Einem Neuling, der keinen Lehrer hat, der ihn kritisieren und ihm sagen kann, ob er für Turniere reif ist oder nicht, empfehle ich, bei einem ehrlichen Fachmann Rat zu suchen. Ein turniererfahrener Berufsreiter wird mit Sicherheit sagen können, ob der betreffende Reiter sich mit seinen Konkurrenten messen kann und den Anforderungen einer bestimmten Prüfung gewachsen ist.

Eine Möglichkeit, die selbst erfahrene Reiter ausnutzen, ein junges Pferd mit dem Turniergeschehen vertraut zu machen, ist, mit dem Pferd einen ganzen Tag lang nur auf dem Turnierplatz herumzureiten. Auf kleineren ländlichen Turnieren kann man sich dann noch in den letzten Minuten für eine Prüfung melden. Nach demselben Prinzip kann man auch junge, unerfahrene Reiter zwanglos in das Turniergeschehen einführen. Im allgemeinen ist es am vernünftigsten, sich mit jungen, unerfahrenen Reitern und Pferden zunächst auf Reiterwettbewerbe und einfache Dressurprüfungen zu beschränken und

Springprüfungen noch fernzubleiben. So vermeidet man weitgehend heikle Situationen. Die Turnierteilnahme an sich vermittelt Reiter und Pferd eine gewisse Erfahrung und dem Reiter eine Vergleichsmöglichkeit. Der Turnierneuling kann sich einen guten Start verschaffen, wenn er seinen gesunden Menschenverstand gebraucht und die Ratschläge von Turnierexperten befolgt. Ehrgeizlinge erleben gewöhnlich einen Reinfall, und Überängstliche bekommen gar nicht erst die Kurve!

Die Turnierbestimmungen sind vernünftigerweise so abgefaßt, daß es genügend Reiterwettbewerbe und Stilprüfungen verschiedener Schwierigkeitsgrade gibt, die außerdem noch je nach den Erfolgen der Reiter in vorhergegangenen Prüfungen gehandikapt sind. Dadurch ist dafür gesorgt, daß die Teilnehmer auf einem nach Alter und Erfahrung etwa gleichen Niveau miteinander konkurrieren (so gibt es z. B. ebenso Prüfungen für Reiter oder Pferde, die in vergleichbaren Prüfungen noch nie gesiegt haben, wie solche für Reiter und Pferde, die schon mindestens dreimal siegreich oder hochplaziert waren). Wenn man seine Turnierlaufbahn mit Reiter- und Stilprüfungen beginnt, kann man am Erfolg sehr gut ablesen, wie schnell man sich in die nächsthöheren Klassen vorwagen sollte. Ich erlaube meinen Reitschülern erst dann, in einer höheren Klasse zu starten, wenn sie einige Schleifen in der niedrigen Klasse gewonnen haben. Sie müssen ausreichende Turniererfahrung und entsprechendes Können besitzen, um den gesteigerten Anforderungen zu genügen. So läuft man nie Gefahr, ein Kind oder einen Jugendlichen zu überfordern.

In den Reiterprüfungen für Anfänger werden vor allem Sitz und Einwirkung beurteilt. Bevor ein Neuling sich allzu sehr auf dem Gebiet des Turnierreitens engagiert, sollte er sich mit dem gültigen Turnierreglement (Leistungsprüfungsordnung) vertraut machen.

Wir gehen nun in der Behandlung des Themas einen Schritt weiter und sehen uns an, welche Voraussetzungen ein Turnierreiter erfüllen muß.

9. Kapitel: Vorstellung eines geeigneten und gepflegten Turnierpferdes

Pferdeauswahl

Bei der *Auswahl des richtigen Pferdes* muß man in erster Linie berücksichtigen, wie Reiter und Pferd körperlich und temperamentmäßig zusammenpassen. Will man den Charakter von Reiter und Pferd aufeinander abstimmen, sollte man sich darüber klar sein, daß es im großen und ganzen zweierlei Arten von Reitern gibt: forsche und zaghafte. Allgemein ist es am besten, den aggressiven, energischen Reiter, der das Pferd «fordert», entweder auf ein phlegmatisches oder ein eigenwilliges, dickköpfiges Tier zu setzen, das einen autoritären, starken Reiter braucht. Andererseits kommt ein passiver, ruhiger, scheuer Reiter am ehesten auf einem empfindlichen, oft heißblütigen Pferd zur Geltung. Ein solcher Reiter traut sich nicht so recht, seinem Pferd allzu viele Vorschriften zu machen, und das ist genau die richtige Methode, auf die solche Pferde am besten reagieren.

Ein anderer Aspekt der reiterlichen Persönlichkeit, den der Lehrer bei der Pferdeauswahl sorgfältig analysieren muß, ist das Ausmaß physischer oder psychischer Furcht. Unter psychischer Furcht ist die Angst, Fehler zu machen, und unter physischer Furcht die Angst vor Verletzungen und Unfällen zu verstehen. Reiter, die die eine oder andere Art von Furcht hegen, neigen gewöhnlich dazu, zu forsch bzw. zu zaghaft zu reiten. Man muß wohl nicht erwähnen, daß Reitschüler, deren Nerven durch Reiten im allgemeinen oder durch Turniere im besonderen in Mitleidenschaft gezogen werden, ein sehr zuverlässiges und erfahrenes Pferd brauchen. Ängstliche Leute gehören nicht auf junge Pferde.

Wie passen nun Reiter und Pferd figürlich am besten zusammen? Vereinfacht gesehen gibt es zwei Extreme: die kurze und die lange Reiterfigur. Es ist leicht gesagt, daß der kurzbeinige «Zwerg» auf ein kleines und der langbeinige «Hüne» auf ein großes Pferd gehört. Doch so einfach ist es nicht, wir müssen da schon etwas genauer sein. Der Pferderumpf ist nämlich das Ausschlaggebende, genauer die Rippenwölbung, die entweder viel oder wenig Berührungsfläche für die Schenkel bietet. Ich ziehe es deshalb vor, Reiter mit kurzem Oberkörper und langen Beinen auf ein eher kleines, breitrumpfiges Pferd zu setzen, während große, langbeinige Reiter am besten auf ein großes Pferd ebenfalls mit viel Rumpf passen. Ein kleines Kind gehört auf ein kleines, schmales Pferd (für Kinder unter zehn Jahren sind Ponys die beste Wahl). Kurzbeinige Reiter mit langem Oberkörper brauchen ein hohes, schmalrippiges Pferd. Diese Richtlinien sollen genügen, um Reiter und Pferd aufeinander abzustimmen. Es hat keinen Sinn, bei der Auswahl des Gebäudes allzu wählerisch zu sein. Wir müssen uns nämlich jetzt der Aufgabe zuwenden, ein begabtes Tier zu finden, das sich am besten für unseren Verwendungszweck eignet.

Hat sich erwiesen, daß Reiter und Pferd «miteinander auskommen» und zusammen «ein gutes Bild» abgeben, müssen Lehrer und Käufer sich überzeugen, ob das betreffende Pferd die nötigen Voraussetzungen erfüllt, damit es in einer Reiter- oder Stilprüfung erfolgreich eingesetzt werden kann. Die wichtigste Frage lautet hier: Ist das Pferd gesund, und sieht es gut aus? Wir suchen keineswegs ein vorbildlich gebautes Pferd ohne Mängel, aber wir müssen prüfen, ob seine Fehler es nicht untauglich machen. Diese Entscheidung muß von einem zuverlässigen Tierarzt gefällt werden. Ein ausgesprochen häßliches Tier ist im allgemeinen ungeeignet. Man sollte versuchen, zumindest ein einigermaßen gefällig aussehendes Pferd zu kaufen. Es braucht, wie gesagt, keine Schönheit zu sein. Viele Eltern, die Pferde für ihre Kinder kaufen, legen zuviel Wert auf Äußerlichkeiten. Das ist falsch, vor allem wenn es auf Kosten anderer wertvoller Eigenschaften eines guten Reitpferdes geht. Ich will lediglich sagen: Das Pferd sollte etwas Auffallendes besitzen, mit dem es die Aufmerksamkeit auf sich lenkt, und sei es auch nur eine besonders reizvolle Farbe.

Als nächstes prüft man den Gang des Pferdes. Sind seine Tritte bzw. Galoppsprünge lang genug, um Weitsprünge und weit auseinander stehende Kombinationen zu überwinden? Und gleichzeitig abgekürzt genug, um es nicht ungeschickt und schwerfällig wirken zu lassen? Sind seine Gänge so weich, daß der Reiter schmiegsam sitzen kann, oder sind sie hart und werfen den Reiter übermäßig? Auch ein gleichmäßiger Trab ist wichtig. Es gibt nichts Schlimmeres als eine «Nähmaschine» im Mitteltrab. Ein anderer Fehler, der nicht immer leicht zu korrigieren ist, ist der Kreuzgalopp. Pferde mit dieser schlechten Angewohnheit können ein schwieriges und lästiges Problem sein.

Ich hoffe, meine Leser haben mich nicht mißverstanden. Das wünschenswerte Pferd braucht kein Championatssieger zu sein; es soll lediglich keine schwerwiegenden Mängel in seinem Bewegungsapparat aufweisen.

Charakterliche Veranlagung und Betragen sind weitere Faktoren, die ins Gewicht fallen. Je mehr ich mit Pferden arbeite, die in Reiterprüfungen eingesetzt werden, um so mehr komme ich zu der Überzeugung, daß das Temperament eine bedeutende Rolle spielt. Nichts ist ärgerlicher, als viel Zeit auf ein Pferd zu verwenden, das heftig, sauer, stur oder unzuverlässig ist oder sich eine chronische Untugend wie Buckeln, Steigen oder Scheuen, angewöhnt hat. Wir suchen ein Pferd, das willig ist, guten Vorwärtsdrang hat und dennoch gehorsam ist. Viele der temperamentmäßigen Fehler, die ein Pferd zeigt, wenn es zum Verkauf vorgestellt wird, «geben sich» nicht etwa später, sondern gehören fast immer umtrennbar zu diesem Pferd. Ein Pferd, das sich für Reiterprüfungen eignen soll, muß willig und geduldig sein und lernen wollen.

Springtalent ist eine besondere Begabung. Meiner Meinung nach ist es wahrscheinlich der wichtigste Einzelfaktor bei der Auswahl eines Pferdes für

Stilspringen. Alle bisher beschriebenen wünschenswerten Eigenschaften sind wertlos, wenn das Pferd keine acht Hindernisse ordentlich springen kann. Die meisten Leute haben ganz besonders etwas gegen Pferde, die stehenbleiben, und ich bilde da keine Ausnahme. Meistens haben Pferde, die gewohnheitsmäßig verweigern, irgendeine körperliche Behinderung, die ihnen beim Springen Schwierigkeiten macht. Verweigern ist in diesem Fall das Symptom einer unerkannten Schwäche. Es gibt genügend Pferde, die bereitwillig springen, und es besteht deshalb kein Grund, seine Zeit mit andersgearteten zu verschwenden.

Sobald feststeht, daß das Pferd willig springt, muß man auf seine Beine achten. Wenn es die Vorderbeine über dem Hindernis anzieht und auch die Hinterbeine einigermaßen hebt, hat man das richtige Pferd. Ganz schlimm und oft sogar gefährlich sind Pferde, die die Beine beim Springen hängenlassen. Dieser Springfehler kann nur sehr selten korrigiert werden. Das Pferd soll ein 1,15 Meter hohes und 1,20 Meter breites Hindernis mühelos springen können, um den Anforderungen kleinerer Springprüfungen gerecht zu werden.

Fassen wir zusammen: Ein für Reiter- und Stilprüfungen geeignetes Pferd soll ein gefälliges Bild abgeben, willig und gut erzogen sein und in den drei Gangarten sowie beim Springen geschmeidige, freie Bewegungen zeigen. Es muß gewisse athletische Voraussetzungen erfüllen und wendig genug sein, um einen Parcours mit mittelmäßig schwierigen Kombinationen und engen Wendungen flüssig springen zu können. Solche Pferde sind oft gleich gut in allen Sparten der Reiterei zu Hause, bringen wirkliche Glanzleistungen aber nur dort, wo es um Stil und Wirkung geht. Pferde, die nicht ganz das Zeug zum Spitzenspringpferd haben, sind für diese Art Prüfungen häufig geradezu ideal. Sobald das passende Reiter-Pferd-Team zusammengefunden hat, geht es darum, ihnen Erfahrung im Turnierreiten zu vermitteln und sie entsprechend zu trainieren.

Ein gut herausgebrachtes Turnierpferd

Ein Pferd in bester Kondition, sauber gestriegelt und auf Hochglanz poliert, ist natürlich bei Betreten des Turnierplatzes einem vernachlässigten, zottigen Tier bereits meilenweit voraus. Die gepflegte Erscheinung und die gute Kondition eines Pferdes können dem Reiter helfen, in der endgültigen Beurteilung einige Ränge höher zu rücken. Man kann die Wirkung dieses ersten äußeren Eindrucks gar nicht überschätzen. Diese «Turnierkondition» läßt den Beschauer nicht nur spüren, daß das Pferd so fit wie nur möglich für die vor ihm liegende Aufgabe ist, sie ist auch der erste Schritt, die Richter psychologisch für sich einzunehmen. Und darauf kommt es bei solchen Wettbewerben schließlich in erster Linie an: dem Richter auf jede nur mögliche Art zu beweisen, daß man in seiner Klasse zur Spitze gehört. Ein Pferd seelisch und körperlich auf Turnierprüfungen vorzubereiten, ist keine Sache von ein paar Tagen, sondern buchstäblich von Monaten. Grundlage ist ein gut ausgewogenes Verhältnis zwischen Fütterung und Arbeit. Selbstverständlich gehören zur richtigen Vorbereitung außerdem tägliches Putzen, Weideauslauf zur Entspannung, Zahnuntersuchungen, Wurmkuren, sachgemäßer Hufbeschlag usw. Das Endergebnis müßte ein ausreichend fittes Pferd in gutem Ernährungszustand (nicht zu fett und nicht zu mager) mit gesundem, glänzendem Fell sein. Natürlich sind die Bedürfnisse in bezug auf Futter und Arbeit von Pferd zu Pferd verschieden. Manche Pferde müssen auf Turniere hin mehr in Form gebracht werden als andere. Das richtet sich gewöhnlich nach ihrem Temperament.

Bei der eigentlichen Vorstellung in der Prüfung sind das Maul und der Gang des Pferdes die ausschlaggebenden Faktoren, auf die die Richter am meisten achten. Sie lassen sich bis zu einem gewissen Grad durch fachgerechte Zahnpflege und korrekten Hufbeschlag beeinflussen und verbessern. Allen meinen Pferden werden die Zähne einmal im Jahr geraspelt, d. h. alle scharfen Kanten werden glattgefeilt. Der Hufbeschlag ist individuell von Pferd zu Pferd verschieden. Jagdpferde sollen möglichst lange, flache Gänge haben. Ich bevorzuge deshalb leichtere Eisen für sie. Springpferde können etwas schwerere Hufeisen vertragen. Manchmal empfehlen sich Stollen, um ihnen auf rutschigem Geläuf oder in Zeitspringen besseren Halt zu geben. Auch diese Entscheidung richtet sich nach dem jeweiligen Pferd. Es sind jedoch gerade diese Kleinigkeiten, die den Unterschied zwischen Sieg und Niederlage ausmachen können. Und wenn man schon soviel Zeit und Geld aufwendet, sollte man auch in solchen Einzelheiten nicht nachlässig sein.

Ist das Pferd nach einiger Zeit in Turnierkondition gebracht worden und sieht gut aus, können wir es ein, zwei Tage vor dem Turnier herausputzen. Dazu gehört das Scheren an bestimmten Stellen sowie das Verziehen der Mähne. Die Mähne muß die richtige Länge zum Einflechten haben. Bei einer zu langen Mähne wirken die Zöpfe zu groß und dick; eine zu kurze Mähne läßt sich überhaupt nicht flechten. Auf keinen Fall darf man die Mähne mit der Schere schneiden. Sie muß mit einem Mähnenkamm sorgfältig, mit dem Unterhaar beginnend, verzogen werden. Den Schweif rührt man am besten so wenig wie möglich an. Einige Leute schneiden ihn unterhalb der Sprunggelenke ab. Das sieht gut aus, wenn die Haare mit der Schere gerade abgeschnitten werden, ist aber einfach eine Frage des persönlichen Geschmacks.

Als nächstes werden die langen Haare, die aus den Ohren ragen, am Unterkiefer, an der Kehle und in der Fesselbeuge gestutzt. Das ist nicht sehr zeitraubend; und sollte in der Turniersaison alle zwei Wochen gemacht werden. Das Pferd sieht dann noch geschniegelter aus. Muß das ganze Pferd geschoren werden, so empfiehlt es sich, das etwa eine Woche vor dem Turnier zu tun, damit das arme Tier nicht wie ein «geschorener Pudel» aussieht. Scheren ist eine Kunst für sich. Es darf nur von jemandem mit Erfahrung oder unter Aufsicht durchgeführt werden. Sonst erkennt jeder an dem Endergebnis sofort einen laienhaften Pfuscher; ein solches Pferd sollte man wirklich nicht dem Richter vorstellen.

Es ist eine langwierige Aufgabe, das Pferd vor dem Start zu einer Prüfung herzurichten. Oft muß schon vor Sonnenaufgang damit begonnen werden. Als erstes wird meistens die Mähne und gegebenenfalls auch der Schweif eingeflochten. Ein Pferd mit kurzem Hals sollte viele Zöpfe bekommen, damit sein Hals länger erscheint, während langhalsige Pferde weniger Zöpfe brauchen. 12–15 Zöpfe stellen das Minimum für jede Halsform dar. Die meisten Leute flechten mit Garn; ich persönlich ziehe es vor, die Flechten einzunähen. Auf keinen Fall sollte man auf Turnieren Gummibänder zum Einflechten verwenden. Sie sind in Ordnung, wenn man zu Hause die Mähne einflechten will, damit sie gleichmäßig nach einer Seite fällt. Mit etwas Praxis kann jeder leicht lernen, Mähnen und gegebenenfalls auch Schweife korrekt einzuflechten. Der Neuling muß beides zuerst zu Hause üben, bevor er mit seinem Pferd auf Turniere geht.

Als nächstes überzeugt man sich vor Beginn der Prüfung, daß Pferd, Sattel und Zaumzeug sauber sind. Schimmel haben zwar den Vorteil, in einer Abteilung immer aufzufallen, aber es ist eine Plage, sie sauberzuhalten. Gewöhnlich brauchen sie ein, zwei Tage vor dem Turnier eine Wäsche mit Shampoo. Das gilt auch für ein weißgestiefeltes Pferd. Ein grundsätzlich sauberes Pferd muß am Morgen vor der Prüfung lediglich gründlich gestriegelt und gebürstet werden. Sattel und Zaumzeug müssen stets peinlich sauber gehalten werden, damit sie beim Pferd nicht scheuern oder drücken und damit das Leder nicht leidet. So braucht man sie vor Turnierbeginn lediglich kurz abzuwischen und nachzusehen, ob die Metallstücke schön glänzend poliert sind.

Ist die Mähne eingeflochten, das Pferd geputzt und das Zaumzeug makellos sauber, kann man mit dem Abreiten beginnen. Vor dem Einreiten in die Prüfung sollte das Pferd nochmals mit einem Lappen abgewischt werden, die Hufe kann man mit einem Hufpflegemittel einreiben. In einer Reiterprüfung wird ja das Gesamtbild beurteilt, und die Erscheinung des Pferdes ist der erste Eindruck. Abschließend rate ich angehenden Turnierreitern, eines der vielen guten Bücher über Pferdepflege zu lesen, um sich weiter in dieses Thema zu vertiefen.

Sattel und Zaumzeug

Jetzt möchte ich noch ein paar Worte zum Gebrauch von *Sattel und Zaumzeug* sagen, ohne mich in eine eingehende Diskussion über die Vor- und Nachteile bestimmter Gebisse oder Sattelmarken einzulassen.

Wie jeder Reiter weiß, lösen verschiedene Gebisse unterschiedliche Reaktionen im Pferdemaul aus. Ich persönlich bin ein Anhänger der *Trense*. Je nach der Beschaffenheit des Pferdemauls befürworte ich jede der Varianten – angefangen von einer dicken, weichen Olivenkopftrense bis zur doppelt gedrehten Drahttrense. Meine Vorliebe für die Trense hat verschiedene Gründe. Einmal ist sie das einfachste, unkomplizierteste Gebiß, das man einem Pferd ins Maul legen kann, zum anderen wirkt das gebrochene Mundstück auf die Maulwinkel, wenn das Pferd gegen den Zügel geht.

Zudem sehen intelligente Reiter ziemlich schnell ein, daß das Gebiß lediglich ein Bestandteil des gesamten Einwirkungskomplexes ist und daß das Pferd mit Schenkeln, Sitz, Stimme und Händen gelenkt wird. Deshalb können gute und fähige Reiter, die eine vernünftige Technik gelernt haben, praktisch jedes Pferd auf einfacher Trense reiten. Bei der Gebißauswahl soll man jedoch das Pelham nicht völlig außer acht lassen. Es ist einfach eine Tatsache, daß manche Pferde besser mit einem Pelham gehen. Mit einer Kandare scheint mir ein Pferd immer zuviel im Maul zu haben, und Springkandaren mag ich überhaupt nicht.

Ich habe festgestellt, daß viele Leute nicht wissen, wie man ein Gebiß richtig verpaßt. Als Faustregel, die sich als ziemlich zuverlässig erwiesen hat, gilt: Man verpaßt die Höhe des Gebisses so, daß eine Trense zwei, drei Falten und ein Pelham oder jedes andere Stangengebiß eine kleine Falte in der Maulspalte bildet. Liegt das Gebiß zu tief, kann es häufig Zungenschwierigkeiten verursachen. Im Verhältnis zur Größe des Pferdemauls darf das Gebiß weder zu breit noch zu schmal sein.

Ein beliebtes Reithalfter, das meiner Meinung nach viel zu häufig verwendet wird, ist das *Hannoversche,* das besonders in Deutschland allgemein üblich ist und dem Pferd gewissermaßen das Maul zuschnürt. Ich halte es im allgemeinen für überflüssig, es sei denn, es handelt sich um ein Pferd, das bei der leisesten Gebißeinwirkung das Maul aufsperrt. Normalerweise genügt meines Erachtens sonst ein *englisches Halfter.*

Was *Sättel* betrifft, so ist die Marke reine Geschmackssache. Wesentlich ist, daß der Sattel für Reiter und Pferd paßt und bequem ist. Vor allem darf der Vorderzwiesel nicht auf dem Widerrist aufliegen, und der tiefste Punkt muß sich in der Mitte des Sattels befinden und darf nicht nach hinten, in Richtung des Hinterzwiesels verschoben sein. Viele Leute schwören auf eine bestimmte Sattelmarke, aber das ist, wie gesagt, Ansichtssache.

Hilfszügel waren schon immer ein strittiges Thema. Auch hier bin ich der Ansicht, daß man jedem die Entscheidung überlassen soll, ob er einen Stoßzügel oder ein Ringmartingal verwenden will. Stellt man zu strikte Regeln für die Ausrüstung von Reiter und Pferd auf – wie dies gewisse Turniervorschriften tun – werden individuelle Trainingsmethoden und die künstlerische Freiheit zu sehr eingeschränkt. Natürlich hört die Freiheit da auf, wo unmenschliche Hilfsmittel beim Reiten angewandt werden. Für die in diesem Buch beschriebenen Ausbildungsstufen empfehle ich beim Springen für die meisten Pferde einen *Stoßzügel.* Ich habe einige starke Argumente, die dafür sprechen.

Der Stoßzügel braucht nicht so kurz verschnallt zu sein, daß er den Pferdekopf nach unten hält. Er soll lediglich das Pferd zu einem gewissen Grad daran hindern, sich der Gebißeinwirkung durch übertriebenes Heben des Kopfes zu entziehen. So wirkt der Stoßzügel auf zweierlei Art als Sicherheitsvorkehrung: Erstens schließt er die Möglichkeit, daß dem Reiter beim

Springen der Pferdekopf ins Gesicht schlägt, fast gänzlich aus. Zweitens kann sich das Pferd der Zügeleinwirkung durch Heben des Kopfes nur begrenzt entziehen und ist deshalb für den weniger fortgeschrittenen Reiter leichter zu beherrschen. Diese beiden Umstände erhöhen nicht nur die Sicherheit des Reiters, sondern garantieren auch, daß das Pferd sich innerhalb eines bestimmten «Rahmens» bewegt – ein unbedingter Vorteil beim Springen. Ohne Hilfszügel entzieht sich das durchschnittliche Pferd oft der Zügeleinwirkung im kritischsten Moment, während ein Stoßzügel ein ständig vorhandener Rettungsanker ist.

Der Stoßzügel und *das Ringmartingal* unterscheiden sich hauptsächlich in ihrer Wirkung auf das Pferdemaul. Der Stoßzügel ist in den Nasenriemen des englischen Reithalfters eingeschnallt und übt Druck auf den oberen Teil des Nasenbeins aus. Das Ringmartingal wirkt über Zügel und Gebiß auf die empfindlichen Laden des Pferdemauls. Mir erschien es immer als paradox, daß ein Pferd, das durch Druck auf die Laden gestraft wird, als Abwehrreaktion den Kopf hochwirft und vorstreckt. Es kommt häufig vor, daß Pferde diesem Prinzip folgend «ihren Kopf durchsetzen» indem sie (erfolgreich!) versuchen, sich der Wirkung des Ringmartingals und der Reiterhand zu entziehen. Zum andern bin ich sicher, daß es ohne Stoßzügel viel eher zu Maulschwierigkeiten kommt und der Reiter im schnelleren Tempo viel leichter die Kontrolle verliert. Aber das ist eben Ansichtssache. Jede Schule hat hier ihre eigene Überzeugung, die sie für die einzig wahre hält!

Die beiden meistverwendeten Hilfszügel sind *der Ausbinde- und der Schlaufzügel*. Sie dienen als künstliche Mittel, um den Pferdekopf in einer bestimmten Stellung zu halten und das Pferd zu veranlassen, sich in der Ganasche abzubiegen. Ich bin gegen die Verwendung von beiden, denn ich halte sie für eine Krücke, die dem Reiter ein falsches Gefühl von gelungener Leistung gibt. Anstatt das Pferd durch Schenkel- und Zügelhilfen ans Gebiß zu stellen, hält er den Pferdekopf durch Gewalt in einer scheinbar korrekten Haltung. Diese Hilfszügel geben dem Reiter kein Gefühl für die richtige Einwirkung. Im Gegenteil, sie hemmen den Lernprozeß und unterdrücken seinen Antrieb, mit seinen eigenen natürlichen Hilfen zu experimentieren. Natürlich können außergewöhnliche Umstände eintreten, daß Zeit eine entscheidende Rolle spielt und abgekürzte Verfahren notwendig sind, um das Pferd auf Turnieren vorzustellen oder zu verkaufen. Das sollte aber selten vorkommen und richtig beurteilt werden, damit niemand sich der Illusion hingibt, das Pferd gehorche wirklich und dauerhaft den Hilfen. In der Regel habe ich die Erfahrung gemacht, daß die mit künstlichen Hilfszügeln erreichten Ergebnisse nur so lange anhalten, wie die Krücke selbst benutzt wird.

Im großen und ganzen hat jedes herkömmliche Ausrüstungsstück bei der zweckmäßigen Ausbildung und vorteilhaftesten Vorstellung von Pferden zu gegebener Zeit seinen Platz und seine Funktion. Auf diesem Gebiet ist nichts so umstritten wie die Ausstattung, die das Pferd trägt. Das wird bestimmt immer so bleiben, solange Reiter, in dem Bestreben, ihre Konkurrenten zu schlagen, ihre Persönlichkeit wahren und ihrer Phantasie freien Lauf lassen. Man soll deshalb ruhig eine Weile mit verschiedenen Sätteln, Zaumzeugen und Ausrüstungsgegenständen experimentieren. Das ist lehrreich, interessant und macht gleichzeitig Spaß. Letzten Endes wird man jedoch ziemlich sicher zu der Erkenntnis kommen, daß Können und Einwirkungsvermögen des Reiters viel stärker ins Gewicht fallen als eine «Kollektion von Gebissen»!

10. Kapitel: Was der Turnierreiter wissen sollte

Ein gepflegt aussehender Reiter

Jeder Reiter bringt eine vorteilhafte oder ungünstige Figur zum Reiten mit. Ich meine, daß man das Beste aus seiner Figur machen soll, und das ist oft gar nicht so wenig. Es ist wirklich erstaunlich, was einige Leute leisten können, ohne körperlich «zum Reiten geschaffen» zu sein.

Eigentlich gibt es nur eine besondere Übung außerhalb des Reitunterrichts, die ich Reitern empfehle: mit den Fußballen auf einer Stufe zu stehen und die Absätze hinunterzudrücken. Dadurch werden die Sehnen gedehnt und gestreckt, und es fällt beim Reiten leichter, die Absätze tiefzuhalten. Etwa einem Drittel meiner Schüler rate ich noch, den Brotkorb höher zu hängen. Ein dicker Reiter ist entschieden im Hintertreffen! Dagegen kann man für diese Sportart kaum zu schlank sein, es sei denn, der Reiter ist ausgemergelt und schwach, aber das kommt nur sehr selten vor.

In einer Reiterprüfung wird *das Gesamtbild* beurteilt. Es wäre lächerlich zu behaupten, daß die Figur eines Reiters auf die Entscheidung des Richters keinen Einfluß hat. Solange der Reiter jedoch nicht allzu viel Übergewicht mit in den Sattel bringt, kann er körperliche Mängel gewöhnlich durch besonders gute Reitfertigkeit ausgleichen. Ein mäßig begabter Reiter mit mäßiger Figur kann zwar nicht erwarten, in Reiterprüfungen hoch plaziert zu werden. Er sollte aber dennoch an ihnen teilnehmen, um Erfahrung zu sammeln und sich reiterlich fortzubilden. Das Training und die Erfahrung, die mit Reiter- und Stilprüfungen verbunden sind, sind die beste Schulung für einen jugendlichen Reiter. Sie geben ihm eine solide reiterliche Grundlage, die ihm für den Rest seines Lebens von Nutzen ist.

Aus diesem Grund rate ich allen jungen Reitern (bis zu 15 oder 16 Jahren), an Reiterprüfungen teilzunehmen. Ganz selten kommt es einmal vor, daß ich älteren Jugendlichen empfehle, sich lieber auf andere Turnierprüfungen vorzubereiten. Hier handelt es sich meistens um Reiter, die durch ihre Figur oder Mängel ihres Pferdes so benachteiligt sind, daß es zu entmutigend für sie ist, mit solch ungleichen Chancen gegen viel bessere Konkurrenten in Reiterprüfungen zu starten. Ihr Interesse an der Reiterei ist oft nur zu erhalten, wenn man sie in andere Richtungen weist.

Unabhängig von seinem Geldbeutel kann jeder sauber, ordentlich und geschmackvoll gekleidet sein. Für *die Erscheinung des Reiters* gelten einige allgemeine Regeln: Jungen sollten kurzes Haar, Mädchen eine kurze Haartracht oder Haarnetze tragen (Zöpfe sehen nett bei Kindern auf Ponys aus, aber «wallende Locken» sind tabu!). Je weniger Schmuck, um so besser. Wenn er aber getragen wird, sollte er dezent und geschmackvoll sein. (Das gleiche gilt für Make-up!) Schwarze oder dunkelblaue Jagdkappen sind Vorschrift. Die Plastrons für Mädchen und Krawatten für Jungen sollen zu der Reitjacke passen. Die Jacken sollen adrett und dezent aussehen und vor allem gut sitzen. Nichts schadet dem Gesamteindruck vom Sitz mehr als eine lose fliegende Jacke.

Schwarze Reitröcke wirken in Stilspringen etwas zu steif und förmlich; Dunkelblau eignet sich gut als Farbe. Die Reithosen können braun, beige, grau, gelblich oder weiß sein. Auch sie müssen gut passen, damit der Reiter nicht ungepflegt aussieht. Die Stiefel müssen hoch genug sein, damit die Unterschenkel so lang wie möglich erscheinen, und sie müssen die richtige Wadenweite haben. Ich bevorzuge glatte schwarze oder dunkelbraune Reitstiefel, am besten ohne Stulpen. Stumpfe «Prince-of-Wales»-Sporen ziehe ich den Sporen mit spitzen, kantigen Enden vor. Es ist wichtig, daß der Sporn unmittelbar unterhalb der Fußnaht und parallel zu ihr liegt, ohne nach oben oder unten zu zeigen. Werden Gerten getragen, sollten sie in Farbe und Länge möglichst unauffällig wirken; am besten ist dunkelbraunes oder schwarzes Leder. Wann immer aus irgendwelchen Gründen die Aufmerksamkeit auf eine künstliche Hilfe gelenkt wird, vermutet der Richter sofort, daß reiterliche Schwächen oder Schwierigkeiten mit dem Pferd vorhanden sind. Der Gesamteindruck, den der Reiter beim Betreten des Turnierplatzes macht, sollte dezent und elegant sein. Kein Teil seiner Reitkleidung sollte als Einzelstück herausstechen, und er darf auf keinen Fall protzig wirken. Phantasie und Einfallsreichtum dürfen sich in dem maßgeschneiderten Reitanzug zeigen, der die Figur am vorteilhaftesten zur Wirkung kommen läßt und farblich auf das Haarkleid des Pferdes abgestimmt ist.

Allgemeine Prüfungsanforderungen und Verhaltensregeln

Nun genügt es keineswegs, mit einer gepflegten Erscheinung von Reiter und Pferd die Aufmerksamkeit des Richters auf sich zu lenken. Schon beim Einreiten muß der Reiter durch guten Sitz und korrekte Einwirkungen beeindrucken, im Reiterwettbewerb ebenso wie im Stilspringen.

Hat der Reitschüler während seiner Ausbildung gelernt, richtig zu sitzen und einzuwirken, kann er sich während des Turniers ganz auf die Vorstellung selbst konzentrieren. Während der Prüfung selbst ist es viel zu spät, an guten Stil zu denken. Alle grundlegenden Fehler und Schwächen müssen in der folgenden Woche zu Hause besprochen und ausgebügelt werden. Jetzt hat der Reiter genug damit zu tun, das Tempo zu regulieren, auf flüssige Übergänge, korrektes Ausreiten gerader Linien und Wendungen zu achten und die Hindernisse bestmöglich zu springen. Ein Reitlehrer kann seinem Schüler nichts Schlimmeres antun, als ihn vor dem Einreiten in die Prüfung mit detaillierten Anweisungen zu verwirren.

In einem *Reiterwettbewerb* wird zunächst in der Abteilung geritten. Später können einige Reiter dann aufgefordert werden, einzeln bestimmte Lektionen vorzuführen. Wir gehen von der Voraussetzung aus, daß der Reiter korrekt sitzen und einwirken kann. Beim Abteilungsreiten muß er nun drei

Augen offen halten – eines auf sich selbst, eines auf die Konkurrenten und eines auf den Richter gerichtet. Als erstes muß seine eigene Vorstellung im Schritt, Trab und Galopp fehlerlos sein; zweitens muß er darauf achten, daß andere Reiter sein Pferd nicht bedrängen oder es schneiden; und schließlich muß er soviel wie möglich dem Richter auffallen – außer bei Ungehorsam seines Pferdes. Man nennt das «Vorbeireiten». Dieses muß so unauffällig wie möglich und ohne andere Reiter zu behindern geschehen. Am besten sucht man sich eine «Lücke» in der Abteilung. Ab und zu darf man auch einmal in der Mitte auf einen Zirkel abwenden, tut man das aber allzu oft, wird es dem Richter lästig.

Wird zum *Aufmarschieren* aufgerufen, hält man sich am besten in der Mitte der Abteilung, nicht an der Spitze oder am Ende. So wird man zum Einzelreiten nicht als Erster aufgefordert. Es ist nämlich besser, zunächst einige Konkurrenten zu beobachten. Während der Wartezeit darf man auch nicht im Sitz oder in der Einwirkung nachlässig werden. Wir sind in einer Reiterprüfung, nicht in einer Prüfung für Freizeitpferde! Jungen sollten nicht vergessen, ihre Kappen beim Grüßen abzunehmen, wenn sie eine Schleife erhalten!

Bei einer *Reiterprüfung über Hindernisse* (Stilspringen) werden Sitz und Einwirkung nach denselben Gesichtspunkten, die ich schon erläutert habe, beurteilt. In dieser Prüfung ist eine ganz bestimmte Routine erforderlich, auf die wir nun näher eingehen wollen. Zunächst muß der Teilnehmer natürlich den Parcours auswendig lernen. Dann muß er sich überlegen, wie er den Parcours reiten will, d. h. er muß sich auf die drei Hauptpunkte konzentrieren: gerade Linien, Wendungen und Abstände zwischen eng beieinanderstehenden Hindernissen. Die geraden Linien und Wendungen erkennt man mehr oder weniger sofort, die Galoppsprünge zwischen den Hindernissen sind schwieriger zu kalkulieren. Erst nachdem man mehrere Pferde mit unterschiedlicher Galoppade beobachtet hat, kann man bestimmen, ob «zwei lange» oder «drei kurze» am besten passen oder ob in einem anderen Parcoursabschnitt «fünf lange oder kurze hinkommen».

Heutzutage, wo die Parcours immer schwieriger werden, ist es auch wichtiger geworden, die Galoppsprünge zu analysieren. Ich will mich jedoch nicht zu eingehend mit dem Thema befassen, da es mehr die betrifft, die sich auf das Training von Springpferden der höheren Klassen spezialiseren.

Grundsätzlich geht es darum, den Abstand von der Landung nach einem Hindernis bis zum Absprung vor dem nächsten Hindernis zu berechnen und danach das Tempo (langsam, normal oder schnell) zu bestimmen, das einen «passend» an den zweiten Sprung heranbringt. Dabei sollte man jedoch nur selten zählen, denn das kann leicht ein künstlicher Rückhalt werden. Man muß einfach rechtzeitig erkennen, welche Pace zwischen zwei Hindernissen erforderlich ist, wenn sie nicht weiter als sechs Galoppsprünge auseinander stehen.

Glaubt der Reiter, den Parcours so gut wie möglich in allen Einzelheiten zu kennen, kann er nun sein Pferd für die Prüfung abreiten. Wie lange das

Abreiten dauert, hängt von der Entscheidung des Reiters, dem Temperament des Pferdes, der Zahl der Prüfungen, an denen sie an einem Turniertag teilnehmen, und dem Schwierigkeitsgrad des Parcours ab. Das Abreiten vor einem Springen sollte *immer* einen positiven Abschluß haben. Auf eine zerstrittene Vorbereitung folgt mit Sicherheit ein schlechter Ritt in der Prüfung. Das Pferd soll vor Betreten des Parcours genügend Zeit haben zu verschnaufen, darf aber zwischendurch nicht wieder «kalt» werden.

Das Einreiten, das mit dem Betreten des Parcours beginnt und sich bis zum ersten Hindernis erstreckt, schließt gewöhnlich einen Zirkel ein, der etwa ein Drittel so groß ist wie der ganze Parcours. Ein kleinerer Zirkel zwingt den Reiter zur Eile, und ein größerer Zirkel ist zu zeitraubend. Man kann den Zirkel auf zwei Arten ausreiten. Einmal indem man im leichten Trab einreitet, in dieser Gangart zwei Drittel des Zirkels reitet und dann aus dem langsamen ausgesessenen Trab angaloppiert und bis zum ersten Hindernis das gewünschte Galopptempo entwickelt. Oder man kann das erste Drittel des Zirkels im Schritt reiten und dann aus dieser Gangart angaloppieren. Beide Methoden sind in Ordnung, nur muß man sich von Anfang an im klaren sein, wie man es machen will.

Während des eigentlichen Parcoursritts sollte sich der Reiter einzig und allein auf das Ausreiten der geraden Linien und Wendungen sowie auf das Tempo konzentrieren, das er einhalten muß, um die richtige Anzahl von Galoppsprüngen zwischen den Hindernissen einzulegen. Ein Stilspringen muß flüssig aussehen; alle Unebenheiten müssen so gut wie möglich getarnt werden. Die große Kunst beim Vorstellen eines Pferdes besteht darin, zu verbergen, was man nicht sehen sollte, und zur Schau zu stellen, was man sehen soll. Dazu bedarf es vieler Erfahrung und Geistesgegenwart. Hierin unterscheiden sich gewöhnlich die guten von den hervorragenden Reitern. Nachdem das letzte Hindernis überwunden wurde, pariert man allmählich und ruhig zum Schritt durch und verläßt den Parcours. Soviel zu den wesentlichen Anforderungen und der allgemeinen Routine bei Stilspringen. Im nächsten Abschnitt gehen wir auf die anspruchsvolleren Reiterprüfungen ein, die für jugendliche Spitzenreiter in den Vereinigten Staaten ausgeschrieben sind. Dazu noch einige Bemerkungen, weil die Turnierbedingungen in den Vereinigten Staaten und Europa verschieden sind. So gibt es in Europa nicht das ausgeklügelte System der *«Hunter Seat Equitation Classes»,* die aus einer Reiterprüfung für Jugendliche in verschiedenen Lektionen in den drei Gangarten und einem Stilspringen bestehen. Es gibt diese «Equitation Classes» mit unterschiedlichen Anforderungen für junge Reiter auf verschiedenen Ausbildungsstufen. Die Krönung bilden die sogenannten «Medal und Maclay Classes», bei denen jugendliche Spitzenreiter im Madison Square Garden in New York konkurrieren.

Viele meiner Schüler haben diese Medal und Maclay Classes gewonnen. Außerdem sind viele der amerikanischen Spitzenspringreiter ehemalige Sieger in den Medal und Maclay Classes. Das ist ein Grund für den guten Springstil der amerikanischen Springreiter.

Ein weiterer wesentlicher Unterschied zwischen der Turnierszene in den Vereinigten Staaten und Europa besteht darin, daß in den Equitation Classes, Jagdpferde-Eignungsklassen und auch den reinen Springprüfungen in den USA vorwiegend *Vollblüter,* in Europa dagegen hauptsächlich *Warmblüter* geritten werden.

Die im folgenden Abschnitt beschriebenen Maclay-, Medal- und USET-Prüfungen können für europäische Turnierausschreibungen und Richter als Vorbild dienen, um das Stilniveau der Springreiter zu fördern. (USET = United States Equestrian Team-Reiterprüfung, die vom amerikanischen Olympia-Komitee ausgeschrieben wurde.)

Maclay-, Medal- und USET-Prüfungen

Die Maclay- und Medal-Prüfungen stellen die höchste Stufe der Equitation Classes dar; die USET-Prüfung ist mehr eine Überleitung zum reinen Springreiten. Alle drei Stilprüfungen schließen einen schwierigen Parcours und fortgeschrittene Dressurlektionen ein.

Die Maclay-Prüfung ist in bezug auf die Parcoursansprüche vielleicht die einfachste. Der Parcours besteht gewöhnlich aus ca. acht Hindernissen (wie man sie entweder im Jagdfeld oder in einer leichten Springklasse findet), die eine maximale Höhe von 1,05 Meter nicht überschreiten dürfen. Schirmherr der Prüfung ist der amerikanische Tierschutzverein. Die ursprüngliche Idee, gefühlvolle und auf das Pferd eingehende Reiter zu fördern, ist zweifellos erfolgreich verwirklicht worden. Denn nur ein geschulter, intelligenter Reiter kann pferdefreundlich und pferdeschonend reiten. Alles weitere hängt von seinem Charakter und seiner Moral ab. Dagegen kann selbst der mitfühlendste Pferdefreund nicht das Beste für sein Pferd tun, wenn er nichts vom Reiten versteht. Gewöhnlich ist er grausam, ohne sich dessen überhaupt bewußt zu sein.

Es kommt nur sehr selten vor, daß die Richter eine Maclay-Prüfung anders als die übrigen Reiterprüfungen bewerten. Gefühl fürs Pferd, flüssige Hilfengebung und ein geschmeidiger Sitz werden beurteilt. Die Maclay-Prüfung zeichnet sich nur dadurch aus, daß ein großer Teil der Reiter, die den Parcours erfolgreich absolviert haben, auch dressurmäßig geprüft werden. Deshalb ist es wichtig, daß der Reiter letzteres genauso gut wie das Springen beherrscht, wenn er in der Maclay-Prüfung plaziert werden will. Bei einer Reiterprüfung, in deren Verlauf Springen geprüft wird, sind Hilfszügel auch in der Dressur erlaubt. Das kann für Reiter, deren Pferde schwer ans Gebiß zu stellen sind, eine Hilfe sein. Die Dressur zählt zu 50 Prozent bei der endgültigen Entscheidung. Der Reitschüler muß deshalb darauf achten, sie nicht zu «verpatzen». Ich werde noch ausführlicher auf die einzelnen Anforderungen in dieser und anderen Reiterprüfungen zurückkommen.

Die Medal-Prüfung hat manchmal, aber nicht immer, einen schwierigeren Parcours als die Maclay. Auf jeden Fall muß sie eine Achterfigur und mindestens zwei der später beschriebenen offiziellen Tests enthalten, denen sich mindestens vier der besten Teilnehmer stellen müssen. Dabei werden unter anderem Pferdewechsel, Springen aus dem Trabe, Springen ohne Bügel und weitere fortgeschrittene Übungen verlangt. Die Prüfung ist wirklich nur jugendlichen Spitzenreitern vorbehalten. Dressurlektionen werden im allgemeinen bei der Medal-Prüfung nicht verlangt.

Von den drei Reiterprüfungen, die wir hier diskutieren, ist *die USET-Prüfung* entschieden die schwierigste. Fast ausnahmslos lasse ich nur die Schüler in ihr starten, die bereits in den Maclay- und Medal-Prüfungen plaziert worden sind. Die USET-Prüfung besteht aus zwei Teilen: Reiterprüfung und Stilspringen. Im ersten Teil werden außer Schritt, Arbeitstrab und -galopp ausgesessener Trab, Mitteltrab (im Leichttraben), Mittelgalopp und Außengalopp verlangt. Beim Mittelgalopp muß man daran denken, im Sattel sitzen zu bleiben, anstatt den leichten Sitz einzunehmen. Damit man sich und sein Pferd am vorteilhaftesten dem Richter präsentieren kann, achtet man darauf, daß er wirklich die Lektionen, die man am besten beherrscht, gut zu sehen bekommt. Hat man beispielsweise ein Pferd, das einen bestechenden Mitteltrab zeigt, sollte man sich in dieser Gangart nicht an der Bande hinter anderen Reitern verstecken. Oder, wenn der Richter die Hand wechseln läßt, dreht man sein Pferd nicht einfach um, sondern nutzt das Kommando dazu aus, eine korrekte Vor- oder Hinterhandwendung vorzuführen. So gewinnt der geschulte, fähige Reiter einen gewissen Vorsprung vor seinen Konkurrenten.

Das Stilspringen bei der USET-Prüfung ist ziemlich anspruchsvoll. Die Hindernisse sind etwas höher als in anderen Equitation Class-Prüfungen (bis zu 1,15 Meter), und außerdem enthält der Parcours gewöhnlich mehrere Hochweitsprünge, Kombinationen und Richtungswechsel. Die Prüfung wurde ausgeschrieben, um stilvolles Reiten in schwierigen Parcours zu fördern.

Ein Reiter, der in diesen drei Prüfungen plaziert wurde, gehört wirklich zur jugendlichen Spitzenklasse. Für mich ist es eine Quelle unerschöpflicher Freude, Schüler bis zu dieser Stufe auszubilden, ihre Einwirkungen zu vervollkommnen, ihnen beizubringen, einen Parcours zu analysieren, und ganz allgemein eine reiterliche Grundlage zu geben, die es ihnen später erlaubt, Jagd- und Springpferde erfolgreich vorzustellen. Meiner Ansicht nach stellen diese Prüfungen insofern ein Endziel dar, als sie die beste Schulung und Vorbereitung für einen Reitschüler sind. Erst wenn der Reiter über das Alter hinaus ist, in dem er an Reiterprüfungen teilnehmen kann, betrachte ich sie als Mittel zum Zweck. Aber für Kinder und Jugendliche, die sich Grundkenntnisse im fortgeschrittenen Reiten und Turniererfahrung aneignen wollen, gibt es auf der ganzen Welt keine offiziellen Ausschreibungen, die der reiterlichen Entwicklung förderlicher sind als dieses amerikanische System.

Ein Reiter kann und sollte etwa 80 Prozent seiner Reitfertigkeit beim Training für diese Prüfungen und während der eigentlichen Turniervorstellung selbst erwerben. In dieser Kategorie zur Spitzenklasse zu gehören, ist ein hohes Ziel und eine großartige Leistung. Und alle, die sich später als

Erwachsene spezialisieren wollen, werden aufgrund ihrer Vorbildung in den Reiterprüfungen fast ausnahmslos in sämtlichen Sparten der Reiterei einen großen Vorsprung haben.

18 Lektionen für Springreiterprüfungen

Als *Anregung für europäische Turnierrichter und -reiter* will ich nun 18 Lektionen beschreiben, die laut den amerikanischen Ausschreibungen zusätzlich zu dem Stilspringen von jugendlichen Reitern verlangt werden. Sie sind in der Reihenfolge ihres Schwierigkeitsgrades aufgeführt. So ist Lektion Nr. 1 (Rückwärtsrichten) zum Beispiel für Reiter bestimmt, die noch keine Schleife in einer offiziellen Prüfung gewonnen haben. Ein fortgeschrittener Reiter hingegen kann aufgefordert werden, sein Pferd rückwärtszurichten, anzugaloppieren und zu halten, eine Achterfigur im Trab bzw. Galopp zu reiten, zwischen zwei Hindernissen durchzuparieren oder sogar einen Parcours in Achterfigur zu springen.

Ein Spitzenreiter in einer Medal-Prüfung muß zusätzlich noch folgende Anforderungen erfüllen: niedrige Hindernisse aus dem Schritt und Trab anreiten (maximale Höhe beim Springen aus dem Trab ist 90 Zentimeter); ohne Bügel reiten (Bügel loslassen und wieder aufnehmen); korrekt auf- und absitzen; eine Vorhandwendung ausführen; eine Schlangenlinie im Trab oder Galopp reiten (in letzterem Fall mit einfachem oder fliegendem Galoppwechsel); eine Achterfigur im Galopp mit fliegenden Galoppwechseln vorführen; mit einfachem oder fliegendem Galoppwechsel durch die Mitte der Bahn wechseln; beim Pferdewechsel ein Pferd des Konkurrenten oder ein von der Turnierleitung bereitgestelltes Pferd reiten; Außengalopp reiten (nicht mehr als acht Pferde dürfen in der Abteilung gleichzeitig im Außengalopp gehen); eine Hinterhandwendung ausführen oder eine etwa einminütige Kür reiten.

Wie man sieht, ist die Liste der Anforderungen sehr umfangreich. Auf diese Weise erreicht man, daß alle Teilnehmer wissen, was sie erwartet. Andererseits können die Richter nicht mehr verlangen, als die Ausschreibungen zulassen. Damit jeder, einschließlich der Zuschauer, die Prüfungsanforderungen versteht, muß die Lektion über den Lautsprecher verkündet werden. Nun wollen wir auf die achtzehn Lektionen im einzelnen eingehen.

1. Lektion: Rückwärtsrichten

Jeder Reiter, der auf einem Turnier sein Pferd im Schritt, Trab und Galopp reiten kann, sollte auch gelernt haben, es *rückwärtszurichten*. Normalerweise wird diese Lektion nach dem Aufmarschieren (einzeln oder in der Abteilung) verlangt. Das Pferd sollte wie folgt rückwärtsgerichtet werden: Die Hände stehen etwas vor dem Widerrist und höher als dieser und nehmen Verbindung mit dem Pferdemaul auf. Die Finger werden vermehrt um die Zügel geschlossen, um das Pferd am Vorwärtstreten zu hindern. Dann fordert man es auf zurückzutreten, indem man die Schenkel stärker anlegt und es an das Gebiß herantreibt. Der Reiter muß während der Lektion geradeaus blicken, damit das Pferd gerade zurücktritt. Es ist falsch, auf das Pferd hinunterzusehen.

Die Übung wird nach der flüssigen, bereitwilligen und exakten Ausführung bewertet. Manchmal wird eine bestimmte Anzahl von Rückwärtstritten verlangt. Wenn man die Lektion übt, muß man sich darauf konzentrieren, das Pferd mit den treibenden Hilfen, nicht mit den Händen, zurückzurichten. Reagiert das Pferd auf Schenkeldruck nicht entsprechend, nimmt man die Stimme (Schnalzen) oder die Gerte zu Hilfe. Ist das Pferd die gewünschte Anzahl von Tritten zurückgetreten, reitet man sofort wieder an, damit es sich nicht angewöhnt, sich hinter das Gebiß zu verkriechen.

2. Lektion: Halten aus dem Jagdgalopp

Während Anfänger noch kein schnelles Galopptempo wagen sollten, ist eine Prüfung im Jagdgalopp für mittelmäßig und weiter fortgeschrittene Reiter unbedingt angebracht. Es gibt zwei mögliche Zügelhilfen, um ein Pferd *aus dem Jagdgalopp zum Halten durchzuparieren:* den direkten und den aufgesetzten Zügel mit Hebelwirkung. In Reiterprüfungen wird nur die direkte Zügelhilfe angewandt, da einige Richter den aufgesetzten Zügel für zu scharf und grob halten. Fast ausnahmslos wird der Richter von dem Reiter verlangen, an einem bestimmten Punkt zu halten. Es ist wichtig, daß man auch wirklich genau dort durchzuparieren versucht. Wird der Reiter aufgerufen, den Jagdgalopp und die ganze Parade aus dieser Gangart vorzuführen, muß er früh genug angaloppieren, um das Jagdtempo zu erreichen und dann zu zeigen, wie gut er durchparieren kann. In diesem Test darf nichts übereilt wirken.

Beim Übergang vom Arbeits- zum Jagdgalopp nimmt der Reiter den leichten Sitz ein und bemüht sich, ein gleichmäßiges Tempo, das heißt etwa 22–25 Kilometer in der Stunde, einzuhalten. Nähert er sich dem vorgeschriebenen Haltepunkt, schließen sich die Hände vermehrt um die Zügel. Das Reitergewicht wird durch Aufrichten des Oberkörpers nach hinten verlagert, und er darf leise «Halt» sagen. Selbstverständlich muß die Parade rechtzeitig genug eingeleitet werden, damit das Pferd an der vorgeschriebenen Stelle hält, aber nicht so früh, daß der Vorgang schleppend wirkt. Hierbei ist einzig und allein die Reaktion des Pferdes auf die Hilfen ausschlaggebend. Wenn das Pferd durchpariert ist, bleibt man am besten noch einen Augenblick ruhig stehen.

3. Lektion: Achterfigur im Trab mit Fußwechsel

Wird der Test auf der kurzen Seite der Reitbahn verlangt, empfiehlt sich folgende Ausführung: Als erstes visiert der Reiter die Mittellinie der Bahn an, die durch den Schnittpunkt der *Achterfigur* verläuft. Er reitet diese imaginäre Linie im langsamen Trab hinunter. Kurz bevor er am Schnittpunkt ankommt, beginnt er, auf dem rechten Hinterfuß leichtzutraben und leitet die Achterfigur mit einem Zirkel auf der rechten Hand ein. Kommt er dann wiederum am Schnittpunkt an, wechselt er den Fuß und reitet einen Zirkel linksherum. Die Lektion wird abgeschlossen, indem der Reiter mit Blickrichtung auf die kurze Seite genau am Schnittpunkt hält. Die Parade muß gerade, weich und dennoch bestimmt erfolgen. Das ist der akkurate Ablauf dieser beliebten Lektion. Es ist Aufgabe des Reiters, den korrekten Schnittpunkt zu ermitteln, gleichgültig, an welcher Stelle der Reitbahn die Achterfigur verlangt wird.

4. Lektion: Achterfigur im Galopp mit einfachem Galoppwechsel

Die Ausführung der *Achterfigur im Galopp* ist genau die gleiche wie im Trab. Der Reiter reitet im Schritt oder im langsamen ausgesessenen Trab (nicht leichttraben) bis zum Schnittpunkt. Kurz davor versammelt er sein Pferd und galoppiert auf der rechten Hand an. Nachdem er den Zirkel auf der rechten Hand beendet hat, pariert er wieder zum Schritt oder zum langsamen ausgesessenen Trab durch und führt am Schnittpunkt einen einfachen Galoppwechsel aus, bevor er den Zirkel auf der linken Hand im Linksgalopp ausreitet. (Man denke daran, daß beim korrekten einfachen Galoppwechsel einige Tritte im Schritt oder langsamen Trab als Übergang verlangt werden.) Genau wie bei derselben Lektion im Trab schließt der Reiter die Hufschlagfigur wiederum mit einer weichen ganzen Parade am Schnittpunkt ab. Wie bei aller seitlichen Biegearbeit ist streng auf ein gleichmäßiges Tempo und die korrekte Einstellung des Pferdes auf die Kreisspur zu achten. Beim Richten dieses Tests müssen übereiltes Tempo oder Verhalten sowie in den Zirkel Hineinlaufen oder aus dem Zirkel Herausdrängen mit schweren Strafpunkten belegt werden.

5. Lektion: Arbeit im Schritt, Trab und Galopp

Hier will man sehen, ob der Reiter nicht nur einen Parcours springen, sondern auch in den *drei Grundgangarten* reiten kann. Er wird deshalb nach Beendigung des Parcoursritts zurück in die Bahn gerufen. Diese Auffassung ist richtig. Gefragt ist ein guter Reiter, nicht nur ein guter Springreiter. Beim Abteilungsreiten muß er deshalb ganz besonders auf guten Sitz, korrekte, weiche Hilfen und eine gefällige Vorstellung achten.

6. Lektion: Zwischen Hindernissen durchparieren und halten

(Mit Ausnahme von Sprungkombinationen)

Muß man ein Pferd nach einem Sprung zum Halten bringen, empfiehlt es sich, das betreffende Hindernis so versammelt wie möglich zu springen. Je schneller man anreitet und je größer und weiter der Sprung ist, um so längere Zeit braucht man, nach dem Landen durchzuparieren. Ein weiterer Trick, der diese Aufgabe erleichtert, besteht darin, etwas schräg anzureiten, so daß das Pferd nicht geradeaus auf das nächste Hindernis ausgerichtet ist. Das gibt dem Reiter etwas mehr Zeit zum Halten und verhindert gleichzeitig, daß das Pferd das dahinterstehende Hindernis anzieht. Nach der Landung muß der Reiter sich bemühen, so *weich* und *schnell* wie möglich durchzuparieren. Auf beide Faktoren wird großer Wert gelegt. Dabei dürfen die direkte Zügelhilfe, Gewichtseinwirkung und Stimme gebraucht werden. Aber nur in

Notfällen darf der aufgesetzte Zügel zur Anwendung kommen; bei vielen Richtern ist er in Reiterprüfungen tabu. Vorausgesetzt das Pferd steht ruhig, bringt es Gutpunkte ein, wenn man etwa vier Sekunden lang hält.

7. Lektion: Hindernisspringen in einer Achterfigur
Gelegentlich ruft der Richter die besten Konkurrenten in den Parcours zurück, um sie *Hindernisse in einer Achterfigur* springen zu lassen. Das erfordert etwas mehr Versammlung und Einwirkung beim Handwechsel in der Mitte des Parcours. Zwar ist die Übung nicht allzu schwer für fortgeschrittene Reiter, aber für Jugendliche unter vierzehn Jahren, die noch nicht zur Spitzenklasse gehören, ist sie kein Kinderspiel. Ich kann lediglich empfehlen, den Parcours etwas langsamer zu springen und den Weg besonders konzentriert mit den Augen zu verfolgen.

8. Lektion: Niedrige Hindernisse aus dem Schritt und Trab springen
Maximal können Hindernisse von 90 Zentimeter Höhe und Weite *aus dem Trab gesprungen* werden. Der Sinn dieses Tests liegt natürlich darin, den Schritt oder Trab bis zum Absprung beizubehalten. Beim Anreiten im Schritt empfehle ich, bis zum letzten Augenblick in der Gangart zu bleiben und dann kurz vor dem Absprung zu schnalzen, um das Pferd zu animieren. Auf diese Weise verhindert man normalerweise Verweigerungen und teilt dem Pferd die Absicht des Reiters zum richtigen Zeitpunkt mit.
Aus dem Trab springen ist für Reiter und Pferd vom psychologischen Standpunkt etwas leichter, weil diese Gangart schneller ist als der Schritt. Es erfordert aber viel Übung, um das Pferd bis zum Absprung im Trab zu halten. Häufig geschieht es, daß es kurz vor dem Hindernis ein, zwei Galoppsprünge einlegt und damit diesen Test verpatzt. Das läßt sich gut vermeiden, wenn man bis zum Absprung einen gleichmäßigen, langsamen Trab (aussitzen oder leichttraben) beibehält. Trabt der Reiter leicht, so empfehle ich ihm, sich ein, zwei Tritte vor dem Hindernis geschmeidig in den Sattel zu setzen, damit er beim Sprung nicht vor die Bewegung gerät. Außerdem ist das Pferd, wenn es die Gewichtseinwirkung zur Verstärkung der Schenkelhilfe fühlt, nicht so leicht versucht, «zu schummeln», das heißt einen zusätzlichen kurzen Tritt einzulegen oder stehenzubleiben.

9. Lektion: Ohne Bügel reiten
Für meine Schüler, die so viel *ohne Bügel reiten,* ist das kein Problem, aber für manche Reiter ist es wohl etwas außergewöhnlich. Beim dressurmäßigen Reiten ohne Bügel wie beim Springen achtet der Richter auf einen unabhängigen, festen Sitz und korrekte, unabhängige Schenkellage. Die Schenkel müssen genau wie beim Reiten mit Bügeln liegen. Die Fußspitzen sollten nach oben zeigen. Zusätzlich wird noch verlangt, die Bügel loszulassen und wieder aufzunehmen. Das ist insofern ein sinnvoller Test, als jeder beim Reiten und Springen ab und zu einmal einen Bügel verliert. Hinuntersehen, um die Bügel wiederzufinden, gilt als schwerer Fehler. Statt dessen hält man

die Zehenspitzen nach oben und angelt sich die Bügel nach Gefühl. Dabei soll vermieden werden, das Pferd zu stören und unruhig zu machen.

10. Lektion: Auf- und Absitzen

Diese Aufgabe ist zwar auch für jüngere Reiter leicht zu verstehen, aber nicht so leicht auszuführen, wenn sie auf großen Pferden beritten sind. Deshalb wird der Test nur von älteren Jugendlichen verlangt. Im ersten Kapitel kann man nachlesen, wie man korrekt *auf- und absitzt*. Vor dem Auf- und nach dem Absitzen stellt man sich, die Zügel in der rechten Hand führend, mit Blickrichtung nach der Mitte der Reitbahn, auf der Höhe des Pferdekopfes neben das Pferd. Dadurch werden die beiden Phasen der Übung gegeneinander abgesetzt.

11. Lektion: Vorhandwendung

Diese Lektion kann entweder auf Verlangen des Richters oder als einfacher Richtungswechsel ausgeführt werden. In beiden Fällen wird *die Vorhandwendung* aus dem Halten oder versammelten Schritt eingeleitet. Das Pferd tritt mit den Vorderbeinen in einem sehr kleinen Kreis und in einem größeren Kreis mit den Hinterbeinen in einer Wendung von 180 Grad herum. Auf die Biegung des Pferdes kommt es nicht so sehr an, solange es nicht übermäßig gebogen wird. Die Übung ähnelt dem Schenkelweichen, weshalb das Pferd von Kopf bis Schweif so gerade wie möglich zu halten ist. Das Pferd soll gehorsam dem äußeren, eine Handbreit hinter dem Gurt liegenden Schenkel weichen, indem es mit der Hinterhand seitwärts tritt. Zurücktreten, Vortreten und Ausfallen mit einer Schulter gelten als Fehler.

12. Lektion: Schlangenlinien im Trab bzw. Galopp mit einfachem oder fliegendem Galoppwechsel

Eine Schlangenlinie (durch die Bahn) besteht aus gegenläufigen Halbkreisen, die nach rechts und links von einer imaginären Mittellinie aus geritten werden. In der Regel beginnt diese Hufschlagfigur an der Mitte der kurzen Seite der Reitbahn und endet an der Mitte der gegenüberliegenden kurzen Seite. Der Radius der Halbkreise muß genau gleich sein. Beim Leichttraben wechselt man jedes Mal, wenn man zur Mittellinie kommt den Fuß, auf dem man trabt! Beim Galoppieren führt man an diesem Punkt einen einfachen oder fliegenden Galoppwechsel aus. Ich ziehe es vor, die vorgeschriebene Gangart genau an der Mitte der ersten kurzen Seite zu beginnen. Das heißt, der Reiter reitet im Schritt oder ausgesessenen Trab auf dem Hufschlag und beginnt erst leichtzutraben oder zu galoppieren, wenn er an dem Anfangspunkt der Serpentine ankommt. Außerdem lege ich wie bei allen Tests auch wieder Wert auf einen ordentlichen Abschluß und lasse die Schlangenlinie mit einer korrekten ganzen Parade beenden. Sie beweist, daß der Reitschüler seine Einwirkungen wirklich perfekt beherrscht, was ihm einen gewissen Vorsprung in dem Wettkampf gibt.

13. Lektion: Achterfigur im Galopp mit fliegendem Galoppwechsel

Der Test besteht aus der üblichen *Achterfigur*. Ich rate meinen Schülern, gewohnheitsmäßig auf der rechten Hand zu beginnen, falls der Richter nicht ausdrücklich verlangt, die Hufschlagfigur mit einem Zirkel auf der linken Hand einzuleiten. Hat das Pferd Dreiviertel des Zirkels auf der rechten Hand ausgeritten, bereitet der Reiter es auf den *fliegenden Galoppwechsel* vor, indem er es mit dem äußeren, am Hals anliegenden Zügel und dem äußeren Schenkel geraderichtet. Dadurch wird die linke Seite des Pferdes entlastet, was ihm das Umspringen nach links erleichtert. Nun fordert der Reiter den fliegenden Galoppwechsel, indem er seinen neuen äußeren Schenkel (jetzt der rechte) vermehrt anlegt. Meistens versucht das Pferd, wenn es noch nicht gelernt hat, daß dies das Zeichen zum fliegenden Galoppwechsel ist, sich der verstärkten Schenkelwirkung durch Zulegen im Tempo zu entziehen. Das muß um jeden Preis durch verhaltende Zügelhilfen verhindert werden. Auch kommt es häufig vor, daß das Pferd der Schenkelhilfe ausweicht, indem es mit der Vorhand in den Zirkel hineinfällt. Dem kann man leicht mit einem äußeren führenden Zügel entgegenwirken. Nach Ausreiten des zweiten Zirkels pariert der Reiter am Schnittpunkt der beiden Kreise weich zum Halten durch und marschiert dann auf.

14. Lektion: Einfache oder fliegende Galoppwechsel auf geradem Hufschlag

Diese Lektion wird meist auf der Mittellinie oder auf einer langen Seite der Reitbahn verlangt. Der Richter schreibt die Zahl der *Galoppwechsel* genau vor. Nehmen wir einmal an, es würden drei einfache Galoppwechsel auf der Mittellinie verlangt. Das bedeutet, das Pferd muß viermal richtig anspringen. Die Abteilung ist an der langen Seite aufmarschiert. Die Reiter müssen einzeln aus der Reihe treten, um die Lektion vorzuführen. Am besten reitet man im Schritt zum Ende der Bahn und wendet dort auf die Mittellinie ab. Man galoppiert erst an, wenn das Pferd gerade auf die Mittellinie ausgerichtet ist. Das ist schwieriger und zeigt dem Richter, daß der Reiter bessere Einwirkung besitzt als ein Konkurrent, der es sich leicht macht und vor der Wendung bereits angaloppiert.

Werden drei Wechsel verlangt, teilt man die Reitbahn in vier Abschnitte auf. Man soll so früh wie möglich nach Abwenden auf die Mittellinie angaloppieren und die einfachen Galoppwechsel rechtzeitig und flüssig ausführen. Es gibt nichts Schlimmeres, als vorzeitig am Ende der Reitbahn anzukommen und keinen Platz mehr für den letzten Wechsel zu haben. Bei einem korrekten einfachen Galoppwechsel geht das Pferd einige Tritte im Schritt oder langsamen Trab, bevor es auf der anderen Hand anspringt. Am Ende der Übung hält der Reiter und läßt sein Pferd geradestehen, um die Lektion abzurunden.

Wird die Lektion mit fliegenden Galoppwechseln verlangt, so ist sie ebenfalls, genau wie vorher beschrieben aufzuteilen. Der Reiter blickt geradeaus auf die Mittellinie, bevor er angaloppiert und hält das Pferd durch alle drei Wechsel hindurch gerade auf dieser Linie, bis er durchpariert. Bei jedem fliegenden Galoppwechsel ist das Pferd versammelt und geradegerichtet. Der Reiter legt lediglich den äußeren Schenkel weiter zurück, um ihm anzudeuten, daß es umspringen soll. Folgende Fehler müssen vermieden werden: Das Pferd ignoriert die Schenkelhilfe und geht im Kreuzgalopp; es fällt in den Trab oder gerät ins Stürmen; es stellt sich beim Umspringen schräg und galoppiert in einer Zick-Zack-Linie. Damit es diese Lektion wirklich korrekt ausführen kann, muß das Pferd bereits in fliegenden Galoppwechseln auf Kreislinien (Achterfiguren und Schlangenlinien) gut geschult sein.

15. Lektion: Pferdewechsel

Jeder, der an einer Reiterprüfung teilnimmt, muß darauf gefaßt sein, *ein fremdes Pferd zu reiten.* Das kann für einige Reiter, die wenig Erfahrung mit verschiedenen Pferden haben, das aufregendste Ereignis der Prüfung sein. Fast ausnahmslos werden Pferde innerhalb einer Abteilung untereinander ausgetauscht. Es kommt nur sehr selten vor, daß die Richter ein von der Turnierleitung zur Verfügung gestelltes Pferd reiten lassen. Der aufgeweckte Prüfungsteilnehmer oder sein Trainer waren natürlich so klug, die anderen Pferde in der Abteilung zu beobachten, um Anhaltspunkte zu haben, wie sie am besten geritten werden. Es ist nur fair, daß Reitschüler oder -lehrer gegenseitig Kenntnisse über ihre Pferde austauschen. Jeder, der da nicht mitmacht, wird bald von den maßgebenden Leuten geschnitten.

Sitzt der Reiter aber erst einmal auf dem fremden Pferd, ist es allein seine Sache, das Pferd zu beurteilen und herauszufinden, wie es auf die Hilfen, insbesondere die Hand- und Schenkeleinwirkungen, reagiert. Ich lasse meine Schüler meistens mit denselben künstlichen Hilfsmitteln (Gerte bzw. Sporen) reiten wie der Reiter, dem das Pferd gehört. Manchmal läßt der Richter den Prüfungsteilnehmern ein paar Minuten Zeit, um sich mit dem neuen Pferd vertraut zu machen. Das erleichtert die Aufgabe natürlich. Aber es kommt auch oft vor, daß die Reiter völlig unvorbereitet ihre Lektion oder ihren Parcours mit dem fremden Pferd absolvieren müssen. Das ist nicht so einfach und verlangt viel Erfahrung und Einfühlungsvermögen.

16. Lektion: Außengalopp

Höchstens acht Pferde dürfen zur gleichen Zeit im *Außengalopp* gehen. Das wichtigste bei dieser Lektion ist, daß das Pferd nicht von außen gestört wird. Auch das bestausgebildete Pferd ist versucht umzuspringen, wenn es von einem anderen Pferd geschnitten oder bedrängt wird. Man paßt deshalb auf, daß man genügend Abstand von den anderen Teilnehmern hat. Als nächstes muß man das Pferd möglichst geraderichten. Es ist zwar einfach, die Hinterhand auf der langen Seite des Hufschlags nach außen zu verschieben, aber auf der kurzen Seite, in den beiden Wendungen, ist das nicht so leicht. Kommt das Kommando zum Außengalopp, während man eine Wendung reitet, richtet man das Pferd vor dem Ausführen der Übung so gerade wie möglich. Die korrekte Ausführung und die Hilfen zum Außengalopp wurden ja bereits ausführlich in einem vorhergehenden Kapitel besprochen.

17. Lektion: Wendung auf der Hinterhand

Wie die Vorhandwendung kann auch *die Hinterhandwendung* aus dem versammelten Schritt oder Halten ausgeführt werden. Im Sinne der klassischen Reitkunst ist es jedoch korrekter, die Übung aus dem Schritt einzuleiten (Kurzkehrt). Für fortgeschrittene Reiter ist sie mein bevorzugtes Mittel zum Handwechsel in der Abteilung. Für Anfänger ist jedoch die Lektion zu schwierig. Es gibt nichts Lächerlicheres, als eine Gruppe von Kindern zu richten, die versuchen, eine Hinterhandwendung auszuführen, ohne daß sie wissen, wie es richtig gemacht wird! Hingegen sollte ein Reiter, der die Übung beherrscht, auf jeden Fall dem Richter zeigen, was er kann. Die Hilfen zur Hinterhandwendung wurden ja bereits behandelt.

18. Lektion: Einminütige Kür

Der Reiter muß dem Richter vorher mitteilen, welche *Kür* er reiten will. Der Kürritt ist ein ausgezeichneter zusätzlicher Test bei Reiterprüfungen. Der Reiter erhält Gelegenheit, dem Richter ein gut durchdachtes Programm der Lektionen, die er beherrscht, vorzuführen. Als erstes möchte ich meinen Lesern einschärfen, die Kür sorgfältig auszuarbeiten, damit nichts improvisiert zu werden braucht. Ein Reiter, der «auf Draht» ist, hat sich sogar drei, vier verschiedene Kürprogramme ausgedacht, die er nach Belieben vorreiten kann. Als zweites ist wichtig, daß der Test möglichst inhaltsreich und dennoch kurz ist. Er sollte sechs bis acht verschiedene Lektionen enthalten, die weder zu sehr ausgewalzt noch zu hastig aneinandergereiht werden dürfen. Drittens, und das ist der springende Punkt, sollte die Kür die schwierigsten Übungen enthalten, die der betreffende Reiter auf seinem Pferd gut ausführen kann, ohne größere Fehler zu machen.
Ein weniger erfahrener Reiter zeigt vielleicht nur eine Lektion im Schulterherein, Mitteltrab im Leichttraben und eine kurze Strecke Außengalopp. Hingegen kann ein gut geschultes Reiter-Pferd-Team Traversalverschiebungen, Schlangenlinien im Außengalopp und fliegende Galoppwechsel auf der Mittellinie versuchen. Der Sinn der Kür ist es, daß der Reiter innerhalb einer kurzen Zeitspanne sein Können und seinen Einfallsreichtum zur Schau stellen kann. Es erübrigt sich wohl zu sagen, daß die Kür nur für fortgeschrittene Reiter in Frage kommt.

Zusammenfassend läßt sich feststellen, daß diese zusätzlichen Lektionen, unter denen die Richter bei Springreiterprüfungen auswählen können, sich eigentlich nur aus den Übungen zusammensetzen, die der Reiter zu Hause bei der Ausbildung seines Pferdes benutzt. Er sollte mit keinen unnatürlichen Anforderungen oder «Tricks» konfrontiert werden, sondern nur mit

Übungen, die in direkter Beziehung zu der Schulung seines Pferdes stehen und die für sein Training wertvoll sind. Hat der Reitschüler eine Ausbildung genossen, die den Zweck verfolgte, einen «Pferdemann» und -trainer aus ihm zu machen, sollte keine der verlangten Übungen allzu schwierig sein oder für ihn überraschend kommen.

Ein Reiter, der eine gründliche und umfassende Schulung in möglichst vielen Sparten des Reitsports erhalten hat, der sich dem Pferd auf natürliche Weise verbunden fühlt und sich bemüht, ein Mensch mit «Pferdeverstand» zu werden, wird feststellen, daß die Jahre, die er damit verbracht hat, sich auf unsere Springreiterprüfungen vorzubereiten, die beste Grundlage für jedes künftige Spezialgebiet oder jede weitere reiterliche Fortbildung sind.

11. Kapitel: Ratschläge für Reitlehrer

Vertrauen

Lehren ist anerkanntermaßen eine Kunst. Leider wird diese Tatsache beim Reiten weniger als in anderen Sportarten gewürdigt. Beim Reitunterricht gibt es bestimmte Prinzipien. Richtig befolgt führen sie zu besseren Ergebnissen und weniger Unfällen und beschleunigen den Fortschritt des Schülers. Diese Grundsätze sollten in sinnvoller Reihenfolge gelehrt werden. Der Lehrer muß sich dabei einer einheitlichen, präzisen und leicht verständlichen Terminologie bedienen, die für einen weiten reiterlichen Anwendungsbereich gilt. Nur wenn im Unterricht klar definierte Begriffe logisch und eindeutig verwendet werden, kann sich zwischen Lehrer und Schüler eine gute, disziplinierte Verständigung anbahnen. Ein solches Verhältnis ist ungeheuer wichtig. Es stellt die Grundlage dar, auf der sich *das Vertrauen* des Schülers zum Lehrer aufbaut, das wiederum die Voraussetzung für seinen Fortschritt, sein Können und seine Einstellung zum Reiten bildet.

Vertrauen ist der wichtigste Faktor bei gutem Reitunterricht. Man unterscheidet verschiedene Arten von Vertrauen: das Selbstvertrauen des Reitschülers, das heißt sein Bewußtsein, daß er fähig ist, sein Pferd zu beherrschen; das Vertrauen des Schülers in die Qualifikation und das Können des Lehrers; und schließlich, was wahrscheinlich am wichtigsten ist, die Überzeugung des Reiters, daß nicht mehr von ihm verlangt wird, als er physisch und psychisch zu leisten vermag. Die Angst vor Verletzungen oder vor Zerstörung des Selbstvertrauens hindert den Fortschritt des Schülers beträchtlich. Der Reitlehrer muß sich als erstes fragen, ob der Schüler physisch in der Lage ist, das auszuführen, was er von ihm verlangt. Hegt man da die leisesten Zweifel, so ist die Anforderung zu schwierig, und es besteht das Risiko eines Unfalls. Dann muß der Lehrer die Anforderung verringern, anstatt unbedenklich von dem Schüler das Äußerste zu verlangen. In einer solchen Situation hört man oft eine warnende innere Stimme, die einem sagt «Laß es sein!» Man sollte ihr instinktiv gehorchen. Merkt der Lehrer jedoch, daß der Reitschüler physisch in der Lage ist, ein schwieriges Problem in Angriff zu nehmen, und lediglich zu ängstlich ist, muß er einen Weg finden, dessen Angst zu überwinden und ihn taktvoll davon zu überzeugen, daß er mit der Situation fertig werden kann. Wie man dabei am besten vorgeht, hängt ganz von der individuellen Persönlichkeit ab und läßt sich nicht eindeutig festlegen. Das beste Rezept ist wohl Entschlossenheit und aufmunternde Zuversicht, dazu Einfühlungsvermögen. Despotische, cholerische Temperamentsausbrüche erreichen selten etwas, obwohl theatralisches Gehabe ab und zu einmal Spaß machen und Wunder wirken kann!

Es gibt, wie bereits erwähnt, zwei Arten von Furcht, physische und psychische. Jemand, der Angst vor Unfällen hat, hat physische Furcht, während ein Schüler, der Angst hat, Fehler zu machen, psychische Furcht hegt. Mit wenigen Ausnahmen haben Reiter die eine oder andere Art von Furcht oder zeitweilig beide Arten in unterschiedlichem Ausmaß. Die Verantwortung, sich in jeden Schüler hineinzuversetzen und zu verstehen, welche Art von Furcht er hegt, liegt einzig und allein beim Lehrer. In der Regel sollte über Angst nie geredet werden. Sie stellt eine negative Eigenschaft dar. Spricht man darüber, verstärkt man sie nur noch. Es ist eine allgemein bekannte Tatsache, daß jemand, dem man sagt, er solle sich entspannen, sich nur noch mehr verkrampft.

Gelegentlich trifft man auf Schüler mit übermäßigem Selbstvertrauen, die eingebildet und nachlässig sind. Da zum Genie, wie es heißt, ein «außerordentlicher Sinn für Einzelheiten» gehört, sollten Schüler von außerordentlichen Lehrern eigentlich niemals diese Merkmale aufweisen! Doch dem ist nicht so, selbst bei genialen Lehrern kommen solch selbstherrliche Schüler vor. Der Reitlehrer, der seine Bemühungen untergraben fühlt, muß deshalb entsprechend reagieren. Er muß gegebenenfalls soweit gehen, das Selbstvertrauen dieses Schülers etwas zu dämpfen. Selbstvertrauen ist jedoch eine empfindliche Erscheinung, die sorgsam gehütet werden muß. Es kann von einem Tag zum anderen wechseln. Gerät es erst einmal ins Wanken, kann dies selbst auf der Stufe von olympiareifen Reitern katastrophale Folgen haben. Verlorenes Selbstbewußtsein ist die Wurzel vieler schwieriger reiterlicher Probleme. Es muß stets in Betracht gezogen werden, wenn man nach der Ursache irgendwelcher Abweichungen von der Norm sucht.

Falsch beritten

Der häufigste Fehler, den Reitlehrer begehen und der schnellen Fortschritt und ungefährlichen Unterricht verhindert, besteht meist darin: Sie überfordern einen Reitschüler, das heißt, sie setzen ihn auf ein Pferd, mit dem er nicht so leicht fertig wird. Ich sage «leicht», denn man überfordert einen Reiter nicht unbedingt nur, wenn man ihn auf einem «Verbrecher», Puller oder einem jungen Pferd, das von der Rennbahn kommt, beritten macht. Auch ein Pferd, das etwas zu heftig oder widersetzlich ist, ist für den durchschnittlichen Schüler als Lehrpferd ungeeignet.

Es ist gefährlich, einen Reitschüler zu überfordern. Man sollte es bei Anfängern und mittelmäßig fortgeschrittenen Reitern um jeden Preis vermeiden. Weit fortgeschrittene Reiter sollten in der Lage sein, mit jedem Pferd fertig zu werden. Deshalb trifft diese Regel für sie nicht zu. Natürlich kommt es manchmal vor, daß man *kein passendes Pferd* für einen bestimmten Schüler zur Verfügung hat. In einem solchen Fall muß man einen Ausweg finden, um das Pferd sanfter zu machen. Bei temperamentvollen Pferden wirkt das Kürzen der Haferration Wunder. Selbstverständlich muß man ihnen zum Ausgleich mehr Heu, Kleie und Rauhfutter geben. Auch Weideauslauf ist ein ideales Mittel, um Pferde zu beruhigen und ihnen ausreichende Bewegung zu verschaffen. Faule Pferde, die am Zaun herumstehen, können etwas herumgejagt werden, wenn sie mehr Bewegung brauchen.

Longieren ist ein anderes Ventil für überschüssige Energie. Dabei hat man das Pferd besser unter Kontrolle. Diese Bewegungsform bietet deshalb einen zusätzlichen Vorteil: Das Pferd wird gleichzeitig geschult, wenn man sachgerecht longiert. Eine der besten und gründlichsten Methoden, um ein Pferd zu beruhigen und für Schüler rittig zu machen, ist, es von einem erfahrenen Reiter abreiten zu lassen. So trifft man zwei Fliegen auf einen Schlag. Der bessere Reiter erhält Gelegenheit, ein Pferd zu schulen und zu korrigieren, und der weniger fortgeschrittene Reitschüler kann ein Pferd besteigen, das nun gefügiger und leichter zu reiten ist.

Ein Schüler, der falsch beritten ist, wird ängstlich und verliert sein Selbstvertrauen, auch wird er völlig von dem Lernprozeß abgelenkt. Ein Anfänger, der auf einem Pferd sitzt, mit dem er nicht fertig wird, ist ganz und gar mit dem Versuch beschäftigt, sein Pferd unter Kontrolle zu bekommen; dabei sollte er sich auf sich selbst und seine eigenen reiterlichen Probleme konzentrieren. Es ist praktisch unmöglich, sich voll und ganz auf mehr als eine Sache auf einmal zu konzentrieren. Daher kann man von einem Anfänger nicht erwarten, daß er auf seine Absätze, Hände oder Blickrichtung achtet, wenn er Angst hat, sein Pferd nicht halten zu können oder heruntergebuckelt zu werden. Erst wenn er gelernt hat, seinen eigenen Körper im Sattel zu beherrschen, wird er in der Lage sein, seine Gedanken und Bemühungen auf die Beherrschung des Pferdes zu lenken. Nur wenn man sorgfältig Situationen vermeidet, die den Reitschüler überfordern (nebenbei gesagt: Nicht genügend fordern ist genauso falsch), kann er schnelle Fortschritte machen, Unfälle vermeiden und Freude an der Reiterei haben.

Schritt für Schritt

Der wichtigste Grundsatz, den der Reitlehrer beachten muß, wenn er beim Unterricht schnelle Fortschritte erwartet, lautet, *Schritt für Schritt* vorzugehen. Die Konzentrationsfähigkeit des Schülers wird auf diese Weise nicht überbeansprucht. Er kann sich leicht und schnell bestimmte Reaktionen zur Gewohnheit machen, wenn sie getrennt behandelt und geübt werden. Dagegen wird er abgelenkt und sein Fortschritt gehemmt, sobald sein Gehirn durch zu viele Einflüsse auf einmal belastet wird und sein Körper versucht, gleichzeitig mehrere neue Funktionen auszuprobieren. Wiederholung eines einzigen Details mag zwar langweilig erscheinen, stellt aber den sichersten Weg zum Erfolg dar. Der Schüler muß angeleitet werden, soliden Fortschritt zu schätzen.

Zielgerichtete Konzentration – für Lehrer und Schüler zunächst gleichermaßen schwierig – ist vor allem im Anfangsstadium des Reitunterrichts wichtig, doch gilt das Prinzip bis zur fortgeschrittensten Ausbildungsstufe. In der Praxis liegt die Schwierigkeit darin, mit Ausnahme des bestimmten Details alles andere zu übersehen, das der Schüler gleichzeitig falsch macht. Für einen Reitlehrer ist es nicht leicht, hochgezogene Absätze zu ignorieren, wenn er mit dem Schüler übt, sich auf eine bestimmte Blickrichtung zu konzentrieren. Hier gilt, daß man der Blickrichtung seine ganze Aufmerksamkeit widmet, bis dabei ein gewisser Fortschritt erreicht ist. Die Absätze werden später getrennt behandelt und korrigiert.

Das größte Hindernis, das den Bemühungen des Reiters entgegensteht, sich auf eine bestimmte Einzelheit zu konzentrieren, ist natürlich das Pferd selbst. Daher ist es so wichtig, den Reiter nicht auf ein Pferd zu setzen, mit dem er überfordert ist, und solange er sich im Anfangsstadium befindet, das Pferd lediglich als Beförderungsmittel zu betrachten. Stellt man in diesem Stadium an den Schüler mehr als eine Anforderung auf einmal, läuft man Gefahr, sein Selbstvertrauen, seine Ruhe und seine Konzentrationsfähigkeit zu beeinträchtigen.

Erklärung – Vorführung – Beobachtung

Grundsätzlich stehen dem Reitlehrer drei Mittel zur Verfügung, um sich mit seinem Schüler zu verständigen: Er kann ihm mit Worten *erklären,* was er tun oder nicht tun soll, er kann die korrekte und falsche Ausführung einer Übung selbst im Sattel *vorführen* und er kann dem Schüler Gelegenheit geben, andere Reiter zu *beobachten*. Alle drei Verständigungsmittel helfen dem Reitschüler, neue Techniken geistig zu verarbeiten. Dies stellt wiederum einen ersten Schritt in dem Bestreben dar, reiterliches Gefühl zu entwickeln. Ich bin fest überzeugt, daß ein Schüler eindeutig im Nachteil ist, wenn es an einem der drei Verständigungsmittel hapert.

Sehen wir uns zunächst einmal das Erklären, die offensichtlich bevorzugte Lehrmethode im Einzel- oder Abteilungsunterricht an. Seitens des Lehrers wie des Schülers ist dabei in erster Linie strikte Aufmerksamkeit erforderlich. Je nach Situation kann man seine Reitschüler auf verschiedene Weise ansprechen. Wenn ich kurze Kommandos oder Anweisungen zu bekanntem Unterrichtsstoff wie Sitzkorrekturen oder bessere Ausführung einer Lektion gebe, lasse ich die Schüler dabei weiterreiten. Will ich aber die Schüler mit einem neuen Thema, einer neuen Übung bekannt machen oder eine wesentliche Korrektur besprechen, die längere Erklärungen erfordert, lasse ich die Abteilung halten oder zu mir herkommen. Ein guter Reitlehrer muß den Unterrichtsstoff nicht nur beherrschen, er muß auch in der Lage sein, ihn dem Schüler verständlich zu machen. Er soll sich artikuliert äußern und den Unterricht sinnvoll aufbauen können. Die Persönlichkeit und Fähigkeit eines Lehrers kommen meist in seiner Stimme zum Ausdruck.

Der Ausspruch «Er ist kein guter Reiter, aber ein guter Lehrer» mag auf manche Leute bis zu einem gewissen Grad zutreffen. Meiner Meinung nach aber hat er ganz entschieden seine Grenzen. Hätte ich die Auswahl zwischen zwei Lehrern, von denen der eine gut und der andere schlecht reitet, bestünde kein Zweifel, wen ich vorziehen würde. Dafür gibt es einige ganz bestimmte Gründe. Erstens hat der Lehrer, der auf der Ausbildungsstufe, auf der er unterrichtet, nicht selbst gut reiten kann (oder konnte), niemals das selbst gefühlt, was er seinen Schülern zu vermitteln sucht. Ohne diese Erfahrung und dieses Gefühl sind seinen Erklärungen zwangsläufig Grenzen gesetzt. Zweitens hat ein Lehrer, der nicht besonders gut reitet, Schwierigkeiten mit dem zweiten Verständigungsmittel, der Vorführung im Sattel. Im Reitunterricht bewahrheitet sich der Satz «Ein Bild sagt mehr als tausend Worte».

Es kommt oft vor, daß die längste Unterhaltung zwischen Lehrer und Schüler eine einfache kurze Vorführung im Sattel nicht ersetzen kann. Der Reitlehrer sollte aufs Pferd steigen und dem Schüler vorführen können, wie es gemacht wird. Und er sollte fähig sein, dessen Fehler zu kopieren und ihm zu zeigen, wie es nicht gemacht werden darf. Außerdem muß ein guter Reitlehrer jederzeit mit dem Pferd seines Schülers die Übung vorreiten können, die diesem nicht glücken wollte. Aus den genannten Gründen halte ich es für fast unerläßlich, daß ein Reitlehrer ein guter Reiter und kompetent genug ist, um korrektes Reiten selbst im Sattel vorzuführen, obwohl einige Leute diesen Anspruch nicht stellen. Natürlich gibt es Ausnahmefälle.

Die Beobachtung der Stärken und Schwächen anderer Reiter auf Turnieren, im Jagdfeld und durch das Medium Film wird als Lehrmittel leider vernachlässigt. Es kann sehr lehrreich sein, wenn Lehrer und Schüler andere Reiter und Pferde zusammen analysieren und kritisieren. Allerdings muß hier der Lehrer, genau wie beim Erklären und Vorführen, den Schüler anleiten, das Beobachtete richtig zu interpretieren. Ich bin hinsichtlich der Einflüsse, denen meine Schüler in ihren reiterlichen Entwicklungsjahren ausgesetzt sind, sehr vorsichtig. Wenn immer möglich begleite ich sie auf Turniere oder andere reiterliche Veranstaltungen. Beobachtungen ohne Anleitung können sehr gefährlich und schädlich sein. Viele junge Reiter sind durch falsche Auslegung in ihrer Entwicklung zurückgeworfen worden. Der Reitlehrer hat die Pflicht, ständig nach guten und schlechten Lehrbeispielen Ausschau zu halten und seine Schüler bei jeder Gelegenheit auf diese aufmerksam zu machen.

Wiederholung

Je öfter man eine Übung wiederholt, desto eher und besser gelingt sie, und dieses Erfolgserlebnis stärkt wiederum das Selbtvertrauen. Voraussetzung ist natürlich, daß die Übungen an sich fundiert und vernünftig sind. Dieses langsame Vorgehen, bei dem die Grundlagen immer wieder geübt werden, hat Vorrang vor allen Gedanken an fortgeschrittenere Aspekte der höheren Reitkunst. Ich möchte nochmals betonen, daß die einfachen Übungen zur Körperbeherrschung im Sattel die reiterliche Grundlage bilden. Sie ist die Voraussetzung für Sicherheit, Einwirkung und guten Stil. Nur ein Reiter, der viele Stunden im Sattel mit der Wiederholung der grundlegenden Übungen verbracht hat, die zur Erlernung einer korrekten Technik erforderlich sind, kann sicher sein, daß seine Hilfen mit der Zeit weich und unsichtbar werden, daß er es zu Harmonie und Gleichgewicht im Sattel bei vollendeter Beherrschung des Pferdes bringen wird.

146

Seltsamerweise (vom Standpunkt des Pferdes glücklicherweise) gilt die Regel, daß langsame Wiederholungsarbeit Früchte trägt, bis in den Spitzensport und die höchste reiterliche Ausbildungsstufe hinein. Werden die wesentlichen Grundlagen auf einer Stufe geübt, die nur minimale Anforderungen an Reiter und Pferd stellt, erhalten beide Gelegenheit, sich zu entspannen und bestimmte Reflexe zur Gewohnheit werden zu lassen. Dies macht sich in kritischen Situationen bezahlt.

Trainiert man beispielsweise ein Jagdpferd und bereitet es auf Jagden vor, reitet man es selten im vollen Galopp über schwieriges Gelände und gefährliche Hindernisse. Vielmehr trabt man es langsam, um es fit zu machen, und läßt es auch meistens nur aus dem Trabe über niedrige Sprünge gehen. Und wieviel Zeit verwendet ein Dressurreiter schon auf die Piaffe oder Passage, das heißt die Lektionen in der höchsten Versammlung, die von einem Grand-Prix-Pferd verlangt werden? Nur sehr wenig, verglichen mit der endlosen Arbeit, die mit korrektem Halten, versammeltem Trab und Schulterherein verbracht wird. Auch das Rennpferd wird, außer im Rennen selbst, nie im vollen Galopp gefordert. Das Springpferd wird bei dem Training nie bis zur Grenze seines Springvermögens forciert. Das gleichmäßige Training, das allmähliche In-Kondition-Bringen und Steigern der Anforderungen, die kurzen Momente, in denen man einen Blick der verborgenen Möglichkeiten erhascht, sind ausschlaggebend. Reiter und Pferd lernen nicht springen, wenn sie häufig einen vollständigen Parcours mit zehn hohen Hindernissen überwinden, sondern wenn sie über niedrige Stangen und mehrfache Kombinationen trainieren.

Gewohnheit

Gewohnheit ist ein wesentlicher Bestandteil des Lernprozesses. Am Anfang ist alles schwer. Dann wird es leichter, schließlich zur Gewohnheit, und erst jetzt kann es richtig und schön sein. Etwas automatisch tun heißt, es gewohnheitsmäßig tun. Unser Hauptziel ist es, alle grundlegenden reiterlichen Aktivitäten zu automatischen Reflexen werden zu lassen. Erst dann können wir uns bei der Arbeit auf die Feinheiten konzentrieren. Nur wenn der Reiter das Instrument seines Körpers so beherrscht, daß er nicht mehr darüber nachzudenken braucht, kann er seine ganze Aufmerksamkeit dem Pferd widmen und seine geistige Energie darauf verwenden, dessen Widersetzlichkeiten schnellstens und bestmöglich zu korrigieren.

Gewohnheiten werden durch Wiederholung verankert. Gleichgültig, ob es sich darum handelt, den Sitz oder die Hilfengebung zu korrigieren oder den richtigen Absprung zu finden, eine automatische Reaktion kann nur durch regelmäßige Übung und Praxis eintreten. Nehmen wir als Beispiel einen Reiter, der Schwierigkeiten hat, die Absätze hinunterzudrücken. Stellt er sich jede Reitstunde nur fünf Minuten lang in die Bügel (Zwei-Punkt-Kontakt) und verlagert das Gewicht in die Absätze, wird er eine korrekte Schenkellage entwickeln. Andererseits mag er sich sporadisch eine halbe Stunde lang auf tiefe Absätze konzentrieren, das jedoch in unregelmäßigen

Zeitabständen, und er wird nie ein positives Ergebnis erzielen. Das gleiche Prinzip gilt für die Bemühungen um jenen festen Sitz, der dem Reiter erlaubt, im Trab und Galopp den Bewegungen des Pferdes mit entspanntem, schwingendem Kreuz zu folgen. Auch hier ist es am besten, täglich einen Teil der Reitstunde, vielleicht nur fünf bis zehn Minuten, Sitzübungen ohne Bügel zu machen.

Auf regelmäßiges Üben kommt es also an; gelegentliche aufwendige Arbeit ist nutzlos. Gute Gewohnheiten lassen sich leicht anerziehen, wenn die betreffende Übung korrekt, regelmäßig und im allgemeinen nicht über eine allzu lange Zeitspanne wiederholt wird. Das Gehirn kann sich nur eine gewisse Zeitlang auf eine bestimmte Sache konzentrieren, und der Körper kann eine bestimmte Stellung auch nur für eine kurze Dauer einhalten; dann sollte man seine Energie etwas völlig anderem zuwenden.

So lasse ich meine Schüler beispielsweise nie zwei Sitzübungen hintereinander ausführen. Ich verwende fünf Minuten, um einen bestimmten Sitzfehler zu korrigieren, und dann beschäftige ich mich weitere fünf Minuten mit einer anderen Übung. Im Idealfall müßte auf die Sitzübung die Einführung einer neuen Lektion folgen. Nachstehende Aufteilung mag als Vorbild dienen: Fünf Minuten im Zwei-Punkt-Konkakt, um die Schenkellage zu korrigieren; anschließend fünf Minuten Konzentration auf die Zügelhilfen beim Zulegen und Verkürzen des Tempos im Trab; in den letzten fünf Minuten wird der Schüler mit der Lektion der Schlangenlinie bekannt gemacht, die für ihn völlig neu ist.

In diesem 15minütigen Unterricht wurde viel erreicht. Bekannte Übungen wurden wiederholt und verbessert. Darüber hinaus hat der Schüler etwas Neues gelernt, das sein Können und seine Technik bereichert und Langeweile vorbeugt. Es gibt nichts Langweiligeres und Einfallsloseres als einen Lehrer, der eine halbe Stunde lang auf derselben Sache herumhackt. Nur selten kommt es vor, daß eine Übung während einer einzigen Unterrichtsstunde zum festen Bestandteil der reiterlichen Technik wird. Der Schüler lernt neue Aspekte kennen, wiederholt und übt bekannte Lektionen. Es bedarf aber einer längeren Zeitspanne, bevor er sich neuen Stoff wirklich zu eigen machen kann. Das gleiche gilt für grundlegend korrekte Angewohnheiten beim Springen, nur muß man hier wenn möglich noch präziser arbeiten.

Meine Lehrmethode basiert auf diesem Übungssystem. Das Ausbildungsziel wird durch Übung erreicht, nachdem die theoretische Grundlage durch Erklärung, Vorführung und Beobachtung geschaffen wurde. Die Reihenfolge lautet etwa so: Theoretische Erklärung, Anwendung, Korrektur, Vorführung oder Beobachtung (Vorbild), Anwendung, Korrektur, gewohnheitsbildende Wiederholung.

Das Übungssystem ist um so wirksamer, je genauer der Lehrer das jeweilige Problem des Reiters analysiert und je genauer er die Korrekturübung darauf abstimmt. Turnierreiten – eigentlich eine Aufgabe für sich – ist lediglich ein Beweis dafür, was der Schüler durch die auf dem Übungssystem basierende

Lehrmethode gelernt hat. Im allgemeinen sollte man auf dem Turnier mehr oder weniger alle «Hausaufgaben» vergessen und sich ganz auf die bestimmte Prüfung konzentrieren. Das gilt für die Dressur so gut wie fürs Springen. Häufig machen Reiter den Fehler, auf dem Turnier an ihre Hausaufgaben zu denken, anstatt die Fragen zu beantworten, die sich ihm hier und jetzt stellen. Mit den Übungen zu Hause sollten sie so viel reiterliche Reflexe und genügend Technik entwickelt haben, daß sie sich ausschließlich darauf konzentrieren können, sich und ihr Pferd in der Prüfung im besten Licht zu zeigen.

Überflüssige Bewegung vermeiden

Ein grundlegender Bestandteil guten Reitens und guten Unterrichts ist die *Vermeidung überflüssiger Bewegung.* Jede Hilfe und jede Körperfunktion, die sich durch eine weniger aufwendige und zugleich wirksamere ersetzen läßt, fällt unter den Begriff der überflüssigen Bewegung oder des überaktiven Reitens. Geschmeidigkeit und Passivität sind wertvolle Eigenschaften. Allerdings sind sie schwer zu erreichen, wenn man längere oder kürzere Zeit ständig zu aktiv geritten ist.

Machen wir diese These an Hand einiger drastischer Beispiele deutlicher. Da sind etwa Schlagen mit den Absätzen und Ziehen am Zügel beim Anreiten bzw. Halten. Der ungeschulte Reiter treibt sein Pferd mit schlagenden Absätzen und trommelnden Schenkeln in den Trab und zieht und reißt dann am Zügel, um anzuhalten. Gibt man die korrekte Hilfe in der richtigen Reihenfolge, werden diese übermäßig aktiven Einwirkungen unnötig. Der Reiter muß vor allem lernen, abzuwarten und anstatt grober Hilfen seinen Kopf zu gebrauchen. Die Hilfenfolge Schenkeldruck – Schnalzen – Gerte (oder Schlag mit der Hand) löst das Schlagen mit den Absätzen ab; sie ist sowohl sensibler als auch wirksamer. Das Pferd wird so daran gewöhnt, auf feine Hilfen zu reagieren, und lernt, daß stärkere Hilfen folgen, wenn es nicht gehorcht. Die korrekten Zügelhilfen verlangen mehr Übung, da sie hauptsächlich von der richtigen Gewichtsverlagerung und einem festen Sitz abhängen. Durch vermehrtes Schließen der Hände, verbunden mit Einsitzen in den Sattel und Aufrichten des Oberkörpers, kann das Pferd besser durchpariert werden als durch verzweifeltes Ziehen am Zügel, das bestenfalls grob und schlimmstenfalls nutzlos ist.

Das Pferd reagiert besser und schneller auf präzise Hilfen. Damit ist die Arbeit des Reiters beträchtlich erleichtert. Es kommt darauf an, mit einem Mindestmaß an Anstrengung maximale Ergebnisse zu erzielen, oder anders ausgedrückt, die bestmögliche Leistung durch möglichst feine, unsichtbare Hilfen aus dem Pferd herauszuholen. Klare Verstöße gegen diesen Grundsatz sind Ducken und Vorwerfen des Oberkörpers beim Springen. Anstatt abzuwarten, daß die Bewegung des Pferdes beim Absprung den Oberkörper mitnimmt und den Hüftwinkel schließt, übernimmt der überaktive Reiter unnötigerweise einen großen Teil der Arbeit selbst. Ein zutreffendes Gebot beim Reiten lautet: «Laß das Pferd die Arbeit tun!»

Disziplin und Konsequenz

Disziplin und Leistung gehen Hand in Hand. Beim Reiten bedeutet Disziplin, daß eine Aufgabe zu Ende geführt werden muß. Im Gegensatz zu anderen sportlichen Tätigkeiten haben wir es beim Reiten auch noch mit einem anderen Lebewesen zu tun, das an guten oder schlechten Gewohnheiten hängt und allzu leicht nachlässig wird. Das erschwert das Problem der Disziplin und macht die Forderung, eine bestimmte Arbeit korrekt zu Ende zu führen, doppelt zwingend. Was unerledigt und unabgeschlossen blieb, haftet nämlich Mensch und Tier gleichermaßen im Gedächtnis und wird mit der Zeit zu einem immer größeren Hemmschuh.

Dieses Problem läßt sich vermeiden, wenn man sich beim Reiten von Anfang an Disziplin angewöhnt. Der Schüler muß sich immer mehr auf bestimmte Details bezüglich seines Sitzes und seiner Einwirkungen konzentrieren. Er sollte sich jeden Tag eine Reihe leichter Ziele setzen und sie dann während der Reitstunde in Angriff nehmen und zu erreichen versuchen. (Die Anforderungen sollten nur gering sein, aber allmählich gesteigert werden.) Versucht man eine zu große Aufgabe auf einmal zu bewältigen, wird selbst der willensstärkste Reiter entmutigt. Der Schüler sollte beispielsweise zuerst einen Teil der Reitstunde darauf verwenden, seine Blickrichtung unter Kontrolle zu bekommen, bevor er etwa dazu übergeht, sich auf Schenkelhilfen zu konzentrieren. Er muß sein Pferd flüssig durchparieren können und darf erst nach ein paar Sekunden Stillstehen wieder antraben.

Erst wenn alles bis in die kleinste Einzelheit stimmt, dürfen Schüler und Lehrer sich zufrieden geben. Natürlich müssen die Anforderungen dem jeweiligen Ausbildungsstand des Schülers und Pferdes entsprechen. Sie dürfen erst gesteigert werden, wenn die Zeit dafür reif ist. Einen ausgezeichneten Anhaltspunkt für *Disziplin und Konsequenz* findet man in der Übung des Durchparierens auf einer geraden Linie nach einem Sprung. Der Reiter übt, nach der Landung auf einer imaginären Linie genau geradeaus zu reiten und an einem bestimmten Punkt zu halten. Diese Aufgabe muß peinlich exakt ausgeführt werden. Jegliche Abweichungen oder Nachlässigkeit sind zu korrigieren. Ist eine Aufgabe zur Zufriedenheit gelöst, wendet man sich der nächsten zu.

Emotionen des Reiters

Beim Reiten dürfen *die Emotionen des Reiters* so gut wie nie eine Rolle spielen. Stattdessen sollte sich der Reiter auf seine Vernunft, seine Schulung und sein Verständnis des Pferdes verlassen. Emotionen beeinflussen das Training allzu sehr. Wer sein Pferd zu liebevoll behandelt und verwöhnt, vernachlässigt meist seine Ausbildung und bekommt ein undiszipliniertes Tier. Umgekehrt löst eine negative, zornige Einstellung in dem Pferd Verkrampfung und Angst aus. Am besten geht man beim Training mit kühler Überlegung vor und gebraucht seinen gesunden Menschenverstand, anstatt sich von Gefühlen leiten zu lassen. Ein Reiter muß immer vorausdenken und die Wirkung seiner Behandlung des Pferdes im voraus abschätzen, anstatt sich auf seine momentanen Instinkte zu verlassen. Nur so wird er mit einem ruhigen, ausgeglichenen, berechenbaren Tier belohnt, das weder verwöhnt, noch ungehorsam, noch aufdringlich oder widersetzlich ist.

Gründliches Verständnis von Strafe und Belohnung und ihre abgestufte Anwendung sollten launische Gefühlsschwankungen ersetzen. Eklatante Beispiele für falsches reiterliches Verhalten sind das Kind, das sein Pferd nach der Verweigerung eines Sprungs beruhigend klopft, und der «Metzger», der sein Tier schlägt, weil es ausgebrochen ist. Das Pferd, das vor dem Hindernis stehengeblieben ist, wird sehr wahrscheinlich erneut verweigern, weil es für seinen Ungehorsam belohnt wurde. Und ein Pferd, das nach dem Ausbrechen geschlagen wurde, wird wahrscheinlich das nächste Mal erst recht stürmen und wieder ausbrechen.

Beide Reaktionen auf Ungehorsam des Pferdes wurden von Gefühlen anstatt vom Verstand geleitet. Sie haben deshalb mehr Schaden als Nutzen bewirkt. Beim Umgang mit Pferden muß Jähzorn ebenso wie überschwengliche Sentimentalität um jeden Preis vermieden werden. Der Reitlehrer muß strikt auf der Einhaltung dieses Grundsatzes bestehen, wenn er bei der Ausbildung Fortschritte erzielen will. Nur der Reiter, der nach durchdachten, konsequenten und objektiven Überlegungen vorgeht, wird das gesteckte Ziel erreichen.

Neben den gefühlsbetonten Reitern gibt es noch solche, die ständig Gesichter schneiden und ungebetene Kommentare abgeben. Meist handelt es sich um Leute, die bewußt oder unbewußt den Zuschauern, dem Lehrer oder sogar sich selbst (wenn sie allein reiten) ihre Minderwertigkeitskomplexe bzw. Überlegenheitsgefühle kundmachen wollen. Sie kommentieren ihre Vorstellung oder die Leistung ihres Pferdes, meistens als Ausrede für dessen Fehler. Natürlich lenkt ein solches Verhalten vom Reiten ab. Statt sich auf seine Probleme zu konzentrieren, kommt der Reiter noch mehr aus dem Konzept. Im allgemeinen öffnet man dem Unheil Tür und Tor, wenn man sich von äußeren Einflüssen ablenken läßt. Reiter und Pferd haben genug damit zu tun, sich auf ihre Zusammenarbeit zu konzentrieren.

Bei meinem Reitunterricht unterbinde ich die geringsten Anzeichen von Grimassenschneiderei oder Kommentaren sofort, und zwar nicht nur aus Vernunftgründen, sondern auch um der Disziplin willen. Nichts ist beim Reiten so wichtig wie Disziplin. Alles, was systematische, ernsthafte Arbeit behindert, muß im Keim erstickt werden. Meinen Schülern ist es nicht erlaubt, auch nur Piep zu sagen oder die Stirn zu runzeln. Auch Lächeln ist mir bei konzentrierter Arbeit oder mehr noch auf dem Turnier vor dem Richter ein Dorn im Auge. Wie oft habe ich auf Turnieren vor dem Einreiten als letzte Mahnung gehört: «Vergiß nicht zu lächeln!» anstatt «Achte auf geregeltes Tempo» oder «Denk an deine Schenkellage» oder «Laß ihm beim Sprung etwas mehr Luft». Lächeln ist etwas höchst Wirkungsvolles, solange man sich zu Fuß unter anderen Menschen bewegt, und wirkt Wunder in zwischenmenschlichen Beziehungen, ab und zu sogar bei Richtern, die auch nur Menschen sind, selbst wenn es manchmal kaum zu glauben ist. Aber leider hat ein strahlendes Lächeln nichts mit guter Leistung und korrektem Reiten zu tun. Deshalb gehört es nicht in unseren Reitunterricht, wo wir uns um eine zweckmäßige Technik bemühen.

Niedrige Sprünge

Springen ist eine Spezialform des Reitens, fast eine getrennte Disziplin, obwohl es auf der Balance und dem Einwirkungsvermögen beruht, die beim dressurmäßigen Reiten entwickelt wurden. Geschicklichkeit beim Springen kann zwar durch dressurmäßige Arbeit verbessert werden. Aber diese Arbeit kann nie ein wirklicher Ersatz für Springen sein. Leider verkennen die Anhänger einer bestimmten Schule das Wesen der Probleme beim Springen und vernachlässigen die Korrektur. Sie lassen sich statt dessen von Dressurarbeit faszinieren. Springen und Dressur sind verwandte Sparten der Reiterei. Hapert es am Springen, liegt es oft daran, daß die Dressurausbildung falsch war oder zuviel Wert auf dressurmäßiges Reiten gelegt wurde.

Ich bin absolut überzeugt vom Wert einer guten dressurmäßigen Ausbildung des Pferdes. Allein im Hinblick auf den Gehorsam ist sie sehr wichtig. Treten aber Probleme beim Springen auf, müssen sie beim Springen über Hindernisse gelöst werden. Die Korrekturmaßnahmen werden wahrscheinlich in direkter Beziehung zu dem stehen, was auch für das dressurmäßige Reiten gilt. Doch nur wenn der Reiter sich auf seine Schenkellage und -hilfen beim Sprung konzentriert, wird er gute Schenkel beim Springen bekommen, ganz gleich, wie gut und ruhig seine Schenkel in der Dressur liegen. Nur wenn er springt und dabei ein Pferd, das gegen die Hindernisse stürmt, korrigieren lernt, wird er auch lernen, richtig anzureiten, wie gut seine Grundausbildung in der Dressur auch sein mag.

Sprünge müssen direkt und konsequent angeritten werden. Es ist Wunschdenken, man könne den dazu erforderlichen Antrieb durch etwas anderes als Springen fördern. Dressurlektionen – mögen sie an sich noch so gut sein – müssen durch anderes Training abgelöst werden, wenn sie die Springleistung beeinträchtigen. Grundlegende Dressurarbeit, mit all ihren Dogmen und Richtlinien, die für reine Dressurzwecke vollkommen richtig sind, ist gefährlicherweise auch als Mittel zur Ausbildung von Jagd- und Springpferden zum Selbstzweck geworden. Viele gute Reiter und Pferde wurden auf diese Weise verdorben, weil sie den (Spring-) Wald vor lauter (Dressur-) Bäumen nicht mehr sahen.

Bei der langwierigen, intensiven Schulung von Reiter und Pferd über Hindernisse ist es wichtig, sie vor allem *niedrige Hindernisse springen* zu lassen, die 75 Zentimeter nicht übersteigen. Für Anfänger empfehlen sich lediglich eine Stange am Boden oder ganz niedrige überkreuz gelegte Stangen. Über niedrige Sprünge kann sich der Reiter ganz auf seinen Stil und seine Einwirkungen konzentrieren. Gewohnheiten, die der Reitschüler sich beim Springen niedriger Hindernisse zugelegt hat, gehen auch nicht verloren, wenn die Hindernisse erhöht werden. Vorausgesetzt, man springt auch später immer wieder übungsweise über mäßige Höhen.

Die drei Ziele, die in diesem Kapitel behandelt wurden – Selbstvertrauen, gute Gewohnheiten und Konzentrationsfähigkeit – können nur erreicht werden, wenn man nicht zu hohe Hindernisse springt. Wo es um Selbstvertrauen geht, brauchen niedrige Hindernisse gar keine Rechtfertigung. Alle mit einem Mangel an Vertrauen zusammenhängenden Probleme müssen über Mini-Hindernisse ausgebügelt werden. Wiederholung, eine Voraussetzung zur Erlangung von Technik, läßt sich schon aus Gründen der körperlichen Belastbarkeit nicht über hohe Hindernisse praktizieren. Von einem Durchschnittspferd kann man erwarten, daß es jeden Tag entweder hundert gekreuzte Stangen, fünfzig 60 cm hohe Stangen, fünfundzwanzig 90 cm hohe Hindernisse oder etwa zehn 1,10 cm hohe Hindernisse pro Stunde springt. Wiederholung beruht auf der Anzahl der Sprünge, nicht auf deren Höhe. Uns kommt es mehr auf die hundert gekreuzten Stangen an als auf die Handvoll höherer Hindernisse. Vertrauen und Sicherheitsgefühl, entstanden aus einer Unzahl niedriger Sprünge, führen schnell zu dauerhaften Gewohnheiten. Der Schlüssel zum Erfolg liegt darin, daß der Reiter bei diesem Springtraining nie Angst hat. Da der Sprung so niedrig ist, braucht er sich nicht weiter um das Hindernis zu kümmern. Er kann sich voll und ganz auf seinen Stil und seine Technik konzentrieren.

Zusammenfassung

In jeder Sparte zeichnet ein kompetenter Lehrer sich durch ähnliche Eigenschaften aus, die mit seiner fachlichen Ausbildung, seinem Mitteilungsvermögen und seiner Persönlichkeit zusammenhängen. Gibt es in einem dieser drei Bereiche Schwächen, so ist seine Lehrfähigkeit wesentlich beeinträchtigt. Andererseits findet man selten eine vollendete Kombination aller drei Attribute. Die Erfahrung und Ausbildung des Lehrers sind natürlich von enormer Bedeutung. Je besser er selbst reiten kann, um so besser und vollständiger kann er seine Kenntnisse anderen mitteilen. Eine ideale Reitlehrerpersönlichkeit, die dem Schüler Vertrauen einflößt, zeichnet sich ferner aus durch Aufrichtigkeit und Einfühlungsvermögen, verbunden mit einem freundlichen Wesen.

In der Regel bin ich nicht dafür, daß das Verhältnis zwischen Lehrer und Schüler zu eng und vertraulich wird. Es ist oft schwer, guten Freunden Anweisungen zu geben und ihnen gegenüber autoritär aufzutreten. Doch diese Entscheidung muß jeder selbst treffen. Verständigung zwischen Lehrer und Schüler ist, wie gesagt, sehr wichtig, und Voraussetzung für gutes Mitteilungsvermögen sind eine klare Ausdrucksweise, ein umfassendes Vokabular, echtes Interesse an Erklärungen und Vorführungen und die Fähigkeit, nach einfachen Methoden vorzugehen. Eine ausdrucksvolle Stimme, korrekte Satzbildung und Sprechweise sind weitere wertvolle Attribute. Der intelligente, passionierte Reitlehrer, der bestrebt ist, seine Lehrmethode zu vervollkommnen, wird sich bemühen, seine Stimme und Ausdrucksweise in jeder Hinsicht zu verbessern.

12. Kapitel: Organisation des Schulbetriebs

Der Reitlehrer und seine Helfer

Wenn man plant, eine Gruppe von Reitern zu unterrichten, kommt es in erster Linie darauf an, nach einem bestimmten System vorzugehen. Dieses muß von Lehrern und Schülern gleichermaßen verstanden und befolgt werden. Von dessen Richtigkeit müssen sie so überzeugt sein, daß nichts seine Grundlagen erschüttern kann. Ich möchte nicht mißverstanden werden. Ich will damit nicht sagen, daß keine guten neuen Ideen oder neuen Gesichtspunkte die herkömmlichen Vorstellungen ablösen können. Aber das System an sich darf nicht ins Wanken geraten. Fast jede Methode ist besser als keine oder eine Mischung verschiedener Reitmethoden. Natürlich sind bestimmte Arbeitsweisen besser als andere. Jedes System kann und sollte ständig durch das Einfließen neuer Gedanken und die Untersuchung neuer Möglichkeiten vervollkommnet werden.

Außer im Falle einer sehr kleinen Reitschule braucht der Reitlehrer einen oder mehrere Helfer für den Unterricht. Ich habe am meisten Glück mit Hilfsreitlehrern gehabt, die meine ehemaligen Schüler waren. Sie sind mit der reittheoretischen Terminologie gut vertraut, reiten nach meiner Methode und vertreten im großen und ganzen das System ihres ehemaligen Lehrers. Es passiert oft, daß jemand, der kein reiterliches Naturtalent ist, der beste Lehrer wird. Der Grund ist, daß er sich seine Kenntnisse und Fertigkeiten schwerer erarbeiten mußte als ein begabter Reiter und deshalb den Problemen und Schwächen seiner Schüler mehr Verständnis entgegenbringt.

Wenn ich über mehrere Jahre meiner Lehrtätigkeit Rückschau halte, muß ich sagen, daß Anfänger und Schüler der mittleren Ausbildungsstufe im allgemeinen besser bei Reitlehrerinnen aufgehoben sind, während fortgeschrittene Reiter einen Mann als Lehrer haben sollten. Natürlich ist das keine unbedingt gültige Regel. Eine Ausnahme bilden meiner Meinung nach Jungen. Sie sollten so früh wie möglich von Männern unterrichtet werden und mit ihnen reiten. Frauen sind nachgiebiger und weniger fordernd. Sie eignen sich deshalb besser als Lehrer für Anfänger und ängstliche Charaktere. Männer fassen die Schüler härter an, verlangen mehr und sind besser in der Lage, das Interesse und die Begeisterung des durchschnittlichen Jungen wachzuhalten.

Beim Reitunterricht muß man auf die Persönlichkeit jedes einzelnen Schülers eingehen. Daher hat ein gutes Reitinstitut mehrere Lehrer für unterschiedliche Schüler. Jeder Lehrer muß sich klar sein, daß er zwar innerhalb eines bestimmten, an der betreffenden Schule gelehrten Unterrichtssystems arbeiten und eine vernünftige Lehrmethode befolgen muß, aber dabei unter keinen Umständen seine Persönlichkeit aufgeben darf. Es gibt nichts Schlimmeres und Peinlicheres als einen «Papagei», der andere nachahmt. Jeder Hilfsreitlehrer sollte sich ständig aufs neue von dem leitenden Reitlehrer inspirieren lassen, indem er ihn beobachtet oder mit ihm zusammenarbeitet. Unterrichtet er aber selbst, muß das mit seinen eigenen Worten und auf seine persönliche Art geschehen, die immer natürlich und originell wirken muß. Ich habe festgestellt, daß beim Arbeiten mit Untergebenen zwei große Gefahren bestehen: Sie können von dem leitenden Reitlehrer eingeschüchtert und überrollt werden oder den Ehrgeiz entwickeln, seine Stelle einzunehmen. Tritt eine dieser Situationen ein, sind die Helfer keine Hilfe mehr, und es wird Zeit, daß sie sich nach einer anderen Stelle umsehen. Ist jemand zu unsicher geworden, um Kritik zu vertragen, oder entwickelt er übermäßigen Ehrgeiz, wird er nur Spannung und Unruhe innerhalb des Reitbetriebes erzeugen. Man darf diesen Leuten keine Gelegenheit geben, die ganze Atmosphäre bei den Angestellten und den Kunden zu vergiften; sie müssen entlassen werden. Doch im allgemeinen kann man eine harmonische Zusammenarbeit erreichen und bewahren, wenn man seinen Betrieb gut überwacht. Für alle, die in einer Reitschule arbeiten, gibt es nichts Großartigeres als das Bewußtsein, daß verschiedene Unterrichtsstunden auf unterschiedlichen Ausbildungsstufen im Gange sind, in denen die Schüler nach einer einheitlichen Lehrmethode ihrer Wahl Fortschritte machen.

Schulpferde

Neben dem Unterricht und der Reitanlage haben *die Schulpferde* großen Anteil am Erfolg und dem Ansehen einer Reitschule. Ohne geeignete Pferde für verschiedene Ausbildungsstufen ist selbst der fähigste Lehrer in seinen Möglichkeiten eingeschränkt. Je größer der Reitbetrieb, um so größer muß natürlich die Auswahl der Lehrpferde sein. Ich teile meine Schulpferde nach Temperament im Hinblick darauf ein, ob sie von Anfängern, mittelmäßig oder weit fortgeschrittenen Schülern geritten werden können. Die seltenen kostbaren Exemplare, die zuverlässig und genügend ruhig für ängstliche Anfänger sind, sind ihr Gewicht in Gold wert. Sie sind schwer zu finden und von jeder Reitschule heiß begehrt. Gewöhnlich behalte ich gute *Anfängerpferde* ausschließlich Anfängern vor und lasse sie nicht unnötig von weiter fortgeschrittenen Schülern ermüden. Diese Pferde müssen schon genug Arbeit in den langsamen Gangarten leisten. Wenn sie verdorben werden, lasse ich sie von einem guten Reiter in ein oder zwei Stunden korrigieren. Nach dieser Methode verfahre ich mit allen weniger ausgebildeten Pferden. Entwickeln sie Untugenden und müssen korrigiert werden, lasse ich sie einfach ein paar Stunden lang in der Abteilung unter meinen besseren Reitschülern gehen.

An *ein Pferd für die mittlere Ausbildungsstufe* ist leichter heranzukommen. Es braucht weder die Engelsgeduld und die unterwürfige Veranlagung eines Anfängerpferdes noch das Talent, das für weiter fortgeschrittene Arbeit erforderlich ist. Es muß lediglich einen anständigen Charakter und durchschnittliche Begabung haben. In einem großen Reitbetrieb gibt es gewöhnlich eine Vielfalt von Pferden mit unterschiedlichem Temperament und Gebäude, die in diese Kategorie fallen. Das muß so sein, denn die Mehrzahl der Schüler in den meisten Reitinstituten sind mittelmäßige Reiter und werden es immer bleiben. Man bedenke stets, daß Schulpferde unbedingt gesund sein müssen. Sie müssen viel arbeiten und erhalten wahrscheinlich nicht so viel Pflege wie Turnierpferde.

An *Pferde,* die sich *für fortgeschrittene Arbeit* eignen, gerät man gewöhnlich aus reinem Zufall, so daß man sie nicht speziell für ihre Rolle auszubilden braucht. Häufig sind es ehemalige Turnierpferde oder begabte Pferde mit schwierigem Temperament. Unter «begabt» verstehe ich in diesem Zusammenhang Pferde, die mühelos einen Parcours mit Hindernissen über einem Meter springen können. Es ist nicht nur überflüssig, über viele solcher Pferde in einer Reitschule zu verfügen, sondern sehr wahrscheinlich auch unwirtschaftlich. Nicht viele Leute erreichen die Ausbildungsstufe, in der sie höhere Hindernisse springen müssen. Wenn sie so weit fortgeschritten sind, sind sie turnierreif und sollten ihr eigenes Pferd besitzen. Ich verwende meistens nur niedrige Hindernisse in meinem Springunterricht (dieses Thema wurde ja bereits besprochen). Trainiere ich Reiter und Pferd über höhere Hindernisse, so geschieht das nur in Vorbereitung auf ein Turnier. Die weit fortgeschrittene Arbeit sollte man deshalb auf Privatunterricht und Privatpferde beschränken; für Schulpferde ist sie zu riskant und auch nicht nötig.

Viele Leute fragen mich immer wieder, was ich von *Ponys* als Schulpferden oder Privatpferden für Kinder halte. Ich habe Ponys gegenüber gemischte Gefühle. Sie haben die richtige Größe, oft aber auch ein schwieriges Temperament. Diesem gelten meine Vorbehalte. Es ist schwer für ein Kind, manierlich reiten zu lernen, wenn es sich die ganze Stunde darauf konzentrieren muß, den kleinen schlauen Pony-Teufel in Schach zu halten. Andererseits sind Stürze von kleinen Ponys natürlich viel weniger furchterregend als von großen Pferden. Vom psychologischen Standpunkt ist das ein großer Vorteil. Natürlich gibt es gute und schlechte Ponys. Ein ruhiges, williges Pony wird den Pferdebestand jedes Reitbetriebes bereichern. Hat man das Glück, ein solches zu finden, sollte man sofort zugreifen. Wahrscheinlich aber wird man feststellen, daß man es in regelmäßigen Zeitabständen von größeren fortgeschrittenen Kindern reiten lassen muß, weil es aus der Reihe zu tanzen beginnt.

Schulpferde müssen, ungeachtet ihrer Größe und temperamentmäßigen Veranlagung, so leicht wie möglich zu beherrschen sein. Im Umgang mit Pferden, die für diesen Zweck verwendet werden, sind deshalb einige Regeln zu beachten. Erstens müssen sie gut gefüttert und gepflegt werden. Sie dürfen aber nie im Verhältnis zu ihrer Arbeitsleistung zuviel Hafer bekommen. Ich bin gegenüber Schulpferden mit Übergewicht sehr argwöhnisch. Zweitens brauchen diese Pferde ausreichende Bewegung, entweder durch Weidegang, Longieren, genügend Arbeit im Unterricht oder indem sie vor der Reitstunde abgeritten werden. Mit anderen Worten: Sie dürfen für den Anfänger und mittelmäßig fortgeschrittenen Reiter nie zuviel «Pfeffer» haben.

Fortgeschrittene Reiter sollten mit fast jedem Pferd fertig werden. Anfänger und mittelmäßig fortgeschrittene Schüler aber dürfen unter keinen Umständen mit einem heftigen Pferd überfordert werden. Deshalb ist es besser, ein Schulpferd auf ein etwas schärferes Gebiß zu zäumen, als Gefahr zu laufen, daß der Schüler es nicht halten kann. Ich erwarte zwar von meinen wirklich guten Reitern, daß sie jedes Pferd im Stall mit einfacher Trense reiten, doch gehen viele meiner Schulpferde auf Trense mit Mundstück aus geflochtenem Draht oder Pelham. Kandaren sind meines Erachtens für den Amateurreiter zu kompliziert zu handhaben, und Springkandaren veranlassen das Pferd leicht, mit dem Kopf zu schlagen. Andere außergewöhnliche Gebisse wie z. B. Aufziehtrensen können ausgesprochen gefährlich sein. Und schließlich bin ich der Ansicht, daß es allen meinen Schulpferden auf jeder Ausbildungsstufe gut tut, von Zeit zu Zeit unter fortgeschrittenen Reitern zu gehen. So bleiben sie rittig und empfindsam und erleichtern es dem Anfänger, die korrekten Hilfen zu lernen und zu fühlen.

Bevor ich das Thema abschließe, möchte ich noch jeden unerfahrenen Lehrer, der gerade einen Reitbetrieb eröffnet hat, vor einem häufig eintretenden Problem warnen. Oft kommt es vor, daß ein Schüler sein Herz an ein Pferd hängt und kein anderes reiten will. Außer bei sehr ängstlichen Reitern dulde ich das niemals. Ich finde es nicht nur ausgesprochen lästig, meinen Stundenplan nach anderen Leuten zu richten, die nur ihren «Liebling» reiten wollen, sondern ich bestehe auch darauf, daß Reiter schon auf früher Ausbildungsstufe lernen, sich auf verschiedene Pferde einzustellen. Häufiger Pferdewechsel ist lehrreich und fördert das Selbstvertrauen. Ein Reitschüler sollte während seiner Ausbildung Gelegenheit erhalten, so viele verschiedene Pferde wie möglich zu reiten. Vor allem soll er nie auf den Gedanken kommen, daß *er* entscheiden kann, welches Pferd er reiten darf oder nicht reiten will.

Abwechslung im Unterrichtsplan

Ein vielseitiger Reiter ist in jeder Spezialsparte des Reitsports stets denen überlegen, die nur eine einseitig begrenzte Ausbildung genossen haben. Ich kann nicht genügend betonen, wie wichtig es ist, in verschiedenen reiterlichen Disziplinen Erfahrung zu sammeln. Deshalb soll ein Reitinstitut seinen Schülern einen möglichst breitgefächerten Unterricht anbieten. Dem Umfang dieses Angebots sind natürlich oft Grenzen gesetzt. Wer Polo spielen, Rennen reiten oder an Jagden teilnehmen will, muß in der Regel weitere Wege in Kauf nehmen. Ergibt sich für einen Reitschüler aber einmal die Gelegenheit, Springen oder Dressurprüfungen zu reiten, eine Remonte einzureiten, ein Rennpferd zu galoppieren oder eine Woche an Jagden teilzunehmen, sollte er sich dies auf keinen Fall entgehen lassen.

Die heimische Reitschule sollte wenigstens so viel Platz haben, daß die

Schüler ihre Pferde einwandfrei dressurmäßig reiten und sowohl einen Hallenparcours als auch eine Art Geländekurs im Freien reiten können. Schön wäre es, wenn die Umgebung sich für Ausritte und eventuell, nicht unbedingt, für Jagden eignet, damit die Schüler Gefühl für natürliches Vorwärtsreiten im Gelände entwickeln können. Dies ist sehr wichtig und wirkt, als Gegenstück zu übermäßiger Arbeit in der Bahn, entspannend auf Reiter und Pferd. Ich versuche jede Woche so gut wie möglich die Waage zwischen grundlegender Dressurarbeit, dem Training von Jagd- und Springpferden und Geländereiten zu halten.

Vergessen wir nie, daß wir vielseitig gewandte Reiter und nicht nur Turniersieger ausbilden wollen. Das ist ein großer Unterschied. Es ist aufschlußreich zu beobachten, daß die echten Reiter über ihre Jugendjahre hinaus weiter reiten, wogegen die anderen, die lediglich an Schleifen interessiert sind, nach ihrem achtzehnten Geburtstag prompt den Reitsport an den Nagel hängen. Eine abwechslungsreiche Ausbildung hält beim Reiten genau wie in der Schule nicht nur das Interesse des Schülers wach, sie gibt ihm auch Gelegenheit herauszufinden, welche Sparte der Reiterei ihm besonders liegt. Jeder hat sein Lieblingsgebiet, auf dem er von Anfang an gefördert werden sollte. Aus den Rängen der Teilnehmer an Jugendreiterprüfungen sind berühmte Reiter in vielen Disziplinen hervorgegangen. So sollte es sein, und so wird es hoffentlich bleiben.

Schlußwort

Abschließend möchte ich den Leser noch auf einige Gesichtspunkte hinweisen. Erstens besteht das Ziel der reiterlichen Ausbildung – und übrigens auch der Sinn dieses Buches – nicht darin, eine Turnierprüfung zu gewinnen. Ich will Reiter heranbilden! Pferdeleute, die sich genügend Kenntnisse und Technik angeeignet haben, um mit jedem Problem im Sattel fertig zu werden. Was «gutes Reiten» anbetrifft, so bin ich ganz und gar überzeugt, daß es meistens mit flüssigem, mühelosem Reiten zusammenfällt. Beim Reitsport kann man, wie auf jedem anderen Gebiet, viel unzweckmäßige und überflüssige Bewegung beobachten. Das braucht nicht so zu sein. Betreibt man die Reiterei nach logischen Methoden, kann man Zeit und Geld sparen, Pferde schonen und besser schulen. Das ist zweifellos ein Ziel, das wir alle anstreben und erreichen können, wenn wir uns nur die geringe Mühe machen, etwas nachzudenken und unseren Verstand zu gebrauchen. Ein Reiter, der an die Zukunft denkt, will so viele Eisen wie möglich im Feuer haben. Engstirnigkeit und Einseitigkeit können in Reiterkreisen nicht nur für den Berufsreiter, sondern auch für den ehrgeizigen Amateur verheerende Folgen haben. Außer Jagdpferden auch Springpferde zu reiten, macht doppelt soviel Spaß, wie nur über einen Geländekurs zu gehen. Dressurarbeit ist faszinierend und steht auch solchen Leuten noch offen, die aus Altersgründen nicht mehr springen sollten. Der Berufsreiter, der nicht nur reiten, sondern auch unterrichten kann, ist unbedingt im Vorteil. Und Kinder können einen guten Reitstil genauso leicht nachahmen wie einen schlechten. Ich könnte noch unendlich viele Beispiele anführen, die beweisen, warum eine grundlegende reiterliche Ausbildung in allen Disziplinen so wichtig ist. Ist eine gute höhere Schulbildung nicht besser als eine schlechte und eine schlechte besser als gar keine?

Für mich persönlich besteht die Befriedigung nach einem Ritt allein in der Art und Weise, wie die Leistung vollbracht wurde, und in der intellektuellen Analyse des Rittes. Es spielt nur eine untergeordnete Rolle, ob ich oder meine Schüler gesiegt oder verloren haben. Wichtig ist das Warum und Wozu. Ich liebe die kleinen Details in all ihrer Vielfalt. Oft passierte es, wenn ich ein Jagd- oder Springpferd auf einem Turnier ritt, daß eine unvermeidliche Pechsträhne mir jede Aussicht auf eine Schleife verdarb. Dennoch war ich mit dem Ritt vollkommen zufrieden. Zum andern habe ich auch oft eine Prüfung trotz schlechtem Anreiten oder Verlust des Gleichgewichts beim Springen gewonnen und war dann stundenlang deprimiert. Tatsächlich ist die Verbindung zwischen meinen Siegen und meiner Zufriedenheit mit der erbrachten Leistung eher dünn. Nichts freut mich zum

Beispiel mehr, als wenn es mit gelingt, ein Pferd in der richtigen Längsbiegung auf dem Zirkel im ausgesessenen Trab an den Zügel zu reiten. Eine Siegerschleife auf einem Spitzenturnier bedeutet mir auch nicht mehr.

So hoffe ich nun, daß meine Ausführungen all denen als Anleitung dienen können, die einen vielseitigen Sitz und Reitstil lernen wollen. Es gibt eine Menge Reitlehren, die vielen Reitern eine wertvolle Hilfe waren. Wenn mein Buch sein Scherflein zum Fortschritt der Reitkunst beigetragen hat, so hat es seinen Zweck erfüllt.